体育强国理念下本科院校
体教融合发展的现实路径探析

王寅昊　黄斌　著

U0820373

中国商业出版社

图书在版编目（CIP）数据

体育强国理念下本科院校体教融合发展的现实路径探析 / 王寅昊，黄斌著 . -- 北京 : 中国商业出版社，2023.12

ISBN 978-7-5208-2787-4

Ⅰ . ①体… Ⅱ . ①王… ②黄… Ⅲ . ①高等学校－体育教学－教学研究 Ⅳ . ① G807.4

中国国家版本馆 CIP 数据核字 (2023) 第 243985 号

责任编辑：杨善红

中国商业出版社出版发行

（www.zgsycb.com 100053 北京广安门内报国寺 1 号）

总编室：010-63180647 编辑室：010-83125014

发行部：010-83120835/8286

新华书店经销

定州启航印刷有限公司印刷

*

710 毫米 ×1000 毫米 16 开 14 印张 245 千字

2023 年 12 月第 1 版 2024 年 1 月第 1 次印刷

定价：78.00 元

* * * *

（如有印装质量问题可更换）

前　言

近年来，我国体育事业发展攻坚克难，有效应对错综复杂的国际形势和艰巨繁重的改革任务，取得了一系列新进展。顶层设计和整体规划更加清晰，“放管服”改革持续深化，全国性单项体育协会、全国综合性运动会、足球等改革稳步推进。在体育赛事和体育产业的多重发展与带动下，我国高校的体育教育事业也取得了瞩目成绩。

此时正值我国进一步加大体育改革，实施全民健身和健康中国战略，努力打造体育强国的关键时期，本书对体育强国理念进行深入剖析，并探讨其在本科院校体育教育中的应用，无疑对推动我国体育事业的持续、健康发展具有十分重要的意义。本书旨在通过体育强国理念，解读体教融合的理论基石、原则与实践路径，进而揭示出体教融合对本科院校的影响和作用，为我国高校体育教育发展提供理论借鉴与实践参考。

本书从宏观角度出发，深入解读体育强国的相关概念，剖析体育强国的发展趋势和现状，对体教融合的理论内容进行深入研究。在全球化与信息化时代背景下，体育强国理念与体教融合相互影响、相互作用，构成了一种复杂的辩证关系。这一关系不仅为我国体育强国的战略实施提供理论支撑，还为本科院校体育教育改革提供新的思考视角。本书深入研究体育强国理念下本科院校体教融合的宏观调控，明确体教融合在政策法规的制定和落实、机制与体制的改革创新、资源配置与协调管理等方面的重要作用，为体教融合的有效实施提供了宏观引导。并从实践角度出发，研究构建体育强国理念下本科院校体教融合的评价与保障体系的路径，包括体教融合评价体系的建立、质量保障机制的设计与实施、体教融合的质量评估与改进等，对体育强国理念下的本科院校体教融合师资建设、课程举措等方面进行了深入探讨。本书还探讨了体育强国理念下本科院校体教融合与社会和企业的联动，深入解析了建立体教融合校企合作机制，大力开展体教融合社会实践，推动体教融合相关文化活动开展等方面的策略，进一步强化了体育强国理念对体教融合的战略指引作用。最后，本书对未来体育强国理念下本科院校体教融合的发展进行了总结与展望。

整体而言，本书旨在深化体育强国理念，尤其是为在本科院校体育教育环境中的理解和应用提供全面且深入的视角。在实践中推动理论的创新，在理论中引导实践的深化，旨在推动我国体育教育事业的蓬勃发展，实现体育强国的宏大蓝图。

目 录

第一章　概　述

第一节　体育和体育教育

一、体育

体育是社会发展和人类进步的重要标志，是综合国力和社会文明程度的重要体现。体育历史悠久，现代体育项目包括足球、篮球、棒球、田径、游泳和网球等。总之，体育文化在全世界众多文化中占有重要地位，无论是参与者还是观众，人们都对体育有着强烈的热情和较高参与度。下面将围绕体育的相关概念展开。

（一）体育的定义

谈及“体育”二字，每个人对其都不会陌生，但是由于不同领域、不同学者研究的侧重点不尽相同，因此世界各国对于体育的称谓、理解、定义也各有不同。关于体育的起源，不同的学者有不同的观点。虽然关于体育的定义莫衷一是，但是学界仍然对其有一个相对普遍的定义，即体育是一种复杂的社会文化现象，它以身体与智力活动为基本手段，根据人体生长发育、技能形成和机能提高等规律，达到促进全面发育、提高身体素质与全面教育水平、增强体质与提高运动能力、改善生活方式与提高生活质量的一种有意识、有目的、有组织的社会活动。① 除了学界对于体育的普遍性定义和认知之外，还存在关于体育的广义定义与狭义定义之分。广义体育是指以身体练习为基本手段，以增强体质、增进健康、促进人的全面发展、丰富社会文化生活和促进精神文明建设为目的的有意识、有组织的社会活动。它包括体育教育、竞技运动和身体锻炼三方面内容，是一种特定的社会文化现象，属于社会文化教育的范畴，受社会政治和经济的制约，并为社会政治和经济服务。② 狭义体育是指通过身体活动，增强体质，传授锻炼身体的知识、技术和技能，培养道德和意志品质的有目的、有计划的教育过程。它是教育的组成部分，也是培养全面发展人才的一个重要方面。③

（二）不同领域对体育的理解与看法

在常规视角下，体育只是在体育学指导下的体育领域名词，然而在跨学科成为学术主流的当代社会，体育是一个多元化的领域，其定义和理解方式根据不同的学科和视角而变化。

1. 社会学

从社会学的角度看，体育被视为一种社会行为，它包括了具有特定规则的身体活动和竞赛。社会学家对体育感兴趣的原因在于，体育既可以反映社会的价值观和规范，也可以塑造和改变它们。例如，团队运动强调合作和公平竞争的重要性，国际体育比赛往往被视为国家荣誉的象征。

2. 心理学

心理学家通常将体育定义为需要精神集中、心理韧性和情绪管理的身体活动。运动心理学是一门研究人们如何在体育环境中表现，以及如何提高运动员的表现的学科。例如，缓解压力和焦虑、建立自信心、设置和实现目标，以及有效进行团队合作等。

---

① 梁文．互联网＋背景下中小学英语教学模式改革 [J]. 鞍山师范学院学报，2016，18（5）：37–40.

② 同①。

③ 同①。

3. 生物学 / 生理学

从生物学或生理学的角度看，体育被定义为需要物理努力和技能的活动，这些活动对人体产生显著的生理影响。例如，改善心肺功能、提高肌肉力量和耐力、促进骨骼健康，以及提高身体协调性和灵活性等。

4. 教育学

在教育领域，体育被视为一种教育工具，它不仅可以提高学生的身体素质，还可以帮助他们发展社交技能，学习团队合作和公平竞争的原则，以及培养良好的生活习惯。体育教育还可以提供一个平台，让学生挑战自己，培养学生自信心，克服困难，以及学习如何在压力下表现。

5. 商业 / 经济学

在商业和经济学领域，体育被定义为一个产生较大经济收益的全球化产业。例如，团队和运动员个人的收入、广告和赞助商的投资、电视和数字媒体的转播权收入，以及相关商品和服务的销售等。体育经济学专门研究这些问题，以及市场结构、竞争平衡和政策决策等其他经济因素如何影响体育。

6. 媒体和通信学

在媒体和通信领域，体育被视为一种主要的娱乐和信息来源，它吸引了大量的观众，并在全球范围内传播。体育媒体包括电视、广播、印刷媒体和数字媒体，它们引导人们如何理解和参与体育，也为广告商提供了一个吸引观众的平台。

总的来说，体育是一个复杂而多元化的领域，不同的学科和视角对其有不同的理解和定义。然而，它们都强调了体育在社会、心理、生物、教育、经济、法律和媒体方面的重要性，以及它们如何影响人们的生活。

（三）体育的种类

体育的种类繁多，涵盖了各种各样的身体活动和竞技。以下是一些主要的体育种类。

1. 团队运动

团队运动是一种需要两个或更多的团队进行比赛的体育活动，它不仅是身体挑战，还是战略和合作的挑战。在团队运动中，每个运动员都有自己的角色和责任，但他们必须一起工作，以完成共同的目标：获得比赛的胜利。例如，足球是世界上较受欢迎的团队运动之一。它需要每个队员都有出色的脚法和控球技巧，但也需要他们能理解并执行复杂的战术，如进攻和防守阵型。在足球比赛中，需要队员之间有良好的沟通能力和团队精神，以便在比赛中相互支持，共同面对挑战。篮球也是一项典型的团队运动，它强调速度、灵活性和精准度。与足球运动员不同，篮球运动员在赛场上更加灵活，他们需要在攻防两端都发挥作用。而且，因为篮球场比足球场小，所以比赛的节奏更快，运动员必须能够迅速做出决策，并适应比赛的变化。

2. 个人运动

与团队运动不同，个人运动主要依赖单个运动员的技能、力量、耐力和决心。在个人运动中，运动员需要与其他选手直接竞争，或者尽可能地提高自己的表现。例如，田径运动是人类最古老和最基本的体育项目之一。它包括一系列项目，如短跑、长跑、跳高、跳远、铅球和标枪等。每个项目都有其特定的技术和策略，但是其都要求运动员有优秀的身体素质，如速度、力量、耐力和协调性。

3. 冒险和极限运动

冒险和极限运动是一种独特的体育类型，它们以高度的危险性和挑战性以及对身体和心理极限的测试而闻名。这些运动通常涉及高风险和身体挑战，如滑雪、滑板、攀岩、跳伞、潜水、风筝冲浪和山地自行车等。滑雪和滑板运动是在全球范围内比较流行的极限运动，这两种运动不仅需要运动员对速度和力量进行精确控制，还需要运动员具备对平衡的掌控和对危险环境的快速反应能力。滑雪运动员在陡峭的山坡上冲下来，滑板运动员则在城市街头、公园或特设的跑道上进行滑行和特技表演。

4. 健身运动

健身运动是一项以提高身体健康为主要目标的体育活动，如瑜伽、普拉提、有氧运动和力量训练等。这些运动可以在健身房或家里进行，不需要复杂的装备或大片的运动场地。瑜伽是一种古老的身体和精神修炼方式，它通过各种姿势和呼吸练习，帮助人们提高柔韧性、力量和平衡能力，也能促进内心的平静和专注。瑜伽被许多人视为一种生活方式，而非单纯的体育运动。有氧运动和力量训练则是更为直接的健身运动，它们通过增加心肺负荷和肌肉强度，帮助人们改善体能、减少体脂、塑造体型。无论是跑步、骑车、跳操，还是举重、做俯卧撑、练腹肌，这些运动都可以让人们在锻炼中得到快乐，也能享受到健康带来的好处。

5. 水上运动

水上运动是一项在水中或水上进行的体育活动，这些活动通常需要运动员有良好的身体素质、卓越的技巧，以及对水环境的适应能力。游泳是常见的水上运动之一，它需要运动员掌握一种或多种游泳技术，如自由泳、蛙泳、蝶泳和仰泳等。游泳不仅可以锻炼全身的肌肉，提高心肺功能，还可以帮助人们改善体态，减轻身体的压力和疼痛。

6. 马术和动物运动

马术和动物运动是一项人与动物合作才能进行的体育活动，它们不仅需要运动员有良好的身体素质和高超的技巧，还需要他们对动物有深入的了解和尊重。马术有多个项目，包括场地障碍赛、盛装舞步赛和三项赛等。无论哪种形式，马术运动都需要骑手和马匹之间有信任和默契。赛马则是一种更具竞争性的运动，它需要骑手有出色的骑术和策略。在赛马中，骑手需要控制马匹的速度和节奏，以在比赛中获得最佳的成绩。

7. 武术和格斗运动

武术和格斗运动是一类包含各种战斗和自我防卫技术的体育项目，其目标旨在通过训练，提高个人的身体素质，增强自我保护能力，并磨炼意志品质。例如，拳击不仅是一种运动，还是一项竞技体育运动，需要运动员展示力量、速度、反应和耐力的综合表现。跆拳道、巴西柔术和泰拳也是全球知名的格斗运动，各有独特的风格和技巧。跆拳道强调速度和灵活性，而巴西柔术侧重地面搏击和擒拿技术。泰拳则以其强烈的攻击性和全身协调性而闻名。

8. 棋类和智力运动

棋类和智力运动是一种依赖于策略和智力的体育项目，其中包括了国际象棋、中国象棋、围棋、桥牌等。国际象棋和中国象棋都是古老的博弈游戏，它们需要运动员有深厚的棋艺、灵活的战略思维和冷静的应变能力。围棋是起源于中国的一种古老的博弈游戏，它的规则简单但是策略深远无比，被誉为“手谈心战”的艺术。

以上只是无数体育运动中的一部分。每项运动都有其独特的规则、技巧、策略和文化，它们为参与者提供了挑战自我、建立团队精神、提高健康和享受娱乐的机会。

（四）体育的产生与发展

体育运动从萌芽阶段到逐渐成熟的过程中，一直伴随人类的社会需要而成长、发展，它始终是人类满足自身生存、享受和发展需求的一种社会活动。现代体育正在朝着多样化的方向发展，如促进世界和平、民族团结、现代社会文明健康和谐发展，满足人类的生存与发展需求等。体育的产生假说如图 1–1 所示。

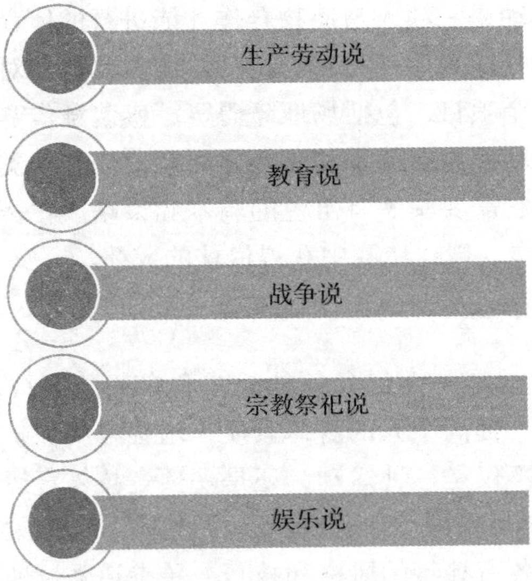

图 1–1 体育的产生假说

1. 体育的产生

关于体育的产生和起源，学术界有多种不同的看法，如生产劳动说、教育说、战争说、宗教祭祀说、娱乐说等。

（1）生产劳动说。生产劳动说认为体育起源于人类早期的生产劳动。在早期社会，人们为了生存而进行打猎、采集、农耕等活动。这些活动要求他们具备一定的体力、耐力和协调能力。因此，一些类似于现代体育的活动（如赛跑、举重等）可能起源于生产劳动实践。人们通过竞技，可以提高生产效率和生存技能。

（2）教育说。教育说认为体育的起源与教育活动有关。在古代社会中，年青一代需要从年长一代那里学习各种技能和知识，如狩猎技术、农耕知识等。体育活动就成了这种知识传递过程的一部分，因为这些活动可以帮助年轻人提高他们的身体能力，提高他们对环境的适应性，以及增强他们的社会技能。

（3）战争说。战争说认为体育起源于古代的军事训练和战争。在历史上，战争是人类生存和发展的重要组成部分。为了在战争中取得优势，人们需要进行严格的身体训练，以提高他们的力量、敏捷性和耐力。因此，形成了一些早期的体育活动，如摔跤、拳击和赛跑。

（4）宗教祭祀说。宗教祭祀说认为体育起源于古代的宗教仪式和祭祀活动。在很多古代文化中，人们常常通过舞蹈、运动和比赛来敬拜神祇或祖先，寻求保护和祝福。例如，古希腊的奥林匹克运动会最初就是为了表达对宙斯等神的一种崇拜。这些仪式中的活动，最终演变成了今天的体育运动。

（5）娱乐说。娱乐说则认为体育起源于人们的娱乐活动。人们从早期的社会开始就有各种娱乐活动，为了打发时间，简单地享受活动本身的乐趣。体育可能就是这种娱乐活动中的一种，它通过竞争和游戏，为人们提供了快乐。“用现代观点来看，某些健身性的舞蹈本身就是体育的内容。……这种舞蹈既是一种娱乐，又是一种对身体的训练。”①

2. 体育的发展

虽然体育有着悠久的历史，但是“体育”一词出现得较晚，它是随着体育活动的发展而逐渐产生的。因为在“体育”一词出现前，世界各国对“体育”这一活动过程的称谓都不相同。

我国体育历史悠久，“体育”一词最早见于20世纪初，当时我国有大批学生到海外留学，仅1901—1906年，就有13 000多人。其中，学体育的就有很多。回国后，他们将“体育”一词引进中国。

20世纪50年代以来，体育发展进入了一个新的阶段。无论是群众性的

① 郑砚龙，肖祥，曾文波．大学体育与健康实用教程 [M]. 天津：天津科学技术出版社，2020：4.

身体锻炼活动、学校体育，还是以提高运动技术水平为主的竞技运动，都有了长足的进展。在物质文明和科学技术飞跃发展的现代社会，体育越来越成为全社会的需要、人民生活的需要。日新月异的现代科学使人们能够以较少的人力、物力和较短的时间创造较大的财富。在物质生活越来越丰富的同时，人们必然要求有更多更高的精神、文化生活，包括体育娱乐活动等。一方面，世界上工业发达的国家为人们参加体育锻炼提供了优越的物质条件。有的国家规定，凡建造居民住宅区必须有一定的体育场地和体育设施。企业也增设体育设施，鼓励职工进行体育锻炼。另一方面，生产和生活中的电气化、自动化程度越来越高，体力活动越来越少，出现了现代社会的“文明病”，如心血管系统疾病、肥胖症等。在某些生产部门，由于劳动分工越来越细，某些工种的劳动极度紧张，使身体过度疲劳，出现各种“职业病”。对这类疾病比较有效的预防办法就是体育锻炼。

在我国，自 1949 年以来学校体育被当作增强人民体质，提高运动技术水平的战略任务来对待。各个国家也重视发展学校体育。到 20 世纪 80 年代，国际运动竞赛的竞争也越来越激烈。

随着 21 世纪科学和技术的发展，体育在应用现代科学的成果上，比较突出的是电子计算技术、激光、光学、电子学、无线电遥控和空间技术等方面。如今，我国在广泛开展群众性体育运动的基础上，努力提高运动技术水平，鼓励运动员攀登世界体育高峰，并多次开展全国运动会、大学生运动会和少数民族运动会、农民运动会、城市运动会、青少年运动会等一系列活动。这些运动会的召开，对提高我国运动技术水平和群众体育赛事的广泛开展起到了推动作用。随着改革开放的深入发展，在新的历史时期里，我国的体育事业必将进入全新时代。

二、体育教育

体育教育是一门复杂的科学，它涉及身体健康、运动技能的发展、社交技能的提高，以及对体育在个人生活和社会文化中重要性的理解。体育教育是教育的一种重要形式，学生通过参与体育活动，不仅可以促进身体健康，提高运动技能，还可以发展他们的社会和心理技能，塑造积极的价值观和态度，从而全面提高个人素质。“体育教育在我国已经走过了百余年的历程，经历了在救亡图存中产生，在曲折坎坷中摸索，在误解冷落中成长。”①

（一）体育教育的定义

体育教育是一种旨在通过体育运动和体育课程，培养学生身体素质、健康意识和团队合作精神的教育形式。体育教育也是一个以学生为中心的过程，旨在通过参与体育和运动，全面提高学生的素质。在这个过程中，教师和教练的角色是指导、激励、支持和评估学生的学习和发展，以确保达到教育目标。

（二）体育教育的功能

体育教育的功能是多元且深远的，不仅在于身体健康的维护和提升，还在于个体的社交、心理、道德、文化等多方面的发展。因此，应当充分重视体育教育，将其作为教育体系的重要部分，为个体和社会的持续发展做出贡献。体育教育的功能如图 1–2 所示。

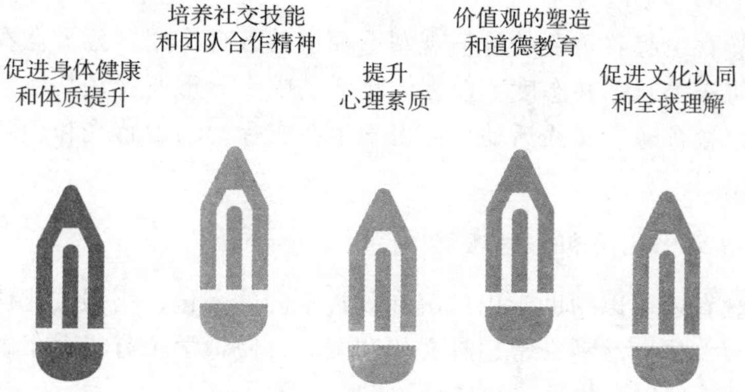

图 1–2 体育教育的功能

1. 促进身体健康和体质提升

体育教育的首要功能就是促进身体健康。学生通过各种运动和体育活动，可以增强身体素质，提高体力、耐力、灵活性、平衡性和协调性。定

① 宁昌峰 . 现代体育教育训练的理论发展与创新研究 [M]. 北京：煤炭工业出版社，2018：1.

期的体育活动也能帮助学生养成健康的生活习惯，预防各种疾病，如肥胖、心脏病、糖尿病等。体育活动还能帮助学生提高免疫力，提高对抗疾病的能力。

2. 培养社交技能和团队合作精神

体育教育通过团队运动和竞赛活动，有效地培养学生的社交技能。团队运动要求学生学会如何与队友沟通、协作，以及如何面对和解决冲突。这些社交技能在现实生活中也很重要，有助于学生更好地与他人相处，更好地融入社会。

3. 提升心理素质

体育教育还可以提升学生的心理素质。竞赛和挑战活动能帮助学生培养坚韧不拔的精神、自我挑战的勇气，以及面对压力和失败的能力。成功的体验也能提高学生的自尊心和自信心，有助于学生形成积极的人生态度。

4. 价值观的塑造和道德教育

体育教育也起着重要的价值观塑造和道德教育作用。公平竞赛、尊重对手、团队协作等原则和态度不仅在体育活动中十分重要，在其他领域也同样重要。体育教育通过实践活动，使得学生在实际行动中感受和理解这些价值观和道德原则。

5. 促进文化认同和全球理解

体育教育还可以帮助学生理解和欣赏不同的文化，增强文化认同感，以及全球理解。体育活动常常超越文化和国界，使得学生有机会了解其他国家的体育活动，促进文化交流和理解。

（三）高校体育教育的特点

高校体育教育在一些关键方面与中小学的体育教育有所不同，高校体育教育在提升学生运动技能、推广健康理念、培养领导力和社区责任感等方面发挥着重要的作用，它是高校教育的重要组成部分。

1. 自主性

高校体育教育的特点之一是自主性。这是因为在大学阶段，学生开始从严格监管的中学生活中解放出来，他们有机会根据自己的兴趣和目标来选择学习课程和参与活动。在体育方面，学生可以自主选择他们喜欢的体育课程和活动。无论是选择足球、篮球、游泳、跆拳道，还是瑜伽、慢跑、健身等，学生有了更多的选择权。这种自主性不仅让学生有机会从更多的运动中找到自己的兴趣点，还能让他们开发出新的运动技能。

大学体育教育的自主性特点还体现在参与方式上。学生可以自主决定是选择加入校园的运动团队，还是选择在课余时间自由参与健身活动。对于有强烈竞技需求和团队合作精神的学生，他们可以选择加入校园的各种运动队伍，与队友一起训练，共同参加比赛。而对于那些更享受独自运动，或者更关注健康和休闲的学生，他们可以在课余时间选择跑步、健身、瑜伽等各种活动。高校体育教育的自主性还可以帮助学生培养更持久的运动习惯。这是因为当学生能够自由选择自己喜欢的运动时，他们更容易坚持。比如，一名热爱足球的学生，如果有机会在大学期间自由选择参与足球活动，那么他很可能会在大学四年，甚至在毕业后都保持这种运动习惯。这种持久的运动习惯对于学生的健康和身体发展有着很大的好处。

总的来说，高校体育教育的自主性是其一大特色。它为学生提供了更广阔的运动选择空间、更自由的参与方式，以及更多的自我管理和自我提升机会。这样的教育模式有助于培养学生的运动兴趣、运动技能、运动习惯，以及自我管理和责任感。

2. 专业性

高校体育教育的专业性体现在课程上，对比初高中阶段更为一般化的体育课程，大学体育课程更加专业化和个性化。其不仅包含了常规的体育项目，如篮球、足球、排球等，还包括了一些更具专业性的体育课程，如健身理论与实践、运动训练理论与方法、体育生物力学等。这样的课程设计，一方面可以满足不同学生的兴趣和需求，另一方面可以帮助他们更深入地理解体育运动的原理和技巧。比如，“健身理论与实践”是一门关注个体健康状况的课程。在这门课程中，学生不仅可以学到关于健身的理论知识，包括健身的好处，如何制订健身计划，如何正确使用健身器材等，还可以通过实践，掌握各种健身动作的正确姿势。学生通过理论与实践结合的方式，可以理解和掌握健身的知识和技巧。“运动训练理论与方法”是一门针对运动员或运动爱好者的专业课程。在这门课程中，学生可以学到如何制订有效的运动训练计划，如何通过训练提高运动技能，如何在训练中防止运动伤害等。学生通过专业的训练，可以更科学地参与运动，提高自己的运动表现。

3. 竞技性

高校体育教育具有很强的竞技性。在这个阶段，体育运动不仅仅是为了健康和乐趣，更多的是通过各种各样的竞赛和比赛，让学生体验竞技运动的快感和挑战，提高自己的运动技能，锻炼团队协作和领导能力，甚至有可能为未来的运动生涯打下基础。常见的竞技体育形式是校际运动竞赛。大多数大学都有自己的运动队，他们会定期和其他学校的运动队进行比赛。这些比赛包括各种运动项目，如足球、篮球、排球、田径、游泳等。校际运动竞赛的竞技水平往往比初高中的运动比赛高，因为参赛的学生通常都经过了更系统、更专业的训练，他们在技术和策略上都有更高的要求。学生参加这样的比赛，不仅可以帮助他们提高自己的运动技能，还可以锻炼他们的团队协作能力和领导能力。一些有天赋和热情的学生可能还会有机会参加大学生运动会、省级甚至全国级的体育比赛。这些比赛的竞技水平更高，对参赛者的技术和体能要求都比较高。对于那些有运动梦想的学生来说，参加这样的比赛是他们实现梦想的重要一步。而对于那些没有运动梦想，但热爱运动的学生来说，参加这样的比赛也是他们提高自己、挑战自己的好机会。

参加竞技体育活动，无论是校际运动竞赛还是更高级别的比赛，都可以帮助学生体验运动的乐趣，提高自己的运动技能，锻炼团队协作能力和领导能力，增强自信心。此外，还能让学生有机会在激烈的竞争中体验成功和失败，学习如何面对压力，如何处理挫折，如何从失败中振作起来。这些都是在课堂上无法得到的重要经验和教训。

4. 健康性

在高校体育教育中，健康性是一个不可或缺的元素。教师不仅仅关注学生运动技能的培养，更着重于健康理念的普及和生活方式的引导。

在当前社会环境下，人们对于生活疾病（如心脏病、糖尿病、肥胖症等）的关注度日益提高，高校体育教育也在不断调整和优化，以更好地满足健康教育的需要。为此，许多大学开设了健康教育课程，包括运动健康、营养与饮食、心理健康等多个方面。开设这些课程的目的不仅是教授学生健康的知识，更希望通过教育让学生形成正确的生活方式和良好的饮食习惯。比如，运动健康课程通常会教导学生如何通过运动来维持和提高身体健康，包括如何选择适合自己的运动，如何制订合理的运动计划，如何预防运动伤害等内容。而营养与饮食课程则会教导学生如何通过合理饮食来保持健康，包括如何平衡营养，如何避免饮食中的常见误区，如何制订健康的饮食计划等内容。心理健康课程则会教导学生如何维护和提升心理健康，包括如何处理压力，如何调整心态，如何预防和应对心理问题等内容。

在健康教育课程中，学生不仅可以学到丰富的健康知识，还可以通过实践应用这些知识，形成健康的生活习惯。比如，他们可以根据自己的体质和目标，选择合适的运动和饮食方式；他们可以根据自己的生活和工作压力，选择合适的压力缓解和心理调适方式。

第二节 本科院校体育教育

一、本科院校体育教育概述

本科院校体育教育是学生在本科阶段接受的体育教育，是学生全面发展教育的重要组成部分，旨在通过多种形式的体育活动，提高学生的体质和健康水平，培养他们的体育技能和兴趣，提升他们的社交技能和团队合作精神，塑造他们的道德品质和公平竞赛精神，以及培养他们的领导力和社会责任感。

在本科院校体育教育中，体育课程通常是学生必须完成的课程之一。这些课程包括各种团队运动（如足球、篮球和排球）、个人运动（如游泳、跑步和健身）和其他类型的体育活动（如瑜伽和武术）。这些课程旨在帮助学生提高体育技能，了解和实践健康的生活方式，以及学习团队合作和培养领导力等重要技能。本科院校体育教育也包括各种体育竞赛和活动，如校际运动会、院系比赛、健身挑战等。这些活动让学生有机会实践他们在体育课程中学到的技能，与同学进行健康的竞争，以及享受体育带来的乐趣。

本科院校体育教育还有一个重要的功能，那就是推广和弘扬体育精神和道德价值观。在体育活动中，学生需要遵守规则，尊重对手，展现团队精神，以及正确处理胜利和失败。这些经验在体育活动中十分重要，在学生的日常生活和未来的职业生涯中也同样重要。

本科院校体育教育可以通过各种形式，如体育社团和体育志愿者项目，来培养学生的社会责任感和领导力。参与这些活动的学生可以在组织和管理活动的过程中，提高他们的领导力和团队协作能力，也可以通过服务社区和帮助他人，培养他们的社会责任感。

综上所述，本科院校体育教育是一种多元化的教育方式，它通过各种体育活动和体育课程，为学生提供了提高身体素质、培养技能、塑造品质、提升领导力和社会责任感的机会，从而帮助他们实现个人发展和成长。

二、本科院校体育教育与身心健康

体育活动和身心健康之间有着千丝万缕的联系，本科院校体育教育的目标之一就是通过体育活动，提高学生的身心健康水平。

（一）身体健康

学生通过定期参与体育活动，可以提高自己的身体素质，包括心肺功能、肌肉力量、柔韧性和协调性等。例如，长跑可以增强心肺功能，举重可以增强肌肉力量，瑜伽可以提高柔韧性和平衡能力。定期的体育活动还可以帮助学生控制体重，预防肥胖，从而降低患心脏病、糖尿病等慢性疾病的风险。

（二）心理健康

体育活动也对心理健康有着积极的影响。运动可以促进内分泌系统释放内啡肽，这是一种能够改善情绪和减少疼痛感的化学物质。因此，运动通常被看作减少压力和焦虑，提高情绪的自然“药物”。参加团队体育活动还可以提高学生的社交技能，扩大社交网络，从而提高学生的生活质量和心理健康。

（三）生活方式

本科院校体育教育的一个重要目标是帮助学生养成健康的生活习惯。例如，定期开展体育活动，保持均衡的饮食、充足的睡眠，以及良好的心理状态等。学生通过体育课程，可以了解这些健康习惯的重要性，学习如何在日常生活中实践它们。长期坚持这些健康习惯，可以帮助学生维持良好的身心健康，预防慢性疾病，提高生活质量。

（四）个人成长

体育活动不仅可以提高身心健康，还可以促进个人成长和发展。例如，参加竞技体育活动，可以教会学生如何面对挑战，如何处理胜利和失败，如何展现团队精神和公平竞赛精神。这些技能和价值观在学生的学习、工作和生活中都比较重要。

本科院校体育教育对学生的身心健康有着重要的影响。本科院校体育教育通过提供各种体育课程和活动，可以帮助学生保持身体健康，提升心理健康，形成健康的生活习惯，以及促进个人成长和发展。这些都是学生在本科学习阶段，乃至未来人生中必不可少的元素。

第三节 体育强国的相关概念

一、体育强国的提出与发展

“体育强国”是一个具有中国特色的提法，与我国悠久的文化和特殊的历史背景有很大关系。中国是四大文明古国之一，但是从 19 世纪 40 年代开始中国遭遇了一段屈辱的近代史，直到中华人民共和国成立，中国人民重新“站起来”，向世界宣告中华民族的伟大复兴。历史经验证明，国运盛，体育兴；体育兴，民族强。

体育的命运与国家的命运、民族的命运息息相关。作为民族复兴伟大事业的一部分，体育事业从中华人民共和国成立之后开始迅速发展，1952 年中国体育代表团（游泳、篮球、足球队）参加奥运会，当时因为迟到，仅游泳队参加了正式比赛，但这标志着我国开始出现在世界体育舞台上。

20 世纪下半叶，在党中央和各级有关部门的鼓励与协调之下，我国的体育事业进入如火如荼的发展阶段。进入 21 世纪以来，中国体育事业取得了进一步的发展。例如，2008 年，我国成功举办了举世瞩目的北京奥运会，并获得了 51 枚金牌。

建设体育强国是中国式现代化的重要组成部分，是全面建成社会主义现代化强国进程中不可或缺的重要内容。

回望近百年来中国体育由弱到强、由小到大的发展历程，正是伟大的党团结带领亿万人民从民族危亡到国家独立，从落后挨打到伟大复兴这一峥嵘岁月的真实写照。在社会主义现代化建设的新时代，体育强则中国强，国运兴则体育兴这一论断的正确性和科学性更加凸显。

二、体育强国在当代社会的现实意义

“体育强国”这个概念源于体育对一个国家社会、经济、政治、文化等方面的重要影响。对于一个国家来说，成为体育强国有多方面的现实意义。

（一）有利于提升国家形象和国际影响力

在当今全球化的世界中，体育已成为塑造国家形象和提升国际影响力的重要手段。这种影响力并不局限于国家队在奥运会或世界杯等大型国际比赛中的表现，更深层次的是，它涵盖了一个国家在体育教育、体育科研、体育产业等方面的综合实力。

成功的体育赛事，如奥运会、世界杯等大型体育赛事，往往能让全世界的人关注到主办国。这不仅可以展示主办国的硬实力，如高效的组织能力、先进的设施建设等，还可以展示其软实力，如优秀的文化传统、人民的热情友好等。例如，北京奥运会和杭州亚运会的成功举办，不仅展示了中国的快速发展和现代化建设成果，还传播了中国的历史文化和民族精神。

优秀的运动员和团队在国际赛场上的出色表现，也是提升国家形象的重要途径。他们的竞技水平、体育精神和良好风度，都可以体现一个国家的教育水平、价值观念和社会风气。

（二）有利于促进社会和谐和公民健康

体育强国的理念不仅体现在赛场上的竞技表现，还体现在体育活动对社会和谐和公民健康的积极推动。无论是竞技体育还是全民健身，体育活动都能够在广义和狭义两个层面上对社会和谐和公民健康产生深远影响。

在广义层面，体育活动通过提升公民的体质健康，减少医疗负担，促进社会的可持续发展。世界卫生组织研究表明，适量的体育锻炼可以有效预防多种慢性疾病，如心血管疾病、糖尿病、癌症等。而在国家层面，健康的公民是社会繁荣稳定的基石，也是经济发展的重要支撑。提升公民的健康水平，对社会和谐具有积极的作用。

在狭义层面，体育活动可以提升个体的身心健康，帮助人们建立积极的生活态度和健康的生活方式。参与体育活动可以提高人们的身体素质，增强抵抗力，改善心理状态，提高生活质量。体育活动还可以帮助个体建立良好的人际关系，增进人与人之间的理解和尊重，提高社会的和谐程度。体育赛事和活动也能够增强社会团结和凝聚力。无论是国际性的大赛，如奥运会、世界杯，还是地方性的运动会，如社区杯、学校运动会，都能通过竞技体育的形式，激发人们的集体荣誉感，增强人们的团队精神和合作意识，提高社会的和谐性。总的来说，体育对于社会和谐和公民健康的影响深远而全面，体育强国的建设对于实现社会全面发展、增进公民福祉具有重要的推动作用。

（三）有利于推动经济发展和科技进步

体育产业作为现代经济的重要组成部分，具有强大的拉动内需效应，能够对经济社会发展产生深远影响，体育科研的发展也在推动科技进步，促进人类对身体运动和健康的深入理解。一方面，体育产业在经济发展中的作用不容忽视。体育产业包括体育赛事、体育培训、体育旅游、体育设施建设、体育器材制造、体育媒体等多个领域，涵盖了从生产到消费的全过程，具有较高的经济价值和社会价值。世界银行的数据显示，体育产业在全球 GDP 中的比例逐年提高，对于推动经济发展起着日益重要的作用。与此同时，体育产业的发展还能够带动其他相关产业的发展，如服装、饮食、旅游、媒体等，创造大量的就业机会，增加国家的税收，从而推动经济的持续增长。另一方面，体育科研在推动科技进步方面也发挥了重要作用。体育科研包括运动生理学、运动训练科学、运动心理学、体育器材技术等领域，这些研究不仅有助于提高运动员的竞技表现，还对公众的生活产生积极影响。例如，运动生理学的研究不仅可以帮助人们了解人体在运动中的生理变化，如何更好地调整运动量和强度，防止运动伤害，还可以帮助运动员改善竞技状态，也能帮助普通人调整心理状态，提高生活质量；体育器材技术的研究可以推动体育器材的更新换代，提供更安全、更高效的运动装备。

体育强国指导下的体育产业建设不仅可以提升国家形象，增进社会和谐，提高公民健康，还可以推动经济发展和科技进步。这不仅需要政府的支持和推动，还需要全社会的参与和支持。

（四）有利于培育社会主义核心价值观

体育活动在培育社会主义核心价值观方面的作用是多元而深远的。其深度影响每个参与者，是推动社会主义核心价值观融入社会生活的重要力量。

体育是公平竞争、尊重规则的载体，可以很好地培养人们的公平公正意识。在体育活动中，每一个参与者都必须遵守规则，公平对待每一个对手。这种公平竞争精神，正是社会主义核心价值观倡导的公正、公平的体现。

体育更是追求卓越、团队合作的表现。在体育比赛中，每个运动员都在追求自我超越，不断提升自己的能力，取得更好的成绩。这种不断追求卓越的精神，符合社会主义核心价值观倡导的爱国、敬业、诚信、友善等价值理念。许多体育项目需要团队协作，各个成员间需要彼此信任，互相支持，才能达到最好的效果。这种团队合作精神，也是社会主义核心价值观所强调的集体主义精神的具体体现。

在体育强国的背景之下，体育活动会更加普及，使得更多的人能够参与其中，体验并理解社会主义核心价值观。无论是学校的体育课，还是社区的体育活动，都能够让人们在参与中感受到社会主义核心价值观的魅力，从而更深入地理解和接受它。

三、体育强国与社会主义现代化建设的内在联系

体育强国与社会主义现代化建设之间存在着紧密的内在联系，体育的发展可以视为社会主义现代化进程中不可或缺的一部分。

（一）体育强国建设是社会主义现代化建设的重要组成部分

体育强国的实质是通过发展体育事业和体育产业，提高全民体质和健康水平，提升国家的国际影响力和竞争力，这与社会主义现代化建设的目标高度一致。社会主义现代化建设不仅仅是经济建设，还包括科技、教育、文化、体育等各方面的发展。体育作为现代社会的重要组成部分，其健康、文明、和谐的发展对于社会主义现代化建设具有积极作用。

（二）体育强国建设是社会主义现代化建设的重要推动力

体育运动对于增强全民族的团结和凝聚力、塑造积极向上的社会风气、提升全民族的素质和精神面貌，都有着不可替代的作用。体育强国的建设，

能够通过增强全民的健康素质和身心素质，以及提高国家的国际影响力和竞争力，从而为社会主义现代化建设提供强大的动力。

（三）体育强国建设是社会主义现代化建设的重要反映

一个国家的体育水平和体育影响力，是其综合国力和现代化水平的重要体现。体育事业的发展成就和体育精神的广泛传播，反映出一个国家的科技水平、教育水平、文化水平以及全民健康水平等方面的发展成果。因此，建设体育强国，实际上也是展示社会主义现代化建设成果，提升社会主义现代化建设水平的重要途径。

总的来说，体育强国建设既是社会主义现代化建设的必然要求，也是社会主义现代化建设的有效途径和重要标志。我们应该充分认识到体育强国建设与社会主义现代化建设的内在联系，从而更好地推动体育事业和体育产业的发展，为实现全面建设社会主义现代化国家的目标做出更大的贡献。

第四节　体育强国的发展趋势和现状分析

一、科技驱动的体育发展

科技与体育的交融无疑为体育发展提供了全新的可能。在现代体育中，高科技已经开始对比赛规则、训练方法、装备制造、伤病防治等各个方面产生深远影响。科技的力量已深深渗透体育运动的方方面面，从而提升运动员的表现，完善比赛规则，提升比赛观看体验，甚至改变运动项目。

科技在训练中的应用能够帮助教练和运动员更加精准地分析和改进技术。例如，现代运动生物力学和动作捕捉技术可以精确地记录运动员的动作，运动员通过数据分析，可以调整和优化他们的技术和动作，使训练更加有效。这样的科技运用也可以使运动员在伤病恢复期间进行更有效的康复训练。

科技在比赛中可以提供更公平、更准确的裁决。例如，在足球比赛中，视频助理裁判系统的使用可以帮助裁判更准确地判断比赛的关键环节。而在游泳和田径比赛中，高精度的计时设备可以确保比赛结果的准确性。科技在装备制造方面的应用也可以提供更加安全、更加舒适的运动装备。例如，新材料的应用使运动鞋更加轻便、舒适；在头盔设计中，更高级的防震材料和设计可以保障运动员的安全。

这些科技的应用无疑将推动体育运动的发展，使体育运动更加科学、精确和公平，也让观众可以更好地欣赏比赛。未来，随着科技的不断发展，科技驱动的体育发展将更加成熟。

二、全民健身的理念将深入人心

全民健身的理念是近年来越来越受到关注的一种观念。这是因为随着经济的发展和生活质量的提高，人们对于健康和健康生活方式的需求日益增强。全民健身的理念旨在使每个人都能参与体育运动，而不仅仅是专业运动员或者运动爱好者。在这种理念的推动下，公共体育设施的建设以及各种社区体育活动的举办将会更加普及。

全民健身的理念体现在公共体育设施的建设上。公共体育设施不仅包括大型的体育场馆，还包括社区健身房、运动场、游泳池等。这些设施为广大民众提供了便利的运动场所，使得他们能够在日常生活中更加方便地参与体育运动。在未来的发展中，公共体育设施建设将更加注重多样性和便利性，以满足不同人群的需求。全民健身的理念还体现在社区体育活动的举办上。社区体育活动是全民健身的重要载体，可以增强社区居民的团结和凝聚力，提高他们的身心健康水平。这些活动包括各种健身课程、运动比赛、户外活动等，既有专业性，又有趣味性，满足了不同居民的运动需求。未来，社区体育活动将更加丰富多样，更好地满足居民的需求。

在体育强国理念的指导下，我国社会对于体育活动的追求热度将逐步提高，体育将成为越来越多人生活中的重要组成部分，全民健身的理念将深入人心，得到更加广泛的认同。

三、体育产业的全方位拓宽与发展

体育产业在未来将展现出全方位的拓宽与发展。在经济全球化和信息化的大背景下，体育产业的各个环节都将得到更为深入的挖掘和更大范围的拓展，包括体育用品制造、体育赛事组织、体育旅游、体育媒体、体育教育和体育培训等方面，都有较大的发展潜力和广阔的市场前景。

在体育用品制造方面，将会进一步提升技术含量和创新能力。从运动服装、运动鞋到各种运动设备，随着科技的发展和消费者需求的提高，体育用品制造业将更加注重产品的功能性、舒适性和环保性。新的材料、新的设计和新的生产工艺将在这个领域得到广泛应用。

在体育赛事组织方面，也将面临新的发展机遇。随着电视、互联网、社交媒体等新媒体的发展，体育赛事的传播方式和观赏方式正在发生深刻变化。线上观赛、虚拟现实观赛、移动观赛等新形式将更加普及。体育赛事的商业模式也将更加多元化，包括赞助、广告、版权销售、周边产品销售等都将产生较大的商业价值。

在体育旅游和体育媒体方面，体育旅游将结合自然景观、文化遗产、体育赛事等资源，提供更加丰富多样的旅游产品。体育媒体将利用互联网、大数据、人工智能等技术，提供更加丰富、个性化的信息服务。

随着人们生活水平的提高，对于体育的消费需求也在不断增长。人们不仅需要更好的体育用品，更好的观赛体验，还需要更好的体育服务，如健身指导、运动技能培训等。这些都将为体育产业的发展提供强大的驱动力。因此可以预见，在体育强国理念的主导下，未来我国体育产业将会获得全方位拓宽与发展。

四、体育教育事业的高度重视

在未来的社会发展趋势中，体育教育事业将在体育强国理念的影响下受到高度关注。随着公众健康意识的提升，人们对体育的理解已经超越了单纯的竞技运动，而是将其看作维护个人身心健康、塑造良好生活习惯的重要方式。这种转变更为明显地反映在对青少年体育教育的重视上。体育教育在促进青少年身心健康方面的重要性将会得到更深入的理解和更广泛的认可。从身体健康的角度来看，体育运动有助于青少年增强体质、预防疾病，是他们健康成长的关键。而从心理健康的角度来看，体育运动能够培养青少年的团队合作精神，增强他们的自信心和毅力，有助于他们的心理健康。体育教育将更好地融入学校教育中。未来的学校教育将不再局限于课堂教学，而是把体育运动作为培养学生全面能力的重要手段。这既包括学校体育课程的改革，强调体育教学的趣味性和实践性，鼓励学生积极参与体育运动，也包括丰富的校园体育活动，教师通过组织各种体育竞赛、运动会等活动，提高学生的体育兴趣，培养他们的体育能力。而且，体育教育将成为青少年全面发展的重要组成部分。体育教育不仅能够提高青少年的身体素质，还能够培养他们的团队精神、领导能力、竞争意识等社会必需的素质。青少年通过体育教育，可以在运动中学会尊重、公平、合作、挑战自我，这些都是他们成长为有责任感和有担当的公民所必需的素质。

五、体育的社会功能将更加凸显

在体育强国的背景下，体育的社会功能在未来的发展中将更加凸显。体育不仅是强身健体的重要手段，还是一种社会行为，一种文化现象。它具有广泛的社会联系，直接或间接地影响着社会的多个层面。体育作为一种社会文化现象，对弘扬社会主义核心价值观，提升国家形象有着重要的作用。体育赛事体现的公平竞赛、拼搏精神、团队合作等理念，正是社会主义核心价值观的重要组成部分。体育健儿在国际赛事中的优秀表现，不仅是对自身能力的肯定，还是对国家形象的提升，可以增强民族自豪感，强化国家凝聚力。体育在推动社会和谐、促进国民身心健康方面也具有重要的社会功能。体育活动具有跨越年龄、性别、职业、文化等的特点，能够让不同背景的人们共同参与，这对于增进社会成员之间的理解、促进社会和谐具有重要的意义。体育活动对于提高公众的健康素质，增强国民的身心素质也有着无可替代的作用。

总的来说，无论是个人层面的身心健康，还是社会层面的和谐稳定，体育的社会功能都将在体育强国的背景下得到更大发挥。体育不仅仅关乎运动，更关乎社会，关乎人们的生活。

第二章　体教融合的理论内容

第一节　体教融合的相关概念

一、体教融合的内涵

体教融合的政策演变和实施，可以说是我国现代教育改革与体育发展的一个缩影。近40年来，从国家层面到地方，从高校到社会各界，都在为这一宏大理念的落地付出持续和具体的努力。这一过程充分体现了多方共同参与和全社会关注教育与体育发展的高度认识。

体教融合在解决一系列现实问题方面也有着不容小觑的作用。它有助于缓解由于体教脱节导致的一系列问题，如青少年身体健康水平下降、学习压力过大等。学校通过体教融合，更加注重学生综合素质的培养，而不仅仅是学科知识的传授。它也是提高竞技体育后备人才文化素养的有效手段。在体教融合的框架下，运动员将不仅在体育方面接受高质量的培训，还会在文化教育方面得到更多的关注和支持。这对于他们未来的职业生涯和人生发展都是较为有益的。体教融合也是解决运动员退役后顺利就业参加社会建设的有力保障。在过去，很多优秀的运动员由于缺乏全面的教育背景，退役后常常面临就业和转型的困难。体教融合政策的实施，将有助于运动员在竞技生涯结束后，更加顺利地融入社会，发挥其在不同领域的优势和价值。

体教融合在我国的发展历程中涉及多方面的改革和探索，也积累了丰富的经验和教训。随着新时代的到来和全社会对于教育与体育重要性的日益认识，体教融合政策将在未来持续深化，为我国青少年的全面发展和社会主义现代化建设提供强有力的支持和保证。深度剖析体教融合的内涵与关键要素，可从以下几方面来进行理解。

体教融合是一项多维度、多层次的整合策略，它旨在将体育和教育的资源和优势集中起来，共同培养出既有竞技能力又有良好文化素养的人才。体育不仅包括竞技体育，还涵盖群众体育、体育产业和体育人才培养等多个方面。这种整合策略不仅体现在后备人才的培养上，还体现在整个体育事业和教育体系的相互促进中。体教融合的本质在于“专业化的竞技体育与教育的结合”。这意味着，体育专业化的培训和高校的资源不再是各自为战、各自发展的两个单独体系，而是一个相互依存、相互促进的整体。教育系统可以通过其庞大和精细的资源网络，为运动员提供更加全面和深入的文化教育，使其在竞技体育的同时能够具备扎实的文化基础和宽广的知识视野。体育部门也可以借助教育系统的平台，更加有效地发掘和培养运动人才，不仅提高了人才培养的效率，还为竞技体育后备人才提供了更加全面和高质量的培养条件。这样的合作和整合，对于提升我国体育竞技水平和教育质量具有重要的意义。简单来说，体教融合是指广义的体育与广义的教育进行有机的结合。结合学校体育、竞技体育和社会体育各自的特点与不同需求，分别进行有针对性的文化素质教育，它不仅仅局限于学校内的教育，也包括成人再教育系统。总之，是为提高我国青少年全面健康发展、为提高竞技体育后备人才的综合素质、为提高国民整体身体素质和健康水平的一项综合的社会活动。体育既是教育的重要组成部分，也是促进教育整体提升、实现更好的教学效果的重要支持。通过体育锻炼不仅可以培养人的健康体质，还可以磨炼其意志，增强其自信。体育与教育存在着很强的内在联系。在当下的时代背景下，体教融合要符合社会进程的要求，从体育与教育的现实情况出发，不断调整和整合各种资源，找到最佳的切入点和结合点，对体教融合给出具有现实意义的全新定位。

体教融合是一种在教育体系中将体育与其他学科进行融合的教育方式，旨在提高学生的综合素质。这种融合不仅可以提高学生的身体健康，还可以提高他们的学术表现，促进他们社交技巧的提高和个人的发展。教育是一个全面的过程，包括知识的传授、技能的培养、价值观的塑造，以及对个人身心健康的关注。它的目标是帮助学生成为能够有效参与社会，并在个人和职业生活中取得成功的人。体育在这个过程中扮演着重要的角色。

体教融合是对传统观念的挑战，它提倡将体育融入其他学科中，强调教育的全面发展，而不仅仅是知识和技能的传授。它认为，学生通过体育活动，可以在实践中学习和应用学科知识，也可以提高他们的身心健康和社交技巧。例如，在数学课上，老师可以用体育活动来解释和让学生实践一些数学概念，如角度、距离和速度。在实施体教融合时，需要注意一些关键因素，包括设计和实施综合课程、鼓励学生参与、提供必要的资源和设施，以及建立评估和反馈机制等。

总之，体教融合是如今体育教育教学的重要指导方针，更是一种具体的教育策略，它强调教育的全面性，倡导将体育融入其他学科中，以促进学生的全面发展。学校通过实施体教融合，可以提供更加全面和平衡的教育，让学生在学习知识和技能的同时，能够关注自己的身心健康和社交技巧，从而为他们未来的职业生涯做好准备。

二、体教融合的目标

体教融合的核心目标是促进学生身心全面发展，实现立德树人的教育目标。它不仅关注学生的学习成绩，还关注他们的身体健康、情绪和社会发展，以及个人和社会能力。体教融合的目标如图 2-1 所示。

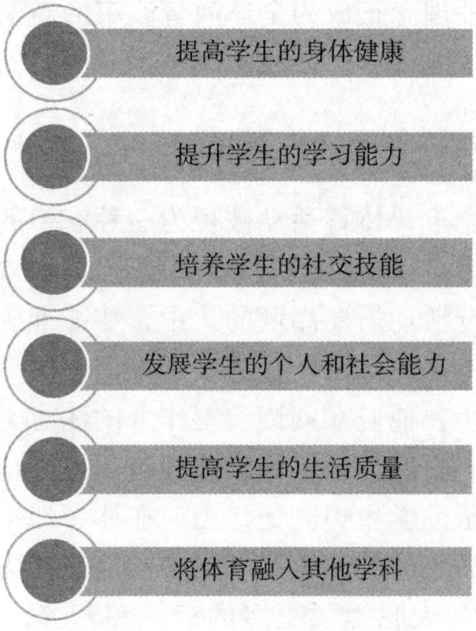

图 2-1 体教融合的目标

（一）提高学生的身体健康

身体健康是每个人幸福生活的基础，对学生来说更是如此。在成长过程中，保持身体健康有助于学生更好地学习，更好地享受生活，并为未来的成功打下坚实的基础。体教融合主张通过体育活动，让学生在快乐中健康成长，这种理念正成为全球教育改革的新潮流。

体育活动可以让学生在玩耍中进行身体运动，提高身体素质。定期参与体育活动可以提高学生的心肺功能，促进他们的肌肉和骨骼生长，提高他们的协调性和灵活性。体育活动可以帮助学生减少疾病的风险。比如，参与体育活动可以帮助学生保持健康的体重，从而降低患上肥胖症和相关疾病（如心脏病和糖尿病）的风险。体育活动可以提高免疫系统的功能，帮助学生抵抗疾病。体育活动也可以帮助学生养成健康的生活习惯。参与体育活动需要规律的生活，如定时运动、保持良好的饮食和睡眠习惯等。这些习惯不仅可以提高学生的身体健康，还可以提高他们的学习效率，增强他们的情绪管理能力。

可以说，体育活动是一个有效的工具，可以帮助学生保持身体健康，养成健康的生活习惯，降低疾病的风险，学习生活技能。而体教融合就是要充分利用这个工具，让学生在快乐的体育活动中实现健康成长，为他们的未来打下坚实的基础。这种理念正成为全球教育改革的新潮流，也是人们努力实现的目标。

（二）提升学生的学习能力

在体教融合的理念下，体育活动被视为一种有力的工具，它不仅可以提高学生的身体健康，还可以提升他们的学习能力。一方面，体育活动可以提高学生的注意力。体育活动需要高度的集中，才能准确执行动作，预测和应对对手的行动。这种专注力可以转化为学术学习中的专注力。研究表明，定期进行体育活动的学生，他们在阅读、写作上的注意力比较长。这种注意力的集中，可以帮助他们更好地理解和吸收知识，提高他们的学习效率。另一方面，体育活动可以帮助学生提高记忆力。在体育活动中，学生需要记住规则、动作和策略，这需要他们使用和发展他们的记忆力。体育活动还可以促进大脑的血液流动，为大脑提供更多的氧气和营养，有助于提高学生的记忆力。

以上这些能力对于提升学生的学习能力具有莫大的帮助，久而久之，学生的动手、动脑能力，以及思维的灵活性都会明显提升，这对他们的学习具有重要作用。

（三）培养学生的社交技能

体教融合的实施，可以帮助学生发展其社交能力，还可以帮助他们建立和谐的人际关系，更好地融入社会。

体育活动提供了一种理想的场所，让学生有机会和他人交流互动，建立和维护友谊。在运动中，学生需要与队友沟通、协作，一起应对挑战，一起分享成功的喜悦和失败的痛苦。这些经历会增强他们之间的关系，帮助他们建立深厚的友谊。

体育活动是培养团队合作和领导力的有效方式。在团队运动中，学生学习如何与他人合作，如何协调各自的角色，如何共同为团队的目标努力。在这个过程中，他们不仅了解了团队合作的重要性，还有机会发展自己的领导能力，学习如何引导和激励团队。

体育活动是一个强大的社交平台，可以帮助学生发展社交技能，建立友谊，提高团队合作能力和领导力，增强自我效能感。在体教融合的理念下，人们将利用这个平台，通过体育活动来帮助学生提升他们的社交技能，使他们更好地融入社会，为他们未来的发展奠定基础。

（四）发展学生的个人和社会能力

体教融合的另一大目标是利用体育活动来发展学生的个人和社会能力。在体育活动中，学生有机会在实践中认识自我，接受挑战，经历失败，并从中汲取经验，以实现个人成长。例如，体育活动提供了一种独特的方式来提升自我认知。在参与各种体育活动的过程中，学生不仅能了解自己的精神强度和心理承受能力，还能够认识到自己的长处和短处，学会欣赏自己的独特之处，从而增强自我认知。又如，体育活动可以有效提高学生的自尊和自信。当学生完成一个动作，或赢得比赛，或克服一项挑战时，他们会感到自豪和满足，这种积极的反馈会增强他们的自尊心和自信心。而自尊和自信对于学生的个人成长和社会交往都是至关重要的。此外，体育活动为学生提供了一个安全的环境，让学生能够尝试新事物，接受挑战。他们可以在这个环境中无畏地尝试，无论结果如何，他们都可以从中学习，进一步提升自我认知能力。

（五）提高学生的生活质量

提高学生的生活质量也是体教融合的重要目标之一。体育活动对学生的生活质量有着直接和显著的影响。体教融合倡导的是全新的教育观念，旨在提升学生的学习成绩，重视他们的身心健康和生活满意度。例如，体育活动可以有效地缓解学生的压力。学生在学习和生活中可能面临很大的压力，如果没有进行处理，这些压力可能会对他们的身心健康造成不良影响。参与体育活动可以帮助学生放松身心，将注意力从压力和烦恼中转移出来，从而缓解压力。又如，体育活动可以优化学生的情绪。运动可以刺激身体产生内啡肽，这是一种可以使心情愉悦的化学物质。体育活动的参与感和成就感也会给学生带来快乐和满足，这对他们的情绪有很大的提升作用。

（六）将体育融入其他学科

体教融合的目标之一是将体育融入其他学科。教师通过将体育和其他学科融合，可以提供一种动态和互动的学习体验，使学生在身体和智力上得到全面发展，培养他们的综合能力。例如，将体育融入其他学科可以使学生在参与体育活动的同时，学习和应用学科知识。学生可以在体育活动中学习数学的概念，如计数、测量和几何图形等；他们也可以通过参与体育活动来理解物理的概念，如力量、运动和能量转换等。这样的学习方式不仅能让学生在活动中愉快地学习，还能增强他们对学科知识的理解和应用。

第二节　体教融合的理论基石

体教融合的理论基石如图 2-2 所示。

一、整体教育理论

整体教育理论强调教育应关注学生的全面发展，包括身体、心理、社会和情感等各个方面。体教融合就是将这一理念应用到实践中，将体育活动融入课程，促进学生的全面发展。

图 2-2 体教融合的理论基石

（一）整体教育理论简介

整体教育理论，一种着重于个人全面发展的教育哲学，倡导学生的心智、情感、精神、社交和身体各个方面的发展。这种理论的兴起是对传统教育的冲击，后者往往重视记忆和技能训练，而忽视了人的全面发展。

在理解整体教育理论时，先要弄清楚一个基本问题：人是什么？在整体教育的观点中，人被看作有机的、多方面的、不断发展的生命体。这个观念反对把人看作一台机器或者一个空白的大脑等简化的观点。相反，整体教育理论认为，人是身体、心灵、情感、智力和精神等多方面因素构成的复杂整体。

整体教育理论主张教育应致力发展人的多方面的潜力。为此，它强调了几个关键的教育原则。首先，它强调全面的人格发展，这意味着教育应该包括对知识的学习、技能的培养、价值观的形成、情感的发展等各个方面。其次，它强调教育的内在价值，认为学习的目的不仅仅是达到某个外在的目标（如考试的分数），更重要的是学生的内在发展和自我实现。再次，它强调学习与生活的联系，认为学习应该是生活的一部分，而不是与生活分离的抽象活动。最后，它强调社区和全球意识，认为教育应该帮助学生理解他们在社区和世界中的角色，并培养他们的社会责任感。

在实施整体教育时，教师和学校有许多方法可以选择。他们可以使用以学生为中心、强调实践和体验的教学方法。这种方法让学生在实践中学习，通过体验来理解和掌握知识。他们可以使用合作学习的方法，让学生在团队中工作，通过合作来解决问题。这种方法可以培养学生的社交技巧和团队精神。他们还可以通过情感教育来培养学生的情感和道德。这种方法强调培养学生的同情心、公正感和道德责任感；甚至使用项目式学习的方法，让学生运用所学的知识解决实际问题。整体教育理论在许多学校和教育体系中得到了应用。例如，许多学校已经把情感教育、社区服务和全球教育纳入他们的课程中。也有一些学校采用了以项目为基础的学习和合作学习的方法，以提高学生的参与度和学习深度。尽管整体教育理论有很多优点，但也面临一些挑战。例如，如何评价学生的全面发展？如何在现有的教育体系中实施整体教育？这些问题需要教育者和学者进一步研究和探讨。

总的来说，整体教育理论提供了一个全新的教育视角。它强调全面发展，强调内在价值，强调学习与生活的联系，强调社区和全球意识。虽然这个理论面临挑战，但它无疑提供了一个新的视角来看待教育的价值。

（二）整体教育理论与体教融合

整体教育理论是一种以人为本的教育观，强调在教育过程中关注学生的全面发展，包括他们的身心健康、情感发展、社交技能、创造力、批判性思维和全球视野等。这种理论的目标是培养出能够独立思考、有创造力、能与人合作、有自我意识和积极参与社区生活的人。这样的教育观念提供了一种理论框架，将传统的学科教育与更为广泛的个人和社会发展目标相融合。这种理论在体育教育中尤为重要，因为体育活动既可以提高学生的身体健康，也可以发展他们的团队协作、领导力、决策力和解决问题的能力等社交技能。学生通过体育活动，可以在实践中学到这些技能，并在反复锻炼中加以强化。体育活动还可以增强学生的自信心和自我意识，帮助他们更好地理解和接受自己。

在整体教育理论的指导下，体育教育不再仅仅是教授学生如何打球或者跑步，而是成了培养他们综合素质的重要途径。在体育课上，学生不仅可以学习体育技能，还可以在运动中学习如何与人合作、如何处理竞争和压力、如何设定和实现目标等重要的生活技能。这种教育方式不仅可以使学生在快乐和挑战中成长，还能够提高他们的身心健康。

整体教育理论也为体育教育提供了一种新的教学方法，即项目式教学。在这种教学方法中，教师会设计一系列的体育项目，让学生在完成这些项目的过程中学习和运用知识。例如，教师可以设计一项足球比赛，让学生在组织和参与比赛的过程中学习团队协作、策略规划、解决问题等技能。这种方法不仅可以提高学生的学习兴趣和动力，还可以使他们在实践中学习和发展。

在整体教育理论的指导下，体育教育超越了传统的育人模式，成为学校教育中的一个重要部分。学生通过体育活动，可以在体验和享受运动乐趣的同时，发展他们的综合素质。教师也可以通过设计和组织体育项目，使教学活动更加富有趣味性和实效性。这种教育模式不仅可以提高学生的学习效果，还可以提高他们的生活质量和社会参与度。

二、运动心理学理论

运动可以帮助人们克服焦虑、提高自信心、建立团队合作精神等，这些都是运动心理学所关注的问题。

（一）运动心理学简介

运动心理学是研究人类在体育和运动环境中的心理过程、行为和表现的科学领域。其关注的主要内容包括运动员的动机、应对压力的策略、运动员之间的团队互动、教练员和运动员的关系、心理技巧的训练，以及通过运动和体育活动促进心理健康等。

对于运动动机的研究，运动心理学试图理解何种因素激励人们参与体育，以及如何通过增强内在和外在动机来提高运动表现。内在动机涉及自我实现，如享受运动带来的乐趣、提高技能等。外在动机则包括赢得比赛、得到奖励或避免惩罚等。运动心理学家研究运动员如何应对压力和挑战。无论是个体运动还是团队运动，压力管理和应对策略在优秀的表现中起着至关重要的作用。这些策略包括放松技术、正念训练、认知行为疗法等，以帮助运动员管理焦虑和压力。团队互动和运动员与教练员的关系也是运动心理学的重要研究领域。良好的团队氛围和运动员与教练员之间的健康关系对于团队的整体表现和运动员个人的表现至关重要。运动心理学家会为教练和运动员提供工具和策略，以改善沟通方法、解决冲突，并建立互信。运动心理学的另一个关键领域是心理技巧训练，如目标设定、视觉想象、自我对话和专注力训练等。这些技巧被用来提高运动员的自信、减少焦虑、改善表现，并帮助他们在压力大的情况下保持专注。

总的来说，运动心理学是一个跨学科的领域，它结合了心理学、生理学、生物学和社会学的理论和方法，以更深入地理解人类在体育运动中的行为和心理过程。这个领域的研究可以被应用于许多不同的场合，如教育、健康、商业和军事等，有助于提高运动表现、提升心理健康，以及提高团队合作能力和领导力。

（二）运动心理学与体教融合

运动心理学作为体育教育的理论基础，通过探讨运动与人类行为、情绪、认知、动机等心理因素的关系，为教师、教练和学生提供深入理解和实践体育活动的重要视角。运动心理学不仅关注运动表现的提高，还着眼于运动如何促进学习，帮助个体发展，以及如何增强个体的心理健康。

在教学环境中，运动心理学可为教师和教练提供有效的策略和工具，如动机策略、目标设定技术、压力管理、团队建设等，这些有助于提高学生的学习动力、参与度，以及提升他们的运动技能。例如，教师可以通过运动心理学的理论来理解学生的内在和外在动机，从而设计出激励学生参与体育活动的方法。同样，教练也可以利用这些理论和方法提升运动员的竞技水平。

运动心理学可以帮助教育者和学生理解和管理在体育环境中出现的各种压力，如竞争压力、表现压力、社会压力等。学生通过有效的压力管理策略，可以学会如何在压力面前保持冷静，从而提高他们的运动表现和学习效果。运动心理学中团队互动和团队建设的理论和实践也对体育教育具有重要的影响。良好的团队精神和团队合作是体育活动的关键因素。教练可以运用运动心理学的策略和方法，如沟通技巧、冲突解决技巧等，来建立和维持高效的团队。而且运动心理学通过研究运动对心理健康的积极影响，为体育教育的价值提供了更多的依据。运动不仅可以帮助人们保持身体健康，还可以调节情绪，增强自尊心，减少焦虑和抑郁，提高生活质量。

综上所述，运动心理学为体育教育融合发展提供了理论和实践的基础，有助于提升体育教育的效果，促进学生的全面发展，也为学生提供了应对生活挑战的重要技能和策略。

三、生理学理论

在生理学的视角下，运动对人体有多种益处，如改善心肺功能、强化肌肉和骨骼、提高免疫力等。

（一）生理学理论简介

生理学是一门研究生命体活动规律和功能机制的科学。它覆盖了生命体中所有生物过程，从单个分子到整个生物体的互动。研究生理学不仅有助于人们理解生命体（包括人类）如何工作，还有助于人们发现和治疗许多疾病。生理学可以追溯到古希腊，其中医生如希波克拉底（Hippocrates）开始研究人体的运行原理。然而，直到18—19世纪，生理学作为一个独立的科学领域才得到发展。这段时期的许多发现，如神经传输、血液循环和呼吸过程，仍然是现代生理学的基础。

生理学具有多重分支，不同的分支有不同的研究侧重点。其中，神经生理学是生理学的一个重要分支，它研究神经系统如何控制和调节身体的各个部分。比如，神经元如何通过电信号传输信息，大脑如何处理这些信息，以及如何因此感知环境和控制动作。神经生理学可以帮助人们理解并治疗许多神经系统疾病，如阿尔茨海默病和帕金森病。细胞生理学则关注单个细胞内的过程，比如细胞如何获取和使用能源，以及细胞如何通过分子信号与其他细胞通信。了解细胞生理学对于理解生命体的生长、发展和疾病都至关重要。分子生理学则是研究生命体中更小的单位——分子和原子——如何互相作用以执行生命过程。系统生理学研究生命体中不同组织和器官的交互。例如，如何维持稳态，如何响应外部环境的变化，以及如何协调各个部分以实现整体功能等。这涉及心脏如何泵血、人们如何感知和响应疼痛等方面。

生理学的理论和实践已经在许多领域产生了重要的影响。它不仅推动了医学的发展，还对运动科学、营养学、心理学、体育学等许多其他领域产生了影响。生理学使人们能够理解人体如何运作，从而可以设计出更有效的治疗方法，从而改善人类的健康状况和生活质量。

在未来，生理学将继续发展，随着新技术和新理论的出现，人们对生命的理解将变得更加深入。比如，系统生物学是一种新的方法，它试图理解生物过程是如何在整个生物体中相互作用的。而随着基因编辑技术的发展，人们能够更深入地理解和操控生命过程。这些新的理论和技术将使生理学进入一个新的时代，有可能带来前所未有的医学突破。

总的来说，生理学是一门复杂且富有挑战性的科学。它涵盖了生命的所有层面，从最小的分子到整个生物体，以及所有的生物过程，从基本的生理机能到复杂的系统相互作用。人们通过生理学，可以理解生命是如何运作的，这对于改善人类的健康和福祉至关重要。

（二）生理学理论与体教融合

生理学是一门专门研究生物体的学科，特别是人体的各种功能和生命过程。它在提供健康信息、改善人体表现、提升生活质量等方面具有重要的价值，也是体教融合的理论基础之一。

体育教育旨在通过运动和体育活动提升个体的体能、健康和运动技能，增强团队合作精神、竞争能力。生理学在这方面发挥着至关重要的作用，因为它可以帮助人们理解如何通过运动改变身体和大脑的功能，从而更有效地提升身体健康和绩效。

生理学理论在运动和健康领域中的应用可以追溯到古希腊和罗马时代，当时的医生就已经开始探索运动对身体健康的影响。在现代，生理学的理论和研究方法已经有了进一步发展，提供了关于身体如何响应运动，如何从运动中恢复，以及如何通过运动优化身体功能的深入理解。例如，了解心肌收缩的生理机制可以帮助人们理解如何通过运动改善心脏功能，从而改善心血管健康。同样，人们通过了解神经传导和肌肉收缩的生理过程，可以设计出更有效的训练计划，以提高力量、速度和耐力。

生理学理论也有助于人们理解身体在运动和压力下的反应。例如，了解肾上腺素和皮质醇等应激激素的作用机制，可以帮助人们理解个体在比赛压力下的表现，并找到方法来管理这些反应，以提高运动员的竞争力。

在运动营养方面，生理学理论提供了关于食物如何转化为身体所需能量，以及如何通过营养优化身体表现和恢复的基础知识。生理学还揭示了运动对大脑和精神健康的影响。例如，研究表明运动可以刺激神经生长因子的产生，有助于大脑功能的改善，包括记忆、注意力和学习能力。运动也可以刺激内啡肽的产生，这是一种能让人产生愉快感觉的化学物质，有助于保持心理健康和愉快的心情。

生理学理论是体教融合的重要基础。它提供了关于运动如何影响身体和大脑，如何通过运动和营养改善身体表现和健康，以及如何管理运动应激反应等方面的关键知识。在未来，随着科学技术的发展，人们的理解将更加深入，生理学理论在体育教育中的应用也将更加广泛和深入。

四、持续学习理论

持续学习理论提供了这样一种方式，帮助人们理解学习是一个持续的、终身的过程，而不仅仅是学校教育的一部分。人们通过持续学习，可以更好地适应生活的需求，提高生活的质量，实现个人和社会的发展。

（一）持续学习理论简介

持续学习理论强调的是一种终身的、自发的、持久的知识和技能的积累过程，以适应不断发展和变化的社会和个人生活需求。在科学研究和日常生活中，人们已经认识到，学习不仅仅是在学校进行的活动，而且在整个生命中都在进行。从这个角度看，持续学习就成了理解人类学习的核心构造。

持续学习的理论基础是对人类学习能力的理解和尊重。人类的学习能力不仅是在青少年时期形成的，而且在整个生命过程中都在发展和进化。人类的大脑并不是一个固定的、静态的实体，而是一个不断适应和改变的动态系统。人们通过不断学习，可以增加自己的知识和技能，改进和完善已有的知识和技能，以适应不断变化的环境。

持续学习理论的主要目标是促进人的发展和生活质量的提高。这一理论通过提供适合各种生活阶段的学习机会，能够帮助个体适应社会的需求，提高工作技能，获得人生的满足感，并且促进社会的进步。而且，持续学习的理念也能帮助人们认识到学习并不是一个孤立的过程，而是一个社会性的、与他人交互的过程。

在实践中，持续学习理论可以通过各种方式实现。它可以通过提供终身学习的机会，如成人教育和继续教育，帮助个体提高技能和知识。它也可以通过鼓励个体在日常生活中自主学习，利用信息技术和网络资源来进行知识和技能的更新。然而，持续学习理论也面临着一些挑战。比如，如何提供适合不同年龄、背景和需求的个体的学习机会？如何保证所有的个体都有公平的学习机会？如何评估和认证非正式和非正规的学习成果？这些都是持续学习理论需要进一步探索和解决的问题。

尽管如此，持续学习理论是较为重要的。在快速发展和变化的社会中，人们需要一种能够适应这种变化，促进个体和社会发展的学习方式。

（二）持续学习理论与体教融合

在当今的教育环境中，理论与实践的交织成了不可或缺的一部分，特别是在高等教育中，这种交织是通过体育与教育的融合体现出来的。在这个背景下，持续学习理论成为高校体教融合的重要理论基础之一。

持续学习理论主张的是一个终身的、自我驱动的，对知识和技能持续追求的过程。这种观念在体育和教育的融合中得到了具体应用。在传统的观念中，体育和教育被看作相互独立的领域，各自有各自的目标和方法。但在持续学习理论的指导下，人们开始意识到，体育和教育实际上是可以相互补充和融合的。

持续学习理论改变了人们对教育和体育的看法。在这个理论的指导下，人们意识到学习和运动都是个体发展的重要部分，需要持续投入和实践。学习不仅仅是在教室里进行，运动也不仅仅是在体育馆里进行。相反，学习和运动都是在生活中的各个方面进行的。

持续学习理论鼓励人们以整体的、融合的方式看待教育和体育。在这个视角下，教育和体育不再是相互独立的，而是相互关联的。体育可以作为教育的一种方式，帮助学生建立团队精神，提高领导力，增强自主控制能力。教育也可以通过体育活动，帮助学生理解和实践健康的生活方式，从而提高生活质量。

持续学习理论还强调了自我驱动的学习和运动的重要性。在这个理论的指导下，人们鼓励学生自我驱动地学习和运动，而不仅仅是被动地接受教育和体育训练。这样，学生可以在学习和运动中找到自己的兴趣，发展自己的潜力，成为真正的终身学习者和运动者。

总的来说，持续学习理论为高校体教融合提供了重要的理论基础。它帮助人们理解学习和运动的关系，鼓励人们以整体的、融合的方式看待教育和体育，强调了自我驱动的学习和运动的重要性。

五、人本主义理论

体教融合尊重和关注学生的个体差异，满足他们的需求，提高他们的自我价值感和成就感，这与人本主义教育理念一致。

（一）人本主义理论简介

人本主义理论是一种强调个体的尊严、价值和自主性的哲学思想。其起源可追溯到文艺复兴时期的意大利，那时的学者开始反思中世纪的神学观，倾向于将人的地位和价值置于中心，强调人的理性、自由和创造力。

随着时代的发展，如今的人本主义理论不仅在哲学和思想领域有着重要地位，还在教育领域十分重要。提到现代教育领域的人本主义，就不得不提及罗杰斯（Carl Ransom Rogers）和马斯洛（Abraham Maslow）。前者倡导教育教学领域的通识教育和有意义的学习，后者提出了著名的需求层级理论。罗杰斯的以学生为中心的学习观认为学习的本质是有意义的学习。这两位大师对教育教学领域共同的贡献引起了人们对学习者情感和需求在教学中地位和作用的重视，尊重学习者的需求和选择权。[①]

简单来说，人本主义倡导以学习者为中心，一切教育改革的出发点和最终的落脚点都是为了学生的全面发展。在人本主义的影响之下，当代教育教学更加注重学生的主体地位，课程设置、课程评价、教学安排都要将学习者放在重要位置。自主学习要确立的是教师主导、学生主体的师生关系，其宗旨是充分发挥学生的主体性，让学生成为学习的主人。尊重学习者的自主性和能动性是人本主义的另一特征。在自主学习中，学习者享有自由选择课程、学习方法以及评价方法的权利。[②] 进入21世纪，人本主义理论在教育领域取得诸多突出成绩，受到各界教育人士的青睐。

总的来说，人本主义是一种具有深远影响的思想观念，它强调个体的价值和尊严，主张人的自由和自主性。无论在教育、心理学还是政治理论中，人本主义都提供了一种以人为本的视角，以此来看待和理解世界。

---

① 陆少兵．学习者学习观念与自主学习行为研究[M]. 武汉：武汉大学出版社，2021：40.

② 同①。

（二）人本主义理论与体教融合

人本主义理论是高校体教融合的理论基础之一，这源自人本主义的核心观点：关注和尊重每一个个体的独特性，激发和发展其潜力，以促进其全面发展。在这种理念的指导下，高校体育教育从单一的运动技能训练和竞技比赛转变为一种更全面的教育形式，包括身心健康、社会技能、道德修养和价值观。

首先，人本主义理论强调个体的独特性和自我实现。在体育教育中，这意味着教师需要关注每一个学生的身体能力、运动兴趣和个人目标，而不仅仅是课程的通用目标。教师通过个性化的指导和反馈，可以帮助学生培养运动兴趣，调动他们的积极性和主动性，以及促进他们的自我实现。

其次，人本主义理论也强调整体发展和自我成长。这意味着高校体育教育不仅关注学生的身体发展，还关注他们的心理和道德发展。例如，学生通过团队运动，可以学习合作、领导和解决冲突的技能。他们通过挑战自我和超越限制，可以建立自尊、自信和毅力。他们通过运动规则和公平竞争，可以培养学生正确的道德观和价值观。

最后，人本主义理论还关注个体的自主性和自由意志。在体育教育中，这意味着学生应该有选择和决定他们的运动项目、运动方式和运动目标的权利。他们通过这种方式，可以发展自我管理、自我评估和自我激励的能力，这对他们的个人生活和未来职业生涯都是较为重要的。

总的来说，人本主义理论为高校体育教育提供了一个新的视角和框架。它把学生看作独特的个体和主体，强调他们的自我实现、全面发展和自主性。在这种理念的指导下，高校体育教育可以成为一个促进学生身心健康、社会技能、道德修养和价值观，以及终身学习和成长的重要平台。

六、全面发展理论

全面发展理论即人的全面发展理论，是一种关于社会进步和个人发展的观念，强调在社会、经济、文化、政治等各个领域内实现全方位、均衡和协调发展。在各个领域，全面发展理论都有深刻的指导意义。

（一）全面发展理论简介

全面发展理论是马克思主义理论的重要组成部分，早期该理论指的是个人的全面发展。随着时代的发展，全面发展理论在我国“生根发芽”，不仅包括个人层面的发展，还包括宏观层面的发展，已经成为许多行业和领域中的重要指导思想。

在政治领域，全面发展理论是社会主义现代化建设的核心要义，强调了经济、政治、文化、社会和生态文明的“五位一体”建设。例如，政治全面发展涉及社会公正、民主、法治等重要方面。民主化和法治化是政治全面发展的重要方面，旨在保障人民的基本权利，保障社会的公平公正。

在经济领域，全面发展理论着重于经济的全面发展。经济是社会发展的基础，其全面发展是确保人民物质生活水平提高、社会公平公正、稳定增长的基础。全面发展理论主张均衡发展各种产业，推动经济持续健康发展，而非过度依赖某一种产业或忽视长期的可持续发展。

在文化领域，文化是国家的灵魂，是民族的血脉，是社会的精神支柱。全面发展理论主张尊重和保护各种文化，促进文化多元化，增强国家的文化软实力。

此外，全面发展理论还强调社会全面发展。社会全面发展不仅包括物质生活的提高，还包括教育、医疗、环保、就业、公共服务等社会事业的发展，旨在提高人民的生活质量和社会福利。

需要注意的是，全面发展理论在我国的现代化教育事业中扮演着十分重要的角色。全面发展教育理论要求学校及教师着眼于学生的发展，遵循学生的身心发展规律，通过各种教学方式为学生的全面发展提供条件、创造环境，使其在学习和掌握各类知识的同时，形成自我养成，并通过有效的社会实践和训练，促使学到的知识逐渐内化为其自身相对稳定的思维方式和行为习惯，达到理解和运用知识，并最终促使其实现个体全面发展，成为能够适应未来社会发展的会生存、善学习、勇创新的复合型人才。①

总之，全面发展理论提供了一个全面理解和实现社会进步和个人发展的框架，强调在各个领域内实现全方位、均衡和协调发展。这种理论对于构建公平、和谐、可持续的社会具有重要的指导价值。

① 赵金华．基于科技创新的理工院校创业教育理论研究与实践 [M]. 合肥：合肥工业大学出版社，2014：49.

（二）全面发展理论与体教融合

人的全面发展理论是指在物质、精神、道德、智能等各个方面促进人的全面成长和发展。这一理论对于高校体教融合具有重要的理论指导意义，因为它强调人的全方位发展，旨在培养全面发展的人才，而高校体教融合则是这一理论在高等教育领域的具体实践。高校体教融合是指在高等教育过程中，通过将体育教育和其他学科教育相融合，实现学生身心健康和全面发展的目标。人的全面发展理论认为，人的发展不仅包括知识和技能的获取，还包括身心健康、道德修养和社会适应能力的提高。而高校体教融合正是致力实现这一目标，强调全人教育，注重培养学生的全面能力。

在全面发展理论的指导下，高校体教融合将体育教育与其他学科教育相融合，以培养学生的身体素质和健康意识。体育活动不仅可以强身健体，提高学生的身体素质，还可以锻炼学生的意志品质，培养团队精神和公平竞争的价值观。高校体教融合也可以通过体育教育提高学生的社会适应能力。体育活动是一种社会实践，学生通过参与体育活动，可以学习如何与人交往、如何处理团队中的冲突、如何在竞争中保持公正和公平，这些都是社会适应能力的重要组成部分。高校体教融合也可以通过体育教育提升学生的精神品质。体育活动可以锻炼学生的毅力和决心，培养他们的坚韧不拔和不怕困难的精神。这种精神品质对于学生人格的形成和未来的生活和工作都有着重要的影响。

综上所述，人的全面发展理论为高校体教融合提供了理论基础。它指出，人的全面发展不仅包括知识和技能的提高，还包括身心健康、道德修养和社会适应能力的提升。高校体教融合正是这一理论在高等教育领域的具体实践，致力培养全面发展的人才。

第三节　体教融合的根本原则

体教融合的根本原则如图 2-3 所示。

一、发展性原则

体教融合是当代教育发展的重要方向，以学生全面发展为核心，突破传统教育模式的束缚，开展生动性、实践性和开放性的教育活动。在此过程中，发展性原则起着至关重要的作用。

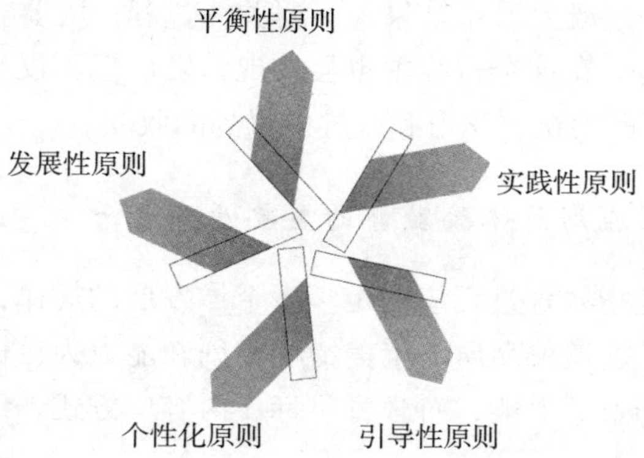

图 2-3 体教融合的根本原则

（一）发展性

发展性通常是指个体或系统具有的持续改进和进步的能力。在个体层面，发展性涵盖了身心、认知、社交等多个维度的发展。在更大的社会、经济系统中，发展性则指的是这些系统能否保持持续的进步，以改善生活条件、提高效率和生产力等。

个体的发展性包括但不限于身体发展、智力发展、情感发展和社会化发展。身体发展涉及身体健康、运动技能和协调性等，智力发展关注知识积累、思考、理解和解决问题的能力，情感发展则涉及个体的感知、理解、表达和管理情绪的能力，社会化发展则关注个体如何适应和参与社会环境。这些发展都需要适当的刺激、教育和指导。

社会经济系统的发展性主要体现在其对经济增长、社会福利、环境可持续性和科技创新等方面的持续改进。经济增长能够提高人们的生活水平，为社会福利提供资金；社会福利则能保障人们都能分享到经济发展的成果；环境可持续性是为了确保人们的发展不会破坏赖以生存的环境；科技创新则是推动经济社会发展的重要动力。

无论是个体还是社会经济系统，发展性的实现都离不开两个要素：目标和过程。目标给予了发展的方向，是人们对发展的期望和理想。过程则是如何实现这些目标，涉及的是具体的策略、努力和评估。

因此，发展性不仅仅是改变的事实，更重要的是这种改变是有目标、有方向、有意义的。这既要看重结果，又要关注过程；既要有长远的目标，又要注重短期的实施。在这个过程中也会发现，发展性不仅是一个结果，还是一个过程，是在不断尝试、学习和改进中得到的收获。

（二）发展性原则是体教融合的重要原则之一

发展性原则是指教育过程应满足学生个体发展的规律，以提高学生的身体素质、智力水平、道德品质、审美情趣和创新能力为目标。这种原则强调学生的个体差异和发展潜能，对教育目标、内容、方式、评价等环节都有重要影响。

发展性原则强调以学生为主体，关注每一位学生的身心发展。在教育过程中，教师不仅需要教授知识，还需要尊重学生的主体地位，关注他们的兴趣和特长，激发他们的学习动机和创新精神。教师通过活动和实践，让学生在体验中学习，在实践中提高，从而实现个体的全面发展。

发展性原则要求教育活动具有开放性和灵活性。学生的学习不应被过分规定和限制，而应鼓励他们自由探索、独立思考、自主创新。在教学活动设计上，教师应提供多样化的选择，让学生根据自己的兴趣和能力选择参与方式，以增强学习的自主性和主动性。发展性原则还倡导终身学习的理念。在快速变化的信息社会，学生需要掌握持续学习的能力，以应对未来的挑战和变化。因此，教育活动不仅要注重知识的传授，还要培养学生的学习能力，激发他们的学习兴趣，引导他们形成良好的学习习惯和方法。

可见，发展性原则在体教融合中发挥着重要作用，它有助于形成以学生为主体，注重实践、体验和创新的教育环境，促进学生全面发展。因此，教育工作者应理解和把握这一原则，将其贯穿教育的各个环节，以提高教育的质量和效果。

（三）发展性原则在体教融合中指导实践

在体教融合中实施发展性原则，教育管理者和教师需要把握以下几个关键点。

鼓励和促进学生的主动参与是教育过程中的重要环节，这不仅能提升他们的学习兴趣，还能激发他们的学习动力，从而帮助他们更好地学习和发展。主动参与意味着学生能够积极地参与学习过程，包括参与课堂讨论、独立完成学习任务、积极与同伴协作等。这种主动性可以帮助学生更深入地理解知识。主动参与能够培养学生的学习动机。当学生能够主动参与学习过程时，他们将会感受到学习的乐趣和成就感，这将激励他们全身心投入学习中。主动参与也能够帮助学生建立自我效能感，让他们相信自己有能力完成学习任务。

要创建一个优质的学习环境。安全的学习环境是学生学习和发展的基础。这里的安全不仅包括物理安全，如保证学生在安全的环境中进行体育活动，避免伤害，还包括心理安全，即学生在学习环境中能够感到舒适，不被欺凌或排斥，可以自由地表达自己的想法和情绪。开放和多元的学习环境可以促进学生的认知和创新能力的发展。开放的学习环境鼓励学生积极探索，不断尝试，不怕失败，从而培养他们解决问题的能力和创新思维。多元的学习环境则可以让学生接触和理解多元文化和观点，开阔他们的视野，提升他们的跨文化交际能力。

要建立良好的反馈机制，有效的反馈是学习和发展的重要驱动力。教师应提供及时、具体和建设性的反馈，让学生看到自己的进步和需要改进的地方。教师也应鼓励学生之间的互相反馈，建立学习社群。

要培养学生的自我调节能力，学生的自我调节能力对他们的学习和发展至关重要。教师应教授学生如何设定目标、制订计划、监控进度和调整策略，使他们能够主动控制和管理自己的学习过程。

二、平衡性原则

平衡性原则为体教融合提供了明确的指导，帮助人们更好地理解、实施并贯彻体教融合，促进学生的全面发展。实施平衡性原则需要教育领域工作者不断反思和创新，不断探索和实践，以实现体育教育的人文价值、社会价值和未来价值。

（一）平衡性

平衡性是一个广泛应用的概念，不同的领域对它的理解和应用也有所不同。然而，无论在哪个领域，平衡性都是维持系统稳定、防止过度变化的一种重要机制。在某种程度上，平衡性反映了自然和社会的一种基本规律，即动态稳定的状态。

在化学中，化学平衡是一个动态的状态，表现为正向反应和反向反应的速率相等。尽管反应物和产物的浓度在这个时候并没有改变，但反应仍在不断进行，只不过这两个过程的速度相等，使得反应达到一个动态的平衡。

在生物学中，平衡性可以被理解为生态系统的一个重要属性，它包括物种多样性、资源的可持续利用等方面。当生态系统的平衡被破坏时，可能会引发一系列的问题，包括物种灭绝、生态环境恶化等。

在经济学中，市场平衡是供需达到平衡的状态，此时商品的供应量等于需求量，价格也会稳定下来。如果市场失衡，就会产生供应过剩或者需求过剩的问题，这会引发价格的波动，甚至可能导致经济危机。

在艺术和设计中，平衡性是一种审美原则，其目标是创造出一种视觉上的和谐感。它可以通过颜色、形状、大小、质地等元素的合理分布来达成。视觉上的平衡可以创造出一种静谧、和平的感觉，帮助观众更好地理解和欣赏作品。

在心理学中，平衡性通常与个体的心理健康状态有关。例如，工作与生活的平衡、情绪的平衡等，都是维持个体心理健康的重要方面。如果个体的生活失衡，可能会导致压力增加、情绪问题、身心健康问题等。

在教育学中，平衡性是一种兼具各门学科，并重视各类知识的教学方式，不会出现“顾此失彼”“厚此薄彼”的情况。

（二）平衡性原则是体教融合的重要原则之一

平衡性原则是体教融合的重要原则之一，两者的联系主要体现在以下几个方面。

体育教育不仅包括体育技能的学习和训练，还包括心理、生理、社会和道德等多方面的教育。这意味着体教融合要关注学生的体育技能发展和其他能力发展。体育教育应该帮助学生养成健康的生活方式，提高他们的社会交往能力，培养他们的团队精神和领导力，以及发展他们的道德观念和价值观。平衡性原则强调体育教育的多元性和个性化。体育教育应该尊重和适应学生的个体差异，提供多元化的体育活动和教学方法，以满足学生的不同需要和兴趣。这也意味着体育教育应该适应各种环境和条件，使所有学生都有机会参与和享受体育活动，无论他们的性别、年龄、体质、身体条件、文化背景、社会地位等。而且平衡性原则强调体育教育的公平性和包容性。体育教育应该对所有学生开放，尊重每个学生的权利和尊严，避免任何形式的歧视和排斥。这也意味着体育教育应该促进社会的平等和公正，通过体育活动和教育来提高社会的包容性和团结力。

在实践中，平衡性原则可以指导教师设计和实施体育教育活动和计划，评价和改进体育教育的效果和影响，以及提高体育教育的质量和效益。这不仅需要教育者和决策者的智慧和努力，还需要学生、家长、社区和社会的参与和支持。

平衡性原则是体育教育融合的核心和灵魂，体现了体育教育的多元性、公平性、持续性。实施平衡性原则使体育教育更加符合人的全面发展需要，更好地服务于社会，更有效地应对新时代的挑战和机遇。

（三）平衡性原则在体教融合中指导实践

平衡性原则在体教融合中的应用和实践，无疑为现代教育提供了一种更加人文性、科学性和前瞻性的方法。以下是一些关于平衡性原则在体教融合中的具体指导实践。

在课程设计方面，体育课程不仅包含技能训练，还包括对学生心理、社会、道德等方面的培养。例如，在设计体育课程时，可以融入团队协作、领导能力、公平竞争等元素，通过实践体验促进学生的全面发展。

在教学方法方面，体育教育应当注重个性化和多元化。平衡性原则鼓励教育者认识到学生的个体差异，因此教学方式应根据学生的能力、兴趣和需要进行调整。教育者通过提供多样化的体育活动，可以使学生有更广泛的选择，从而更好地满足他们的需求。

在评估和反馈机制方面，评估体育教育的效果并不是只关注学生的体育技能，还包括他们的心理、社会和道德发展。教师可以通过观察、访谈、问卷调查等方式，收集和分析学生的表现，以便调整教学策略，提高教学效果。

平衡性原则也要求教师注意体育教育的公平性和包容性。这意味着教师要确保所有学生都有参与体育活动的机会，避免任何形式的歧视。在具体的教学活动中，尽可能提供适应不同学生的体育项目，确保每个学生都能从体育活动中受益。

三、实践性原则

实践性原则是体育教育融合的重要原则之一，它强调体育教育应该以实践为主线，通过实践活动来培养学生的身体素质和运动技能。实践性原则对于提高体育教育的质量和效果，推动体育教育的改革和发展具有重要的指导意义。

（一）实践性

实践性是对实践活动、实践过程和实践结果的认知属性和质量特征的描述。它是从理论与实践的关系中衍生出来的一种重要概念，有着深远的哲学含义。实践性原则通常强调知识和行动的直接联系，它要求人们在理论研究和实践活动之间建立一个有机的、动态的联系。

理论与实践的关系是哲学中一个永恒的话题。从古至今，无论是东方的哲学还是西方的哲学，无论是古代的哲学还是现代的哲学，都围绕着理论与实践的关系展开了深入讨论。哲学家从各自的理论立场出发，给出了不同的答案。但是，无论他们的答案如何不同，都无法忽视实践在认知过程中的重要地位。这就是实践性的核心内涵。

实践性的含义可以从两个方面来理解。首先，实践性指的是事物的实用价值，也就是说，一个事物是否有实践性，取决于它是否能够解决实践中的问题，是否能够满足实践的需要。例如，科学理论的实践性表现在它是否能够推动科技的发展，是否能够带来实际的效益。其次，实践性是认知过程的实践性，也就是说，认知过程是否具有实践性，取决于它是否遵循实践的规律，是否能够通过实践来检验和完善。例如，马克思主义哲学的实践性表现在它主张通过实践来认识世界，主张通过实践来检验和发展理论。

实践性原则对社会科学研究具有重要意义。实践性原则要求人们在研究社会现象时，不能脱离实际情况，不能脱离实践活动。人们应该根据实际情况，从实践的角度来研究社会现象，从而得出真实的、有实践价值的研究结果。实践性原则还要求人们在研究过程中，不断通过实践来检验理论，从而使理论更加科学和完善。

实践性的内涵也在不断深化和发展。现代社会是一个快速变化的社会，社会的发展和变化带来了新的实践需要，这就要求人们不断更新和发展既有的理论，以满足实践的需要。实践也在不断丰富和深化，这也要求人们不断从实践中获取新的认知，以丰富和发展既有的理论。这就是实践性在现代社会中的具体表现和要求。

总的来说，实践性是一种哲学原则，它强调理论与实践的紧密联系，强调实践在认知过程中的重要地位。它要求人们在理论研究和实践活动中建立一个有机的、动态的联系，通过实践来认识世界，通过实践来检验和发展理论。

（二）实践性原则是体教融合的重要原则之一

实践性原则是体教融合的重要原则之一，它对于提高体育教育的质量和效果具有重要的指导意义。体育教育的核心目标是培养学生的身体素质和运动技能，以及运动精神和团队精神。实践性原则要求体育教育紧紧围绕这些核心目标进行，通过实践活动来达到这些目标。

在体育教学的方式上，体育教育并不仅仅是对运动规则和技巧的传授，更重要的是通过实践活动，让学生真正体验运动的乐趣，提高他们的身体素质，培养他们的运动技能。这就需要教师以实践为主线，设计各种具有趣味性和挑战性的教学活动，引导学生积极参与、主动实践，从而达到学习的目的。

在体育教学的评价上，传统的体育教学评价往往过于注重技术的正确与否，而忽视了学生的实践过程和体验。实践性原则要求人们在评价中注重学生的实践过程，看他们在实践中是否积极参与，是否敢于挑战，是否能够团结合作。这样的评价更能够体现出体育教育的真正价值，也更能够激发学生的学习兴趣和动力。

除了上述内容之外，实践性原则对于体育教育的改革和发展具有重要的指导意义。例如，实践性原则提醒人们，体育教育应该注重实践活动的开展，通过实践活动来培养学生的身体素质和运动技能。这就要求人们在教学设计中，注重活动的实践性，为学生提供丰富的实践机会。又如，实践性原则也要求在教学评价中，注重学生的实践过程和体验，而不仅仅是技术的正确与否。这就要求人们改革传统的评价方式，引入更加科学和公正的评价方式。

实践性原则在现代体育教育中的重要性日益突出。随着社会的发展，人们对体育教育的需求和期待也在不断提高。这就要求人们不断更新和完善既有的教育理念和方法，以满足人们的需要。实践性原则提供了一个重要的指导，它让人们明白，只有通过实践才能真正达到体育教育的目标，只有通过实践才能真正提高体育教育的质量和效果。因此，教育工作者应该坚持实践性原则，以实践为主线，推动体育教育的改革和发展。

（三）实践性原则在体教融合中指导实践

实践性原则是现代教育理论中的重要组成部分，强调通过实际操作和实践活动来提高学习效果，而非仅通过理论学习。

在体教融合的过程中，实践性原则具有核心的指导价值，要通过实践活动来融合理论和实际，提高学生的全面发展水平。

体教融合的实践性原则强调以实践为导向的学习方法。体育活动是一种实践活动，它需要学生在运动中动脑动手，实践出真知。学生通过体育运动的方式，可以学到运动规则、团队协作、竞争精神等知识，学生还能从运动中体验成功、挫败、困难和挑战，培养他们的心理素质。在这个过程中，学生的知识储备和生活经验得到提升，这种实践中的学习经验无法被书本知识替代。

体教融合的实践性原则鼓励教师以学生为主体，以实践活动为载体，设计具有实践性的教学活动。例如，教师可以设计一些体育与科学、数学、艺术等学科相结合的实践项目，让学生在参与这些项目的过程中，既能进行身体锻炼，又能学到其他学科的知识。这种实践性教学方法不仅能增强学生的学习兴趣，还能提高他们的学习效果。

体教融合的实践性原则也体现在教育评价中。在这种教育模式下，评价学生的标准不仅包括他们的理论知识掌握程度，还包括他们在实践活动中的表现，如团队合作能力、创新思维、解决问题的能力等。这种以实践为导向的评价方式更符合现代教育的发展趋势，也能更好地激励学生积极参与实践活动。

总的来说，在体教融合中，实践性原则以学生的实践活动为中心，通过体育运动的方式来提高学生的综合素质。它强调以实践为导向，倡导实践中的学习，注重学生在实践活动中的表现，这种教育方法能有效提高学生的学习效果，提升他们的综合素质。人们应该更好地利用实践性原则，推动体教融合的发展，助力学生全面、健康的成长。

四、引导性原则

引导是一种强大的力量，它影响着人们的行为、思想、决策和关系。引导性可以是明确的，如一位领导者指导团队；也可以是微妙的，如文化规范潜移默化地影响人们。正因为其重要性，人们应当理解和珍视引导性，学会以更为理智和积极的方式去应用和接受引导，从而实现个人和社会的更好发展。

（一）引导性

引导性是指一种引导、指导或推动某事物进行的特性或能力。在许多领域中，这种特质都有其重要作用。无论是在管理学、心理学、教育学还是社会科学中，引导性都是一个关键的主题。为了理解引导性的含义和重要性，必须深入了解它在不同领域的具体应用。

在组织或公司的管理中，引导性是领导力的一个关键特性。一位有引导性的领导者能够指明方向，提供清晰的愿景，并激励团队成员去实现这个愿景。他们能够在组织面临挑战时，为团队成员提供方向和目标。他们能够通过榜样的力量，引导团队走向成功。引导型领导者积极听取团队成员的反馈，使团队保持正确的前进方向。

在心理学中，引导性体现在如何引导个体形成健康的心理态度和行为。例如，心理咨询中的引导性疗法，是通过提供安全和接纳的环境，帮助个体了解自己的内心世界，从而引导他们实现自我成长和变化。这种引导性疗法可以帮助个体建立自我认同感，提高自我效能感，以及改善人际关系。

在教育学中，引导性是教育者对学生学习的指导和促进。引导性教学法注重学生的主动学习，教师通过提问、示范、讨论等方式，引导学生独立思考，积极探索，从而达到深入学习的目的。这种方法不仅能提高学生的学习兴趣，还能够培养他们的批判性思维和解决问题的能力。

在社会科学中，引导性的概念常常用来解释社会和文化现象。例如，某些社会或文化的规范和价值观，可以通过引导性的方式，影响和塑造个体的行为和态度。这种引导性的力量，无形中决定了社会的运行和发展。

（二）引导性原则是体教融合的重要原则之一

体教融合强调体育教育和其他学科教育之间的相互作用和整合，以促进学生的全面发展。在实施体教融合的过程中，引导性原则是一个核心的理念，它主张通过有意识的、方向性的行动来促进体教融合的有效实施。

体育是一项具有高度引导性的活动。无论是运动技能的习得，还是运动精神的培养，都需要引导性的教练或教师来设计和组织。这种引导性可以帮助学生在体育活动中掌握专业的技术，建立积极的态度，从而实现体育目标。学生通过体育活动，可以在实践中理解和体验到一些重要的生活价值和道德规范，如公平竞争、团队合作、坚韧不拔等。

教育则是引导性的核心领域。教师不仅要引导学生掌握知识和技能，还要引导他们形成正确人生观和价值观。这种引导性可以帮助学生建立批判性思维，发展创新能力，从而成为具有社会责任感和公民素养的个体。

体教融合中的引导性原则，强调的是在体育和教育的交融中，实现对学生全面、多元、深层次的引导。这不仅包括对学生运动技能的指导，还包括对他们学习方法、思维方式、情感态度的引导。更重要的是，引导性原则要求教师和教练对学生的成长和发展持有积极、开放和理解的态度，以鼓励他们积极参与、主动探索，从而实现自我教育、自我发展。

实践中，引导性原则可以通过多种方式实现。例如，教师可以设计一些结合体育和学习的项目，引导学生通过动手实践，了解知识和技能的运用。又如，学校可以组织一些体育和文化活动，引导学生体验不同的生活方式，开阔他们的视野；可以通过教学评价，引导学生对自己的学习和运动表现进行反思和自我提高。

总的来说，引导性原则是体教融合中的重要原则，它强调通过引导来实现体育和教育的有效结合，促进学生的全面发展。为此，教师和教练需要具备引导性的能力和意识，也需要创新教学方式和方法，以实现引导性原则的应用。只有这样，体教融合才能真正实现其教育目标，培养出既有体育素质，又有学术素养的学生。

（三）引导性原则在体教融合中指导实践

应用引导性原则的目标是通过提供具有指导性的体育和学术经验，使学生在思考、行为和情感等方面得到全面发展。

首先，设计与生活实际紧密相连的体育课程。当学生发现体育活动与他们的日常生活息息相关时，他们就会更愿意参与其中，从而深入理解并掌握所学知识。例如，教育者可以让学生通过参与足球比赛来理解物理学中的力和运动规律，或者通过篮球训练来理解数学中的比例和几何概念。

其次，利用问题解决方法引导学生进行深层次的思考。面对问题时，教育者可以引导学生运用他们在课堂上学到的知识，结合实际体育活动，寻找解决问题的办法。比如，在篮球训练中学生需要找出如何在规定的时间内，让所有队员都有投篮的机会，这既考验了他们的团队协作能力，又锻炼了他们的策略规划能力。

再次，鼓励学生进行自我反思，理解并评估他们的学习过程。教育者可以引导学生记录自己的体育活动过程，如运动时的心率变化、呼吸频率等，然后让他们分析这些数据，了解自己的运动能力和健康状况。学生通过这种方式，不仅学习了科学知识，还提高了他们的自我观察和反思能力。

最后，引导性原则在体教融合中的实践，还需要教育者积极创新，寻找新的教学方法和策略。无论是采用现代科技设备，还是开展跨学科的学习项目，都可以帮助教育者更有效地实施引导性原则，促进学生的全面发展。

五、个性化原则

个性化原则为提高教育效果和质量，培养全面发展的学生提供了重要的指导。在体教融合的发展过程中，教育工作者要深入理解和把握这一原则，才能在实践中有效地应用它，并应对它带来的挑战。

（一）个性化

在现代社会中，个性化已经成为一种至关重要的趋势，不论在商品、服务，还是教育等领域，都可以看到这一趋势的影响。个性化是指针对个人的特殊需求和偏好，提供特别定制的产品或服务。其目标是满足每个人独特的需求，以增强用户体验并提高满意度。例如，在电子商务中，个性化推荐引擎根据用户的购买历史和浏览行为，推荐相应的商品或服务，这样可以提高购买转化率。又如，在教育领域，个性化学习系统能够根据每个学生的学习进度和理解能力，提供适合其水平和兴趣的教学内容和方法。再如，在医疗领域，基于基因组的个性化医疗方案，能够根据每个人的遗传信息和健康状况，提供合适的治疗和预防策略。

个性化的实现依赖于大数据和人工智能技术的发展。大数据技术能够帮助人们收集和处理海量的用户数据，包括他们的行为、喜好、反馈等信息。

人工智能技术，特别是机器学习和深度学习技术，能够从这些数据中学习和理解用户的行为模式和偏好，从而实现精准的个性化推荐和服务。然而，个性化也带来了一些挑战。例如，如何在保护用户隐私的同时实现个性化，便是个性化应用中需要兼顾的一个重要问题。

总的来说，个性化是一个强大且具有挑战性的趋势。人们需要深入理解和把握这一趋势，才能最大限度地利用它的优势，应对和解决它带来的问题。

（二）个性化原则是体教融合的重要原则之一

个性化原则强调每个学生都是独一无二的，他们的身体条件、学习能力、兴趣爱好、性格特点等都有所不同。因此，教育应该尊重和满足学生的个性化需求，提供适合他们的教学内容和方式，以最大限度地激发他们的学习兴趣和潜力。

在体教融合中，个性化原则的应用表现在多个方面。它要求教师对每个学生的身体状况和能力进行全面、准确的评估，以便为他们制订合适的锻炼计划。这些计划既能提高学生的体质，又能增强他们的运动兴趣和信心。教师还应根据学生的学习需求和进度，提供个性化的学术教学。例如，对于那些在某些学科上有困难的学生，教师可以提供额外的辅导和支持；对于那些在某些学科上表现出色的学生，教师可以提供更深入、更具挑战性的学习材料和任务。

个性化原则的实现依赖于教师的专业知识和教学技巧，以及学校和社会的支持。教师需要具备深厚的教育理论知识和丰富的教学实践经验，以便理解和应对学生的个性化需求。学校和社会应该为教师提供必要的培训和资源，以提升他们的教学能力。家长和社区也应该参与体教融合的过程，以共同支持和推动学生的全面发展。然而，实施个性化原则也面临一些挑战。例如，如何准确评估和满足每个学生的个性化需求是一项复杂且繁重的任务。又如，如何在保证教学质量和效率的同时实施个性化教学是需要解决的问题。

（三）个性化原则在体教融合中指导实践

在具体的教学实践中，教育者通过理解和尊重每个学生的个性差异，可以创建一个支持所有学生个性化学习和成长的环境。

教育者可以使用个性化的教学策略来满足每个学生的学习需求和兴趣。例如，教育者可以根据学生的学习风格，如视觉学习者、听觉学习者或动手操作学习者来调整教学方法。教育者还可以利用技术，如使用人工智能和机器学习算法来分析学生的学习行为和进度，从而提供个性化的学习资源和反馈。课程设计也可以反映个性化原则。例如，学校可以提供多元化的课程选择，让学生根据他们的兴趣和职业目标选择学习内容。教育者可以设计项目式学习或问题导向学习活动，让学生有机会在具有实际意义的情境中，自主探索和解决问题。

教育者与学生的日常互动也是实施个性化原则的重要途径。例如，建立与每个学生的个人关系，了解他们的兴趣、梦想、困扰和困难。教育者通过这种个人化的交流，可以更好地理解学生的需求，并为他们提供个性化的支持和引导。又如，建立灵活的评估系统，以反映学生在各个领域的成长和进步，而不仅仅是学术成绩。学校还可以提供个性化的学生服务，包括心理咨询、学习指导和职业规划，以满足学生多元化的需求。

第四节　体教融合对本科院校的影响

一、提升学生的全面发展水平

在当今社会，人们日益关注的是人才的全面发展，而不仅仅是单一方面的学术能力或者技术技能。这就对教育模式提出了新的挑战——如何在培养学生知识技能的同时，提升他们的身体素质和心理素质。体教融合模式，就是在这样的背景下应运而生的。

体教融合模式的核心理念在于把体育教育和其他学科教育有机结合，让学生在掌握知识和技能的同时，通过参与体育活动，提高自己的身体素质。这一做法，不仅可以让学生得到更加全面的发展，还能够让他们对学习有更多的热情和动力。

在体教融合模式中，体育活动的重要性不亚于课堂学习。体育活动可以让学生在运动中学习，增强体质，提升身心健康。这是因为体育活动可以帮助学生提高心肺功能，增强身体免疫力，降低疾病发生的风险。体育活动能够帮助学生减压，调节情绪，提高心理素质。学生通过参与体育活动，可以培养坚韧不拔的精神，学会面对挫折和困难，这对他们的心理健康较为重要。另外，体教融合模式也可以帮助学生提升生活质量。体育活动可以使学生在紧张的学习生活中找到放松和娱乐的方式，增加生活的乐趣，提高生活满意度。学生通过体育活动，可以培养良好的生活习惯，如定时定量的锻炼，保持合理的饮食和作息，这些习惯可以让他们在今后的生活中更加健康，更有活力。

体教融合模式的实施，还可以帮助学生形成良好的行为模式。在体育活动中，学生需要遵守规则，尊重他人，团队合作，这些行为模式在他们的学习生活中同样重要。学生通过体育活动，学会遵守社会规则，尊重他人，与人合作，这不仅可以提升他们的社会适应能力，还可以提升他们的人际交往能力。

综上所述，体教融合模式对于学生的全面发展具有较为重要的作用。它能够使学生在学习知识的同时，提高身体素质和心理素质，提升生活质量，形成良好的生活习惯和行为模式。对于本科院校来说，采用体教融合模式，不仅可以提升教学质量，满足社会对人才的多元化需求，还可以提升学校的教育形象和社会影响力。对于学生来说，体教融合模式可以使他们在紧张的学习生活中找到放松和娱乐的方式，激发学习兴趣和动力，获得更加全面的发展。

二、提升学生的团队协作能力

在全球化和信息化的时代，团队协作能力已经成为人的重要素质之一。培养学生的团队协作能力成为教育者需要思考的问题。体教融合模式，恰好提供了一个理想的途径来提升学生的团队协作能力。在体育活动中，团队的合作至关重要。无论是篮球、足球等团队比赛，还是接力赛跑、乒乓球双打等需要伙伴配合的比赛，都需要参与者之间有良好的配合和协作。在这些体育活动中，学生需要学会如何与队友进行有效沟通，如何协调自己的行动以适应整个团队的需求，如何处理与队友之间的矛盾和冲突。这些在体育活动中学到的团队协作的技能和经验，对于学生未来的学习和工作有着较为重要的影响。团队协作能力的提升不仅仅对学生在学校的学习有着重要的作用，更对他们的未来职业生涯有着深远的影响。在现代社会，许多工作都需要团队合作完成，个体的力量往往是有限的，只有团队合作，才能发挥出更大的效能。因此，具备良好的团队协作能力，对于学生未来的发展是至关重要的。

然而，团队协作能力并不是天生就有的，它需要在实践中不断学习和提升。体教融合模式就为学生提供了这样一个绝佳的实践平台。在体育活动中，学生需要实际参与团队的建设和合作，这对团队协作能力的提升有着直接的推动作用。而且，学生通过体教融合模式进行的团队协作能力的培养，更具趣味性和生动性。学生在参与充满竞技性和挑战性的体育活动时，更容易调动他们的积极性和热情，这对于团队协作能力的提升是较为有利的。

体教融合模式通过丰富和生动的体育活动，为学生提供了一个实践平台，帮助学生提升他们的团队协作能力。这种团队协作能力的提升，对学生的学习和未来职业发展都具有较为重要的影响。

三、提升学生的创新思维和实践能力

如今创新思维和实践能力已经成为各领域越发重视的核心技能。它们对人们的生活、学习、工作乃至未来的发展有着深远的影响。体教融合模式通过将体育教育和其他学科教育相结合，为学生提供了培养创新思维和实践能力的独特路径。

体教融合模式强调在体育活动中充分发挥学生的主观能动性，让他们有机会在实践中探索新的策略，尝试新的方法，培养他们的创新思维。比如，在足球比赛中，学生可能会发现传统的攻防策略并不适应当前的对局情况，他们需要在思考中找到新的解决方法，这种在实践中思考和尝试的过程，正是培养创新思维的重要环节。体教融合模式还鼓励学生在体育活动中独立完成任务，这对提升他们的实践能力有着重要作用。在体育活动中，学生不仅要理解规则，还要在游戏中运用规则，他们需要观察形势，做出判断，制定策略，这些都是对实践能力的锻炼。

创新思维和实践能力的提升，对学生的学习和未来发展有着深远的影响。创新思维和实践能力是21世纪人才素养的重要组成部分，当学生在学习中遇到问题时，它们能够帮助学生从多角度思考，寻找新的解决方案。它们也能够帮助学生在未来的工作中更好地适应变化，应对挑战，提高工作效率。

在这个信息爆炸的时代，知识更新的速度已经超出了人们的想象。这要求人们不仅要学习已有的知识，还要提高自我学习和探索的能力。体教融合通过体育活动实践，培养了学生的创新思维和实践能力，让他们在面对未知和变化时，有足够的信心和能力去应对和适应。在体教融合的背景下，学生可以在体育活动中发挥自己的优势，尝试新的事物，从而提升他们的创新思维和实践能力。这对于学生的全面发展，尤其是他们未来的学习和职业发展，都有着较为重要的影响。

四、提高学生的学习兴趣和动力

激发和保持学生的学习兴趣和动力，一直是教育者关注的焦点。体教融合为解决这一问题提供了有效的方法。

在体教融合的背景下，体育运动成为教育的重要组成部分。运动不仅可以使学生在学习之余得到放松，还能让他们在运动中体验到成功的快乐，提高他们的自我效能感，进而激发他们的学习兴趣和动力。运动还能帮助学生提高自我控制能力，培养他们坚持不懈的毅力，这对于他们的学习有着积极的作用。学习和运动在很多方面都是相似的，需要持续的努力和坚持，克服困难和挑战，自我控制和自我调整。因此，学生通过体育运动培养的这些品质，能够在学习中得到应用，从而提高学生的学习动力。在体教融合的背景下，还能改善学生的学习环境，提高他们的学习效率。在传统的教育模式中，学生通常需要在课堂上长时间静坐、听讲、记笔记，这种方式容易让学生感到压抑、疲劳，学习效率低下。而在体教融合模式下，学生可以在课间进行体育活动，放松身心，调整状态。研究显示，适当的运动可以帮助学生提高注意力，增强记忆力，提高学习效率。

体教融合将学习和运动结合起来，让学生在轻松愉快的氛围中学习，这对于提高他们的学习兴趣和动力是较为重要的。当学习不再是单调乏味的任务，而是与运动、游戏结合的活动，学生就更容易对学习产生兴趣，更愿意投入时间和精力去学习。

总的来说，体教融合以其独特的方式，有效地提高了学生的学习兴趣和动力，改善了学习环境，提高了学习效率。它让学生在愉快的氛围中进行学习，让他们在运动中体验成功的快乐，提高了他们的自我效能感，激发了他们的学习动力。

五、增强学生的社会责任感

社会责任感是个体对社会和他人的关注、尊重和所负责任的体现。社会责任感的强弱，往往直接影响个体的行为和选择，从而影响社会的和谐与进步。体教融合通过将体育活动与教育结合，为增强学生的社会责任感提供了有效的途径。

体育活动，尤其是体育竞技活动，对于强化学生的社会责任感具有独特的作用。一方面，体育竞技活动需要遵守一定的规则，只有在规则的约束下，比赛才能公平进行，结果才会有意义。参与这样的活动，学生会逐渐明白，尊重规则不仅是保证比赛公平的前提，还是维护社会正义和秩序的基础。他们会了解到，每一个社会成员都需要遵守社会规则，承担起自己的责任，才能构建公平公正的社会。另一方面，体育竞技活动中的团队合作，也有助于增强学生的社会责任感。在团队比赛中，每一个成员的表现都会直接影响团队的成败。学生需要为自己的行为负责，为团队的利益考虑，这种体验会让他们深刻理解，每个人的行为都与他人息息相关，都会对社会产生影响。学生通过这种体验，社会责任感将得到增强。而且体育竞技活动可以让学生体验到竞争和合作的双重性，公平竞争和合作共赢的重要性。在这样的活动中，学生会意识到，只有在公平竞争的基础上，人们才能取得真正的成功；只有在合作中，大家才能实现共赢。这种理解，会促使他们在未来的生活和工作中，更愿意遵守公平竞争的原则，更懂得与人合作，更能承担起自己的社会责任。

学生通过体育竞技活动，更加尊重规则，了解公平公正的重要性，从而强化了他们的社会责任感。在这个过程中，学生会意识到，社会责任感不仅是个体的品质，更是一个社会成员的责任。

六、提升本科院校的教学质量

在教育教学改革不断深化的背景下，本科院校面临着提升教学质量的挑战。体教融合为解决这一问题提供了有效的路径。体教融合能够使本科院校以全新的教学方式提供全面的教育，从而提高教学质量，满足社会对人才的多元化需求。一方面，体教融合模式强调知识教育与体育教育的融合，这种模式对于提升本科院校的教学质量具有重要作用。例如，让学生在获取知识的同时，提高身心素质，促进个人全面发展。这种全新的教育方式，既有利于提高学生的学习兴趣和动力，也有利于提高他们的学习效率和质量，从而提升教学质量。又如，培养学生的团队协作能力、创新思维和实践能力等多元化技能。这些技能在现代社会中越来越受到重视，是社会对人才的需求。本科院校通过体教融合模式，可以提供这样的教育，满足社会的需求，从而提高教学质量。另一方面，体教融合有利于改善学习环境，提高学生的学习效率。运动可以帮助学生释放压力，调整状态，提高注意力，这对提高他们的学习效率有着积极的作用。轻松愉快的学习环境也能提高学生的学习兴趣和动力，从而提升教学质量。

总之，体教融合模式对本科院校教学质量的提升具有重要的影响。这种模式以全新的教学方式提供全面的教育，培养出具有多元化技能和社会责任感的人才，改善学习环境，提高学习效率，满足社会的需求，从而提升教学质量。体教融合模式是未来教育的重要方向，值得人们深入探索和实践。

七、提升学校的教育形象

学校的形象不再仅仅依赖于其学术成果和教育成绩，而是有赖于其对教育理念和教育方式的创新和实践。体教融合的教育理念高度强调学生的全面发展和个性发展，以及其富有创新和实践的教学方式，为学校提升教育形象，提高社会影响力提供了有效的手段。

体教融合是对全人教育理念的实践，它强调知识教育和体育教育的融合，培养学生的综合素质，包括身体素质、心理素质、团队协作能力、创新思维和实践能力等。这种理念和方式，既符合现代社会对人才的需求，也符合教育的本质和目标。因此，实施体教融合模式的学校，将展现出对全人教育的重视和承诺，从而提升其教育形象，提高其社会影响力。

体教融合也是一种富有创新和实践的教学理念，它打破了传统教育的框架，以全新的方式引导学生学习和发展。这种方式不仅可以提高学生的学习兴趣和动力，提高教学质量，还可以培养学生的创新思维和实践能力，为他们未来的发展打下坚实的基础。体教融合理念也展现了学校对学生身心健康的关注，对公平公正和社会责任的重视。这些都是现代社会中广受欢迎的价值观，对于提升学校的教育形象和社会影响力具有积极的作用。

在未来，随着更多的学校全面贯彻落实体教融合的教育发展理念，人们有理由相信，这将为提升我国教育的整体形象和影响力发挥重要的作用。

第三章　体育强国理念与体教融合的辩证关系

第一节　体育强国理念对体教融合的影响

一、有利于提升体育教育的地位

体育强国理念的提出和推广，标志着体育教育的地位在整个教育系统中得到了显著提升。在以往的教育观念中，体育往往被看作一项辅助性的学科，其主要目的是让学生在繁重的学习之余，能够得到放松，从而提高学习效率。然而，这种观念在体育强国理念的推动下，正在发生深刻的转变。在体育强国理念中，体育被赋予了更为重要和深远的教育使命。

（一）体育被看作塑造健康人格的重要途径

体育活动的确被视为一种塑造健康人格的重要途径。在这个过程中，人们可以看到体育是如何通过各种方式，塑造和影响着个体的人格发展。

体育活动是培养学生团队合作精神的有效途径。在团队运动中，无论是篮球、足球还是排球等，个体应学会与队友协作，共同为实现目标而努力。这需要学生理解和尊重他人，承认每个人在团队中都有其独特的价值和角色，掌握如何与他人有效沟通和协调。团队合作精神对于学生在日后的工作和生活中，无论是在家庭、学校，还是在社会各个角落，都具有较为重要的作用。团队合作精神的培养有助于学生更好地适应社会，提高他们的社交技能和团队协作能力。

体育活动是培养学生竞争意识的有效方法。在竞技体育中，学生会面临各种挑战和压力，他们需要发挥自己的潜力，与对手竞争，从而超越自我。这一过程不仅能够锻炼他们的意志力，还能让他们体验到竞争的压力和挑战，从而在面对生活中的困难和挑战时，更有勇气和决心去解决。

体育活动也能够帮助学生形成坚韧不拔、积极向上的精神风貌。体育运动的过程常常充满了挑战和困难，学生可能会经历失败，可能会受伤，也可能会面临各种各样的挫折。然而，正是这些经历让他们学会在困难面前不屈不挠，勇往直前。他们会懂得，只有坚持不懈的努力，才能取得成功，这种坚韧不拔的精神将对他们的一生产生深远的影响。

这些体育活动所塑造的特质，无论是团队合作精神、竞争意识，还是坚韧不拔的精神风貌，都对学生的人格发展有着至关重要的影响。它们使学生更有能力去适应多元复杂的社会环境，增强他们在面对生活中的困难和挑战时的应对能力，以及在竞争中保持积极向上、坚持到底的决心和勇气。这种影响不仅仅局限于学生的学校生活，更影响着他们的整个人生，使他们在未来的社会生活中更具竞争力和适应性。

体育活动是塑造健康人格的重要途径，它通过各种方式塑造和影响着个体人格的发展，使他们成为更有能力、更具适应性和竞争力的社会人。

（二）体育被视为提高国民体质的重要手段

在快节奏的现代社会中，人们面临着各种压力，如工作压力、学习压力、生活压力等。这种持续的压力使人们的健康状况成了社会关注的焦点。

在这样的背景下，体育被视为提高国民体质的重要手段。体育锻炼是改善健康状况的有效方式，它可以提高人们的身体素质，预防各种疾病，并对心理健康产生积极的影响。人们通过参与各种体育活动，不仅可以增强身体力量，改善心肺功能，提高身体的灵活性和协调性，还可以促进血液循环，提高免疫系统的功能，减少慢性疾病的风险。这些身体上的改变，不仅能让人们在日常生活中更有活力，还能让他们在工作和学习中更有精力，更能抵抗压力。除了身体健康，体育锻炼也对心理健康有着重要的影响。研究发现，体育锻炼可以释放内啡肽，这是一种可以让人感到快乐和放松的神经递质。因此，定期的体育锻炼可以有效地缓解压力，提高情绪，减少焦虑和抑郁的症状。在体育活动中，人们可以暂时忘记生活和工作中的困扰，享受运动带来的乐趣，让心灵得到放松和恢复。这对于提高人们的生活质量和幸福感具有重要的作用。体育锻炼还有助于塑造良好的生活习惯和生活态度。人们通过定期参加体育活动，可以养成规律的作息，合理的饮食，积极的生活态度等良好的生活习惯。这些习惯不仅对个体的身心健康有益，还对社会整体的健康水平产生积极的影响。

（三）体育被看作弘扬体育精神的重要载体

体育活动被认为是弘扬体育精神的重要载体。体育精神是一种积极向上的人生态度，包括公平竞争、团队协作、尊重规则等价值观，这些价值观是社会文明进步的重要体现。在体育活动中，学生可以亲身体验和实践这些精神，从而对其有更深的理解和认同。

公平竞争是体育精神的核心之一。在体育竞赛中，无论对手的实力如何，无论结果如何，都需要公平对待，公正竞争。这不仅是体育比赛的基本原则，还是社会公正的重要体现。学生通过参与体育活动，可以了解在竞争中，只有遵守规则，尊重对手，才能赢得他人的尊重和认同。这种公平竞争的精神也将引导他们在日后的生活中，无论在学习、工作还是社会交往中，都能做到公平公正，尊重他人。

团队协作也是体育精神的重要组成部分。在团队体育项目中，学生需要学会与队友合作，互相支持，共同实现为目标而努力。团队协作精神不仅对他们的人格发展有重要影响，还对他们在未来的工作和社会生活中的团队合作能力有积极的影响。他们通过体育活动，学到的团队协作精神将帮助他们理解，团队的力量远大于一个人，每个人都是团队的一部分，只有团结一致，共同努力，才能达成目标。

尊重规则是体育精神的一个重要方面。在体育比赛中，遵守比赛规则是基本的要求。这不仅体现在对比赛规则的遵守上，还体现在对对手、裁判、观众等人的尊重上。学生通过体育活动，明白只有尊重规则，才能保证公平公正，并赢得他人的尊重。这种尊重规则的精神对他们在日后的生活中，无论是遵守社会规则，还是尊重他人的权利，都有重要的指导意义。

上述这些变化表明，体育在教育中的作用已经超越了简单的身体锻炼，成了塑造学生综合素质，促进其健康成长的重要组成部分。这不仅体现了教育的人本主义理念，还符合现代社会对人才的综合素质的需求。体育强国理念的提出，也使得体育教育的政策环境得到了改善。政府在体育设施建设、体育教师培养、体育课程改革等方面，投入了大量的资源和精力。这种政策的导向，使得体育教育的地位得到了实质性的提升，为体育教育的长远发展创造了良好的条件。

总的来说，体育强国理念对于提升体育教育的地位具有深远的影响。它使得体育教育的价值和重要性得到了全社会的认同和尊重，为体育教育的进一步发展铺平了道路。期待在这种理念的推动下，体育教育能够走向更广阔的舞台，为社会的进步做出更大的贡献。

二、有利于改变传统教育模式

体育强国理念的推广和实践，不仅强化了体育在国民教育中的重要地位，还引领了一场深远的教育革新。这种革新表现在体教融合的实践中，它强调知识教育与体育教育的融合，使得传统的以知识传授为主的教育模式发生了根本的改变。学校教育开始更多地注重学生的全面发展，特别是在提高学生的体育能力和养成良好的运动习惯上下功夫。

（一）更加注重学生的全面发展

在体育强国理念的推广和实践中，教育模式发生重大转变，它让人们更加注重学生的全面发展。这一转变体现在对学生全面发展的理解和重视上。以往，传统的教育模式往往以知识传授为核心，注重学生的学术成绩，使得学生的身心发展往往被忽视。而现在，在体育强国理念的影响下，人们开始意识到，教育不仅是知识的灌输，还是人的全面发展的过程，要重视学生的身体素质的提升，社会交往能力的培养，以及团队合作精神的塑造。

为了实现这一目标，学校开始改变教育方式和教育内容，从传统的以课堂教学为主的教育模式，转变为知识教育与体育教育并重的教育模式。体育教育被纳入日常教育实践中，学生在体验运动的乐趣的同时，可以锻炼身体，提升自己的身体素质。在运动中，学生学会如何合作、如何竞争、如何面对挫折，这对于他们的社会交往能力和团队合作精神的培养具有重要意义。以往，学校教育的内容往往以学科知识为主，而忽视了身体素质、社会交往能力、团队合作精神等方面的培养。而现在，在体育强国理念的指导下，学校开始将这些因素纳入教育内容中，使得学生在获取学科知识的同时，能够提高身体素质，增强社会交往能力，培养团队合作精神。学生通过这样的教育，不仅能够获取知识，还能够全面发展，变得更加健康、自信、有合作精神。

总的来说，体育强国理念推动了学校教育模式的改变，使人们更加注重学生的全面发展。这种改变无疑是深远的，它不仅对学生的成长和发展产生了积极的影响，还对整个教育系统的发展提供了新的思路和方向。

（二）更加重视学生体育能力的培养和运动习惯的养成

体育强国理念的提出，让人们开始重视学生体育能力的培养和运动习惯的养成。这一转变的背后，是对体育本质的深入理解和体育价值的重新认识。体育不仅可以提高学生的身体素质，增强身体抵抗力，还能够在精神层面产生深远影响。它可以培养学生的自信心，帮助他们在挑战和竞赛中积累经验，提升应对压力和困难的能力。它也可以提升学生的团队合作能力，让他们在合作中学习互助和包容，理解公平和尊重。体育还能塑造学生的人格魅力，让他们在运动中发现自我、展现自我，培养坚韧不拔的意志和积极向上的人生态度。

为了实现这一目标，学校开始将体育教育作为培养学生全面能力的重要手段。一方面，学校提高了体育课程的数量和质量，让体育教育成为日常教学的重要组成部分。学校不仅开设了各种有趣且适合学生的体育课程，还引入了更多新颖、有挑战性的运动项目，以激发学生的运动兴趣。另一方面，学校也积极组织各种体育活动，如运动会、球赛等，为学生提供了丰富的运动实践机会，让学生在运动中学习、体验、成长。学校也采取了一系列措施，以培养学生的运动习惯。首先，学校鼓励学生参与各种体育竞赛，通过竞赛，让学生体验运动的乐趣，激发他们的运动热情。其次，学校将体育活动融入课间和课后生活中，使运动成为学生生活的一部分。最后，学校通过设立健康教育课程，向学生传授健康的生活方式和良好的运动习惯，使他们认识到运动对于健康的重要性，培养他们爱好运动、坚持运动的习惯。

（三）更加注重体育教育与体育活动的生活化

体育强国理念的提出和实践，让人们开始更加注重体育教育与体育活动的生活化，使教育变得更加贴近生活，更加富有趣味性。

在体教融合的过程中，学校教育开始改变过去那种以知识传授为主，形式单一的教育模式。现在的教育越来越强调实践，强调学习和生活、学习和运动的结合，让学习变得更加生动，更加有趣。这种改变不仅能激发学生的学习兴趣，还有助于他们更深入地理解和吸收知识，从而提高他们的学习效果。

在具体实践中，教师会设计一些集知识性和趣味性于一体的课程，让学生在参与运动的过程中学到相关知识。比如，在体育课上，教师会引入一些与课程内容相关的科学知识，让学生在运动中学习生物、物理等科学知识。教师也会在课堂上利用体育运动来解释一些抽象的概念或理论，让学生通过亲身体验来理解和掌握这些知识。

学校还会组织一些体育活动，如运动会、户外拓展等，让学生在参与活动的过程中学习和实践社会规则，培养团队合作精神和竞争意识。这些活动不仅丰富了学生的校园生活，还为他们提供了更多的学习机会和挑战自我的平台，有利于他们的全面发展。

在生活化的教育环境中，学生不再是被动的接受者，而是变成了积极的参与者。他们不再是孤立的学习者，而是变成了生活的体验者、学习的探索者。他们可以在运动中发现问题、提出问题、解决问题，他们可以在运动中理解知识、感知知识、运用知识，他们可以在运动中提高自我、超越自我、实现自我。这种生动有趣的学习方式，无疑会使他们更加喜欢学习，更好地发展。

综上所述，体育强国理念的实践，让人们更加注重体育教育与体育活动的生活化，这不仅有利于提高学生的学习效果，还有利于他们的全面发展。它让人们看到了一个新的教育模式，一个更加生动、更加有趣、更加有利于学生发展的教育模式。这对于教育改革和培养全面发展的人才，有着重要的指导意义。

三、有利于优化体育教育资源配置

实现体育强国的目标，对体育教育资源的配置提出了更高的要求。要知道，资源的配置和利用直接关系到体育教育的质量和效果。因此，各级政府都会投入更多的资源来优化体育教育资源配置。

首先，国家和地方会加大体育设施建设的投入力度，从而为体育教育提供更好的硬件环境。例如，在学校建设更多的体育场馆，为学生提供更多的运动场地；在社区建设更多的体育设施，为居民提供更多的运动场所。这些设施不但会提供更多的运动项目供人们选择，而且它们的设计和建设也会更加符合人们的运动需求和习惯，从而提高运动的舒适度和享受度。

其次，国家和地方也会加强体育教师的培养和引进，从而为体育教育提供更好的软件支持。例如，加大教师招聘和培训的力度，提高体育教师的教学质量和水平；提高体育教师的待遇，吸引更多的优秀人才投身体育教育事业。这些措施不仅能够提高体育教育的教学质量，还有利于培养学生的运动兴趣和习惯，提高学生的运动能力和素养。

最后，国家和地方还会加大体育教育课程的研发力度，为体育教育提供更好的课程资源。例如，引进和研发更多的体育教育课程，满足学生的个性化和多元化需求；加强体育教育课程的研究和实践，提高课程的科学性和实用性。这些课程不仅能够满足学生的运动需求，还能够帮助他们更好地理解和掌握运动技能，更好地参与和享受运动。

总之，实现体育强国的目标，需要从硬件设施、教师队伍、课程资源等方面，全方位优化体育教育资源配置。只有这样，才能够提供更好的体育教育，培养更多的体育人才，实现体育强国的目标。这是一个系统工程，需要持续努力和投入。

第二节　体教融合对体育强国理念的影响

一、体教融合是打造体育强国的重要路径之一

体教融合是指体育与教育的深度结合，是实现体育强国目标的重要路径之一。

体育不仅可以提高人们的身体素质，增强抵抗疾病的能力，还可以培养人们的团队精神、竞争意识和公平正义观念，有助于塑造健康的人格。教育则能够传授知识，培养能力，提升素质，为社会的发展和进步提供人才支持。因此，体育和教育的结合，可以实现人的全面发展，提升国民素质，助力社会进步。

（一）体教融合对提升国民体质，弘扬体育精神，改善公民身心健康状况等方面具有显著的积极效果

在当前的社会背景下，体育和教育的融合，对提升国民体质，弘扬体育精神，改善公民的身心健康状况具有积极作用。学生通过将体育的理念和精神纳入教育的主流，不仅可以在学习的过程中感受到运动带来的欢乐，还可以通过实际的体验来理解并接受体育精神的内涵，从而在实践中树立起正确的世界观、人生观、价值观，并培养出健康的生活方式。

体育对于提升国民体质的影响是无可争议的。参与体育活动，无论是轻度的晨练或是更为激烈的竞技比赛，都有助于增强体质，提高人们的身体机能。当这一理念和行为习惯被引入学校教育，纳入学生的日常生活之中，其效果则更为显著。学生在运动中锻炼身体，提高体质，使得他们在精神上更加积极向上，生活中更加有活力。体育精神的弘扬也是体教融合带来的重要效果之一。体育精神包括公平竞争、团队协作、挑战自我、尊重他人等，这些都是高尚的道德品质和社会价值。当这些精神被引入教育，被融入课程之中，学生在体验运动的快乐的同时，会对这些价值有更深的理解和认同，从而在他们的行为和态度中体现出来。体教融合还能改善公民的身心健康状况。人们除了通过提高体质，增强抵抗力来使身体健康之外，体育还可以调节人们的情绪，减轻人们的压力，使人们在运动中得到释放，从而改善心理健康。学生通过参与体育活动，还可以学会合作、学会尊重、学会坚持，这些对他们的人生态度有积极影响。

综上所述，体教融合的实施，是对国民体质的提升，是对体育精神的弘扬以及公民身心健康状况改善的积极推动。把体育融入教育，能使学生在学习和运动中找到平衡，享受生活，健康成长。

（二）体教融合对教育模式和教育方式的创新提出了新的要求

体教融合的理念，以其全新的教育视角，对当前的教育模式和教育方式提出了新的要求和挑战。它强调教育应注重学生的全面发展，重视体育能力的培养，强调教育的实践性和体验性。

在这个理念的指导下，教学过程将不再只是知识的传授和接受，而是一个动态的、充满互动和体验的过程，教师不再仅仅是知识的传授者，更是学生的引导者和伙伴。

体教融合理念强调的是全面的教育，包括知识教育和体育教育、理论学习和实践体验、个体发展和社会交往等。它追求的是学生在学习过程中的全面发展，包括知识技能的提升、体育能力的培养，以及品格、品质的磨炼。这种全面发展的理念使得教育从过去的单一知识教育，转变为现在的综合素质教育，更好地满足了社会的需求，也更符合学生的发展需求。体教融合理念注重学生体育能力的培养。这不仅仅是为了提高学生的体质，更是为了通过体育活动，让学生学会合作、学会竞争、学会坚持、学会尊重，从而在体育活动中培养学生的团队精神、竞争意识、毅力和尊重他人等良好品质。体教融合理念强调教育的实践性和体验性。传统的教育方式过于注重理论知识的传授，忽视了学生的实践体验和亲身参与。而体教融合理念则主张通过实践和体验来学习知识，让学生在实践中学会知识，在体验中理解知识。这种教育方式使得学生更加积极主动地参与学习过程，更好地理解和吸收知识。

（三）体教融合对体育教育资源配置提出了新的要求

体教融合理念的实施，对体育教育资源配置提出了新的要求和挑战。为了实现体育强国的目标，要以全新的视角和思维，重新审视和调整体育教育的资源配置，包括优化体育设施，加强体育教师队伍建设，改革体育课程，促进体育教育的均衡发展。只有这样才能够提供高质量的体育教育，培养出具有优秀体育素质和高度社会责任感的公民，为实现体育强国的宏大目标奠定坚实的基础。

优化体育设施是提供高质量体育教育的基础。体育设施不仅仅是进行体育活动的场所，更是体育教育的重要载体。优良的体育设施可以提供更好的运动环境，吸引更多的学生参与体育活动，从而提高他们的体育素质和运动技能。因此，需要在体育设施的建设和管理上投入更多的资源，让每一个学生都可以在良好的体育环境中学习和成长。

加强体育教师队伍建设是提高体育教育质量的关键。优秀的体育教师可以通过自己的专业知识和技能，引导和激励学生积极参与体育活动，树立正确的体育观念，培养良好的运动习惯。为此，需要在教师招聘、培训、考核等环节，实施一系列的政策措施，吸引更多的优秀人才投身体育教育，提高体育教师队伍的整体素质。

改革体育课程是提升体育教育效果的重要途径。在现代教育理念的指导下，需要将体育课程与学生的生活实际、社会需求以及国家发展目标相结合，使之成为学生全面发展的重要支撑；还需要灵活调整和改进体育课程的内容和方式，以适应学生的不同需求和兴趣，激发他们对体育的热情。

促进体育教育的均衡发展是实现体育强国目标的重要手段。体育教育的资源配置不应仅关注学校或地区的差异，更应注重个体差异，确保每个学生都有公平参与体育活动的机会，享受体育教育的权利。

二、体教融合是践行体育强国理念的现实彰显

体教融合作为一种教育理念和策略，是践行体育强国理念的现实彰显。这种理念主张的是以体育为工具，将学生的身心发展，特别是体质和健康状况纳入日常的教学活动中，从而提高全社会的健康素质，增强国民体质，培育体育人才，推动国家体育事业的发展。体教融合不仅具有深远的教育意义，还是实现体育强国理念，推动全民健身和国家体育事业发展的重要策略。

在全球化的背景下，体育已经不仅仅是竞技，更是国家软实力的表现，是国家文化、科技、经济等多个领域综合实力的体现。因此，建设体育强国，已经成为我国发展的重要战略目标。在这个过程中，体教融合成为一种重要的实践路径，通过体教融合，可以更好地利用教育资源，培养具有综合素质的体育人才，提升全民体质，提高国民健康水平。

体教融合的实践，也是推动我国体育教育改革的重要手段。在教育改革中，我国不断提出和实施了一系列的教育改革策略，如素质教育、乡村教育、特色教育等，而体教融合则是以体育为切入点、以教育为抓手，提升学生的身心健康，促进学生全面发展的重要策略。

体教融合还为我国体育事业的发展提供了新的思路。过去体育事业的发展主要依赖专业体育人才的培养和竞技体育的发展，而体教融合则强调从基础教育阶段就开始关注和培养学生的体育素质，注重发挥体育在人的全面发展中的作用，以此来提升全民体质，培养更多的体育人才，推动体育事业的发展。

总的来说，体教融合是实现体育强国理念，推动体育事业发展的重要路径。要从政策、资源、教育等多个层面，全面推进体教融合的实践，以此来提升全民体质，培养更多的体育人才，推动我国体育事业的发展，助力我国体育强国的建设。

第四章 体育强国理念下本科院校体教融合的宏观调控

第一节 政策法规的制定和落实

一、本科院校体教融合发展有赖于政策法规的出台与完善

在我国的高等教育体系中，体育教育和其他学科教育的融合发展对于塑造全面发展的大学生具有重要意义。然而，要实现体教融合发展，就需要相关政策法规的出台与完善。

各级政府和有关部门要明确体教融合发展的含义。体育教育和其他学科教育的融合发展是指将体育教育纳入普通教育体系中，使之成为学生综合素质教育的重要组成部分。这就要求人们打破传统的教育观念，将体育教育和其他学科教育的融合作为一项重要的教育策略。然而，这样的改革不可能一蹴而就，它需要有利于推动体教融合发展的政策法规的出台与完善。政策法规在此过程中的作用主要体现在两个方面：一方面，政策法规可以为体教融合发展提供法律保障；另一方面，政策法规可以引导相关行为者，推动体教融合发展的实施。

法律保障主要体现在明确体教融合的重要性和必要性，为其提供法律依据。比如，可以在相关法律法规中明确提出，将体育教育纳入普通教育体系，使之成为学生综合素质教育的重要组成部分；还可以通过制定相关的政策法规，对体教融合发展进行具体的规范和指导，如制定体教融合的实施细则、评价体系等。

政策法规对于引导相关行为者也同样重要。通过政策引导，可以使教育行政部门、学校和教师明确自己的角色和责任，积极参与体教融合的实施。政策引导也可以通过提供资金支持、制度保障等方式，激励相关行为者积极推动体教融合发展。

当然，要实现体教融合发展，还需要解决其他的一些问题，如教师队伍的建设、课程体系的改革等。但不论怎样，政策法规的出台与完善都是实现体教融合发展的重要手段。

总的来说，体教融合发展是一项重要的教育策略，它有赖于相关政策法规的出台与完善。政策法规在体教融合发展中起到了法律保障和行为引导的作用。未来，人们期待看到更多有利于推动体教融合发展的政策法规的出台。

二、本科院校体教融合政策法规的制定与落实具体途径

本科院校体教融合政策法规的制定与落实是一个复杂而多元的过程。这涉及政策的制定、实施、评估和改进等环节。

（一）政策的制定过程要深入研究和全面考虑

本科院校体教融合发展的政策制定过程是一项涉及众多因素的复杂任务。其中既有理论研究的深入，也有实证调查的广泛，还包含对各种情境、条件与可能性的全面考量。

政策制定者要对体教融合的内涵、价值以及实施所面临的挑战有深入的理解。这就需要他们广泛阅读相关的研究成果，了解体育教育与其他学科教育如何在理论上实现融合，以及这样做可能带来的益处。在这个过程中，他们还需要关注国内外相关的实践，学习并借鉴其他地方在推进体教融合方面的经验和教训。

政策制定者要广泛收集相关的信息和数据，才能对当前体育教育的现状有一定的了解。这些信息包括但不限于教育者、学生、家长和社区成员的意见与感受，当前的体育课程设置、实施情况，以及学生的体质健康状况等。这些信息的收集可以通过调查问卷、深度访谈、参与观察等多种方式进行，旨在从多个角度、多个层面把握现状。

为了充分考虑体教融合政策的可行性和可持续性，政策制定者还需要对

其可能涉及的各种资源进行评估。例如，对实施体教融合所需要的人力、物力、财力等进行详细的计算，并对可能出现的问题、挑战、阻力进行预测和规划。又如，实施体教融合可能需要专业的体育教师，改造或建设一定的体育设施，增加一定的经费投入，改变一些现有的教育观念和习惯，这些都是政策制定者需要充分考虑的问题。

政策制定者还需要关注体教融合政策的长期影响。他们需要设想并计划政策在实施后可能带来的变化，包括对学生身心健康的影响、对学校教学质量的影响、对社区环境的影响等，以确保政策的制定能够最大限度实现公共利益。

（二）政策的实施应结合本科院校的具体情况

本科院校体教融合的政策实施是微观和宏观结合，理论与实践相互疏通的过程。在这个过程中，实施者不仅要注重政策的落地执行，还要结合各院校的具体情况，寻找高效的实施路径。

针对教师培训的问题，应当格外明确，这不仅是提高教师专业素质的过程，还是推动体教融合理念深入人心的过程。具体来说，教师培训的内容既包括体育教学方法和技能的学习，也包括对体教融合理念的深化理解。学校还应当鼓励教师积极参与研讨、交流和实践活动，借此提高他们的教学创新能力，使他们根据自己所教学生的具体情况，灵活运用体教融合的教学策略。

课程开发和教学方法的创新是实施体教融合政策的关键。这里需要考虑的问题包括如何在现有的课程体系中加入体育元素，如何在体育课程中融入学科知识，如何激发学生的体育兴趣，如何提高学生的体育参与度，等等。这些问题的解决需要各个学科的教师与体育教师的紧密合作，需要他们共同探索，共同创新。

改进体育设施是实施体教融合政策的重要环节。一方面，优良的体育设施可以提供更好的教学环境，满足学生的体育活动需求。另一方面，体育设施的改进也是对体教融合理念的具象化表达，有助于提升学生、教师和家长对这一理念的认同感和接受度。然后，实施体教融合政策也需要明确的时间表和责任人。明确的时间表可以确保政策的有序推进，防止出现拖延和错位的情况。明确的责任人则可以保证各项工作的质量，形成有效的工作机制。

实施体教融合政策时，还需要加强与社区、家长的沟通和合作。他们通过各种形式的沟通，如家长会、社区研讨会等，了解体教融合的目标和方法，积极参与这个过程，共同推动体教融合的实施。

总的来说，本科院校体教融合政策的实施是一项需要细致规划、精心组织、全面考虑、持续推进的任务。只有真正做到了解情况、考虑全面、步步为营，方能实现体教融合的目标，推动教育的全面发展。

（三）政策的实施应包含完善的评估环节

政策的实施过程，本质上是一个动态、迭代的过程，而评估就是这个过程中的重要环节。管理者通过评估，可以及时了解政策实施的效果，为下一步的决策提供依据，使政策更好地服务于实践。

过程评估的目标是了解政策是否按照预定的方案实施，以及实施的效果如何。过程评估关注的是政策实施过程中的各个细节，包括教师培训的质量、课程的实施情况、设施的使用率等。例如，管理者通过对教师培训的质量进行评估，可以了解教师是否真正掌握了体教融合的教学方法，是否能够将之运用到教学实践中；对课程的实施情况进行评估，可以了解体教融合的课程设计是否符合学生的需求，是否有效提高了学生的体育参与度；对设施的使用率进行评估，可以了解设施是否得到了充分利用，是否真正发挥了其应有的功能。

管理者还要关注政策实施的长期效果，包括学生的体质健康状况、体育技能的提升、团队合作和领导力的培养等。例如，管理者通过对学生的体质健康状况进行评估，可以了解体教融合政策是否真正提升了学生的健康水平；管理者对体育技能的提升进行评估，可以了解学生在体育课程中是否真正掌握了相关技能，是否能够在日常生活中运用这些技能；对团队合作和领导力的培养进行评估，则可以了解学生是否通过体育活动，培养了良好的团队精神和领导力。

这些评估信息，对于政策的调整和改进具有重要价值。它们不仅可以反映政策实施的成果，还可以揭示政策实施的问题。基于这些信息，政策制定者可以及时调整政策，改进实施方案，提高政策的效果。

总的来说，本科院校体教融合政策的实施必须包含完善的评估环节。这需要建立科学的评估体系，形成连续的评估机制，注重数据的收集和分析，以此来推动政策的有效实施，实现体教融合的目标。

（四）政策需要随着具体情况的变化而持续改进

政策的改进和调整是基于反馈和评估结果而进行的，这是一项持续性的任务，需要根据具体情况的变化来及时调整和优化。这个过程充分体现了政策制定者的责任心和对教育质量的坚持，也是教育改革持续前进的重要推动力。政策的改进可能涉及多个方面。

修改政策的具体内容，包括对政策目标的重新定位、对政策措施的再次规划、对政策执行的重新组织等。例如，评估结果显示，当前的体教融合政策未能有效提高学生的体育参与度，那么就需要重新考虑政策的目标设定和实施措施，以更好地激发学生的体育兴趣。

调整实施策略，包括对教师培训的深化、对课程设计的创新、对设施建设的扩大等。例如，评估结果显示，教师在教学实践中难以有效运用体教融合的方法，那么就需要加强对教师的专业培训，提高他们的教学能力。

提供更多的资源支持，包括对教师的人力支持、对设施的物资支持、对学生的时间支持等。例如，评估结果显示，学校的体育设施不能满足学生的需求，那么就需要增加对设施建设的投入，提升学校的设施条件。

值得注意的是，在政策的改进过程中，沟通和合作是至关重要的。政策制定者需要与相关方保持沟通，包括教育者、学生、家长和社区成员等，了解他们的需求和意见，听取他们的建议和反馈。只有这样，政策的改进才能真正反映出他们的需要，才能得到他们的理解和支持，从而更好地实现政策的目标，推动体教融合的发展。政策的改进是一个反思与行动相结合的过程。它要求人们具有前瞻性的视角，敏锐地捕捉社会变化，精准地把握教育需求，灵活地调整政策策略，以此来推动本科院校体教融合的持续发展。

三、本科院校体教融合政策法规制定与落实过程中的注意事项

在本科院校体教融合政策法规的制定与落实过程中，政策制定者需要关注政策的公平性、科学性、长期性和公众参与性，以保证政策的质量和效果。政策制定者也要关注政策实施的过程和结果，对政策进行持续的评估和改进，以推动体教融合的持续发展。

（一）关注政策的公平性和包容性

公平性和包容性是体教融合政策的基础性原则，其目标是确保所有人

都有同等的机会接受高质量的教育，这在体教融合政策的制定和实施过程中尤为重要。政策的公平性关注的是每个学生在接受教育和获得发展机会时是否得到公正对待，包括是否有平等的参与机会，是否有良好的设施和教师资源，以及是否有适应各种需求的教育方式，等等。公平性还涉及教育政策是否反映了对各种背景和能力的学生的理解和尊重。

在实际操作中，政策公平性的考虑应涵盖以下几个关键点：提供包容性的体育环境，确保不同性别、种族、社会经济背景、身体条件和学习能力的学生都能参与体育活动；制定并实施有针对性的政策和项目，满足不同群体的特定需求，如为女性学生设计更多的体育课程和活动，或者为低收入家庭的学生提供更多的资源和支持；培训教师和工作人员，使他们能够理解和尊重学生的多样性，采取适合各种需求的教育方法。与此同时，包容性是体教融合政策的另一个重要原则。包容性教育是以每个学生的独特性为基础，致力为所有学生提供高质量和公平的教育，无论他们的能力、身体条件、学习需求、文化背景等如何。包容性教育强调每个人都有价值，都有学习和发展的权利，都有独特的能力和天赋，都能为社区的多样性和繁荣做出贡献。在体教融合政策的制定和实施过程中，包容性的主要表现形式包括提供多样性的课程和活动，以满足学生的兴趣和需求；创建一个安全和支持的学习环境，使所有学生都能参与并享受体育活动；与家长、社区和其他教育利益相关者建立合作关系，以共同促进学生的全面发展。

（二）关注政策的科学性和先进性

科学性和先进性是确保体教融合政策效果的关键。政策制定者应当在深入研究、分析现有数据和学术研究的基础上，制定出有针对性的政策。关注和引入国内外最新的理论研究和实践案例，结合本地的特殊性，以科学、先进的方法推动政策的实施，是保证政策效果的重要因素。

科学性主要体现在政策制定的过程中。政策制定者应当基于大量的事实数据和科研成果来制定政策，避免凭借主观偏见或无根据的设想来决策。这需要政策制定者做大量的研究工作，了解学生的需求、教育资源的状况、体育教育的现状等，从而做出科学的决策。科学性的政策更可能达到预期的效果，提高政策的执行效率。而先进性则体现在引入最新的教育理念和实践方法。教育领域的发展日新月异，不断有新的理论和实践方法产生。政策制定者应当关注这些新的发展，及时引入新的理念和方法，促进本地教育的发展。这需要政策制定者具有开放的视野，敢于创新，也要有良好的执行能力，将这些新的理念和方法真正应用到实践中。科学性和先进性还要求政策制定者有持续学习和自我更新的能力，能够随着时代的发展，不断更新和改进政策。只有这样，才能使政策保持活力，真正推动本科院校体教融合的发展。

（三）关注政策的长期性和可持续性

政策的长期性和可持续性是衡量其成功与否的重要指标，长期性主要强调的是政策制定者在设计政策时，应有长远的眼光和战略思维，考虑到教育改革和发展的长期目标和愿景。这就需要他们能够从大局出发，将体教融合的政策置于整个教育系统的长远发展蓝图中，充分考虑未来的发展趋势和挑战。长期性还体现在对政策效果的考量上。政策的制定和实施不应仅注重短期的效益，而应追求长期、持久的改变。在体教融合的过程中，政策制定者应着眼于学生的全面发展，通过体育与教育的融合，提高学生的身心健康水平，培养他们的团队协作能力和领导才能，提升他们的社会责任感和公民素质，等等。可持续性则主要涉及资源的配置和使用。在制定和实施政策时，应充分考虑政策的经济可行性和资源需求。无论是人力资源、物质资源，还是财政资源，都需要得到充足和合理的配置，以保证政策的有效实施。政策制定者也应考虑环境的影响和社会的接受度，以确保政策的可持续性。

更重要的是，政策的长期性和可持续性需要政策制定者有强烈的责任心和使命感，以及勇于承担的精神。他们需要时刻关注政策的实施情况，积极解决出现的问题，根据反馈和评估结果，持续调整和优化政策。只有这样，才能确保体教融合政策真正地为本科院校的长远发展服务，实现教育的长期可持续发展。

（四）关注政策的公众参与性

公众参与性是确保政策制定和成功实施的关键因素。公众特别是直接受政策影响的教育者、学生和家长，他们的理解、接受和支持对于政策的有效实施至关重要。因此，在制定和实施政策过程中，广泛地征集和尊重公众的意见和建议，让他们参与决策过程，是十分必要的。

公众参与可以通过多种方式实现。例如，通过举办公众研讨会、听证会等活动，让公众有机会直接向政策制定者提出他们的想法和建议。这不仅可以提高政策的透明度，还能增强公众对政策的信任感和接受度。通过调查问卷、在线投票等形式，获取更广泛的公众意见。这些数据可以为政策制定提供有价值的参考，使政策更具针对性和有效性。通过设立专门的公众咨询机构，长期接受和处理公众的意见和投诉。这样不仅可以及时解决公众的疑虑和问题，还能够及时发现和修正政策的不足。

总的来说，提高政策的公众参与性，可以增强政策的公众信任度和接受度，提高政策的执行效率和效果。这也是对公众民主权利的尊重，体现了现代治理的民主、公开、透明原则。

第二节　机制与体制的改革创新

一、机制与体制

“机制”和“体制”是两个经常在社会科学领域中使用的术语，它们描述了一个系统或组织如何运作和管理。尽管这两个术语有时在日常语言中被交换使用，但是它们有着各自的独特含义。涉及本科院校体教融合的发展与创新，机制与体制也应有所改变，因此有必要对这两个词进行简要解析。

机制通常用来描述一个系统或过程中的特定组成部分如何相互作用以产生预期或观察到的结果。机制强调的是原因与效果之间的联系，或者说，输入与输出之间的转换过程。它描述了一种逻辑、一种模式或者一个规则，可以用来预测或解释某种特定的行为或现象。例如，市场机制是一个典型的经济机制，它描述了供需双方如何通过价格体系进行交易，以达到资源的有效配置。同样，民主决策机制描述了如何通过公开、公平的投票过程来决定公共事务。

体制通常用来描述一个社会或政治实体的基本组织结构和规则，它包括了一系列正式的或非正式的制度、法规、规章和惯例，构成了一个完整的、稳定的运行系统。例如，社会主义市场经济体制是指在社会主义基本制度下，实行社会主义市场经济的基本经济制度，包括以公有制为主体、多种所有制经济共同发展的所有制结构，市场在资源配置中起决定性作用，等等。

总的来说，机制强调的是如何运作，是对事物运行规律的描述；而体制则强调的是如何组织，是对事物组织结构的描述。它们都是对某个系统或过程的抽象概括，是人们理解和解释社会现象的重要工具。

二、建立健全本科院校体教融合的机制与体制十分重要

近年来，本科院校体育与教育融合的议题日益引起人们的重视。建立健全本科院校体教融合的机制与体制，对于提升教育质量、促进学生身心健康具有重要意义。建立健全本科院校体教融合的机制与体制，需要全社会，特别是教育主管部门的高度重视和积极参与。从政策层面出发，明确体教融合的重要性，制定相关政策，提供必要的支持，包括资金投入、人才培养、设施建设等。鼓励和支持学校在课程设置、教学方式、评价机制等方面进行创新，促进体育与其他学科的有机融合。积极倡导全社会，包括家长、社区等对体教融合的理解和支持，以形成全社会共同推进体教融合的良好氛围。

（一）从宏观角度看

从宏观角度来看，建立健全本科院校体教融合的机制与体制是推动教育改革，提升国民整体素质的需要。它既能够适应全球化的趋势，也能够培养出更多具备综合素质的人才。为了实现这一目标，要从政策、机制等方面进行改革，以实现体育和教育的有机融合，为社会提供更多具有综合素质的人才。

全球化的趋势使得人才的竞争越来越激烈。现代社会不仅需要人们具备丰富的知识和卓越的实践能力，还注重人们的综合素质，包括良好的体质和高尚的道德情操。建立健全本科院校体教融合的机制与体制不仅是推动教育改革，提升教育质量的需要，还是提升国民整体素质，适应全球化竞争的需要。

教育和体育的融合可以为社会提供更多的综合素质人才。教育不仅需要传授知识，还需要培养人们的实践能力、创新思维和团队协作能力。而体育则可以通过体育运动来培养人们的团队精神和竞争意识，提高人们的身体素质和心理素质。管理者通过体育和教育的融合，可以提高教育的效果，培养出更多具备综合素质的人才。

为了实现体育和教育的融合，需要从制度和机制两个方面进行改革。制度上，需要在政策层面明确体育与教育的融合，为体育和教育的融合提供制度保障。机制上，需要建立有效的机制，以实现体育和教育的有机融合。例

如，教育资源的配置、教师队伍的建设、课程的设置和教学的方法等。

（二）从微观角度看

从微观角度出发，对于学生个体而言，教育与体育的有机结合对他们的个人发展至关重要。体育能够提升学生的身体素质，提高他们的免疫力，预防疾病，也能够培养他们的团队合作意识，增强他们的竞争力，从而提高他们的学习效率。

当前，许多科学研究都证明了体育与学习的密切关系。身体健康的学生更有可能在学业上取得优异的成绩，而且在很多情况下，他们在处理压力、掌控时间和保持积极心态方面都有更强的能力。这是因为体育运动不仅可以提升学生的身体素质，降低他们生病的风险，还可以帮助他们养成良好的生活习惯，培养他们的团队精神和竞争意识。这些都是在未来的生活和工作中必不可少的素质。体育还可以帮助学生建立自信心和自尊心，学生通过参加体育活动，可以体验到成功和失败，从而更好地应对生活和学习中的困难。体育也能帮助学生培养他们的社会技巧，学生通过与队友的合作，可以学会如何在团队中发挥自己的作用，如何与他人有效地沟通。

因此，教育工作者要重新审视本科院校中的体育教育，将其与其他类型的教育融合，从而更好地服务于学生的全面发展。例如，提供更多的体育课程和活动、为学生提供更多的体育运动机会，以及提供更多的体育资源和设施。教育工作者需要改变现有的教学方法，将体育运动和学科知识的学习结合起来，以激发学生的学习兴趣和参与热情。所以，建立健全本科院校体教融合的机制与体制对于学生的个体发展至关重要。

三、建立健全本科院校体教融合机制与体制的实践路径

实现本科院校体教融合机制与体制的构建，需要通过多方面的努力和尝试。

（一）强化政策引导机制

要完善本科院校体教融合的机制与体制，先要强化政策引导机制。在这个过程中，政策制定者不仅要明确体教融合的目标和任务，还要设定可行的行动路线图，以引导和推动各大本科院校在体教融合上取得进展。

政策的引导作用是无可替代的。它能够为整个体教融合过程提供明确的方向和具体的目标，从而避免各种可能的冲突和混乱。体育不仅是提升学生身心健康的重要手段，还是培养学生团队协作能力、毅力、公平正义感等核心价值观的重要场所。要为体教融合提供制度保障，包括将体教融合的目标和要求纳入学校的发展规划，确保有足够的资源和支持用于实现这一目标。同时，需要对当前的课程体系、教师队伍、评价机制等进行改革和优化，以适应体教融合的需要。还要关注和解决体教融合过程中可能遇到的各种挑战和难题，如设施不足、师资力量薄弱、课程设置不合理等。例如，提供必要的财政支持、设定合理的激励机制、提升教师的专业素质等，帮助学校有效地应对这些问题。又如，收集和分析相关数据，了解体教融合的实际效果，发现存在的问题和不足，从而做出必要的调整。

总的来说，强化政策引导机制，明确体教融合的目标和任务，是推动本科院校体教融合的关键。只有在明确的政策指导下，本科院校才能有方向和动力去实现体教融合，从而更好地服务于学生的全面发展和社会的需要。

（二）改革体育教育体制

改革体育教育体制是推动本科院校体教融合的关键一步。体育教育历来在学校教育中的地位相对边缘化，许多时候被视为一种补充或者附属品。要实现真正意义上的体教融合，必须改变这种状况，让体育教育在学校教育中占据与其他学科同等重要的地位，成为学生全面发展的重要组成部分。

要深化对体育教育价值的认识，认识到体育教育在提高学生身心健康、培养学生综合素质、塑造学生个性等方面的重要作用。体育教育不仅可以提升学生的体质健康，增强抗病能力，还能培养学生的团队协作精神、竞技精神以及对规则的尊重，这些都是在其他学科教育中难以实现的。

要改革评价机制，建立多元化的评价标准，真正把体育成绩纳入学生的综合评价体系中。评价机制的改革不仅可以鼓励学生积极参与体育活动，还能使他们对体育的认识和态度发生转变，认识到体育并不只是一种游戏或者消遣，而是一种生活方式，一种价值观。

改革体育教育体制是实现体教融合的重要路径，只有在多个方面进行全方位的改革，才能让体育教育在本科院校教育中真正发挥其应有的作用。

（三）优化课程体系设置

优化课程体系设置，注重体育与学科知识的结合，是推动本科院校体教融合的重要途径。课程是教育的基本载体，优化课程体系设置能够直接提高体教融合的质量和效果。

要注重理论与实践的结合，体育教学不仅包括运动技能的训练，还包括运动理论知识的学习。体育理论知识能够帮助学生更好地理解和掌握运动技能，拓宽他们的知识视野，激发他们的学习兴趣。例如，教师可以在课程中加入运动生理、运动营养、运动心理等相关理论内容，让学生在提高身体素质的同时，获取更全面的知识。

要注重体育与其他学科知识的交叉和融合。教师可以通过创新的教学方式和方法，将体育教学与数学、科学、艺术等其他学科内容相结合，让学生在体验运动的快乐的同时，获取新的知识和技能。例如，教师可以通过足球课程教授物理学中的力和运动原理，通过跳舞课程教授艺术和身体表达等。

还要注重学生的个性化需求和兴趣。教师应提供丰富多样的体育课程，以满足不同学生的兴趣和需要。教师还应开设一些具有挑战性和创新性的课程，如户外探险、极限运动等，以激发学生的运动热情，培养他们的勇气和冒险精神。另外，课程体系设置需要考虑教学资源和设施条件的实际情况。教师需要充分利用现有的教学资源和设施，合理安排课程内容和教学方法，确保所有的学生都能得到高质量的体育教育。

（四）完善师资队伍建设体制

完善师资队伍建设体制，是实现本科院校体教融合的关键所在。优秀的教师既是知识的传授者，又是学生成长的引导者，他们的素质和能力直接影响着体教融合的质量和效果。

首先，要提高体育教师的专业素养。体育教师应当具备扎实的专业知识和技能，包括运动技能、体育理论知识、教学方法等。他们还要有良好的身体素质和精神风貌，能够在课堂上展现出积极健康的形象，激发学生的运动热情。为此，需要加强教师的专业培训和持续教育，确保他们能够适应体教融合的需要。其次，要拓宽体育教师的知识视野。体育教师不仅要懂得体育，还要对其他学科有一定的了解，能够将体育教学与数学、科学、艺术等其他学科内容相结合。他们还要有全球视野，关注国际体育教育的发展趋势，引入新的教学理念和方法。为此，需要加强教师的跨学科培训和国际交流。再次，要提升体育教师的人文素养。体育教师应当具备深厚的人文素养，能够理解和尊重学生的个性差异，关心和引导学生的全面发展。他们应当具备良好的沟通能力和教育智慧，能够有效地传授知识，答疑解惑，激发兴趣，提升信心。为此，需要加强教师的人文教育和心理培训。最后，要改革教师的聘任和激励机制。应当建立公平、公正、公开的教师聘任机制，确保优秀的人才能够进入教师队伍。还应当建立有效的激励机制，包括经济激励和荣誉激励，激发教师的工作热情和创新精神。

（五）完善设施管理体制

完善设施管理体制，为体教融合提供物质保障。良好的体育设施是开展体育教育的基础，能够为学生提供多样化的运动体验，激发他们的运动兴趣，培养他们的运动技能。首先，要充分利用现有的体育设施资源。这不仅包括学校的体育场馆、体育器材，还包括社区的公共体育设施。通过灵活的设施使用和共享机制，充分发挥这些设施的功能，满足学生的体育需求。其次，要合理规划和建设新的体育设施。在规划和建设过程中，要考虑学生的多元化需求，提供各种类型的运动场所，如运动场、游泳池、健身房、户外冒险活动等。还要考虑设施的安全性、可用性、便捷性等因素，确保设施的使用效率和效果。再次，要加强设施的维护和管理。建立完善的设施管理体制，包括定期的设施检查、设施维护和设施更新等，确保设施的正常使用和长期效益。加强设施使用的规则和制度建设，提高学生的设施使用素养，保护设施的使用权益。最后，要通过科技手段提升设施的服务水平。例如，引入智能化、网络化的设施管理技术，提高设施的管理效率和服务质量。又如，通过在线预约系统、智能化设施监控系统、体育数据分析系统等，提供便捷、个性化的设施使用服务，提高学生的运动体验。

第三节　资源配置与协调管理

一、资源配置与协调管理能够保证本科院校体教融合的规范性

在当前的教育环境中，资源配置和协调管理正在改变本科教育的格局，尤其是在促进体教融合的过程中。

资源配置在体教融合的过程中扮演着关键的角色。良好的资源配置可以为教育体系的各个环节提供必要的支持，包括教师培训、设施建设、课程设计等。在教师培训方面，资源的正确配置能够确保教师具备进行体教融合的知识和技能。在设施建设方面，合理的资源分配可以提供必要的硬件支持，如体育场馆、教室、实验室等。在课程设计方面，足够的资源能够支持开发与实施富有创新的融合课程。然而，只有资源配置是不够的，协调管理也至关重要。协调管理包括协调教师、学生、行政人员和其他利益相关者的期望和需求，以及管理和优化资源的使用。协调管理可以确保体教融合的各个环节能够顺利进行，避免因为利益冲突或资源浪费等问题，导致体教融合的进程受阻。良好的协调管理还能够在整个体教融合的过程中，实现教育公平，使得所有的学生都能在体教融合的环境中获得优质的教育。除了对内部的协调管理，对外部的协调管理也十分重要，如与政府部门、社区、企业等外部利益相关者的协调。有效的对外协调，不仅可以为体教融合提供更广泛的社会支持，还可以获得更多的资源和机会，推动体教融合的发展。

因此，资源配置和协调管理是保证本科院校体教融合规范性的关键因素。有效的资源配置，可以提供必要的硬件和软件支持，为体教融合的实施提供条件。而良好的协调管理，可以优化资源的使用，协调各方的需求和期望，推动体教融合的顺利进行。这两者共同构成了保证体教融合规范性的重要保障，对于推动本科院校体教融合的发展具有重要的意义。

二、本科院校体教融合的资源配置方案

要成功实现体教融合，必须设计合理且有效的资源配置方案。

（一）设施资源配置

设施是体教融合的物质基础，它的条件和质量直接影响到体教融合的实施效果。因此，如何合理配置资源，以满足设施建设的需求，成为实现体教融合的重要环节。

首先，要关注对现有体育场馆的升级改造。在许多本科院校中，传统的体育场馆常常只满足基础的体育教育需求，如提供基本的体育活动空间。然而，在体教融合的背景下，人们需要的是更具包容性和灵活性的设施，它们应能满足不同学科交叉融合的需求。因此，对现有体育场馆的改造应包含提升其多功能性，以适应不同学科教学的需要。例如，在体育场馆中增设多媒体教学设备，使其成为可以支持理论教学和实践教学融合的场所。

其次，要配置足够的资源用于新型设施的建设。在许多情况下，仅依赖对现有设施的改造并不能满足体教融合的需求。例如，建设新的多功能体育教室，以支持多元化的教学活动；建设新的综合性实验室，以提供可以让学生探索体育科学与专业学科交叉的平台。为了实现这些，需要有足够的资金投入，以覆盖从设计、建设到维护的各个环节。

最后，要强调功能性与科技性。随着科技的发展，智能化的设备和设施正逐渐成为教育的新趋势。在体教融合中，同样需要关注科技在设施建设中的应用。例如，引入智能健身器材，它们可以提供数据反馈，支持学生了解并改进他们的锻炼效果；利用虚拟现实技术，创建仿真环境，为学生提供更丰富、更具实践性的学习体验。

总的来说，设施建设是实现本科院校体教融合的基础，而实现设施建设的关键在于资源的合理配置。教育工作者必须关注对现有设施的改造、新型设施的建设，以及科技在设施中的应用。只有这样，才能建设出满足体教融合需求的设施，从而推动本科院校体教融合的发展。

（二）课程设计

本科院校必须在课程设计和实施上配置足够的资源，这种资源配置必须考虑新课程的研发、既有课程的改进、课程材料的编写，以及课程试验和评估。

教育工作者要配置足够的资源用于新课程的研发。这意味着相关领域要投入人力、财力、物力，以促进跨学科的课程研发。例如，建立课程研发团队、购买相关教学设备、调研和探索最新的教学方法等。在这个过程中，人们需要注意课程的创新性和实用性，还需要密切关注行业动态和学生需求，以确保课程的内容和形式都能满足学生的学习需求。教育工作者要对既有课程进行改进。在很多情况下，不能完全依赖新课程来实现体教融合，因为这既需要大量的资源，也需要长时间的试验。因此，改进既有课程，使其满足体教融合的需求，是一种有效的方法。例如，修改课程内容，如加入更多体育元素；改变教学方法，如引入更多实践活动；等等。教育工作者要配置资源来编写课程材料，这是因为在体教融合的发展进程中，课程材料是实现教学目标的重要内容，它们可以为学生提供系统性的学习内容，也可以作为教师教学的指南。因此，要有专门的人员负责课程材料的编写。教育工作者还要对课程进行试验和评估。这是保证课程质量和效果的重要手段，它可以帮助人们了解课程的实际效果，从而为课程的改进提供依据。

（三）社区资源配置

社区资源是实现本科院校体教融合的基础。这些资源包括企业、非营利组织、政府部门等。有效地配置和利用这些资源，可以为学生提供丰富的实践机会，拓宽他们的视野，增强他们的社会实践能力，从而更好地实现体教融合。

首先，配置资源应与社区建立合作关系。这意味着需要投入人力、时间和资金去建立和维护这些关系。例如，与企业、非营利组织和政府部门等进行积极的沟通，了解他们的需求和期望，共同探讨合作的方式和内容，以达成合作协议。

其次，组织学生参与社区的实践活动。这是学生接触和理解社会的重要途径，也是他们将理论知识与实践相结合的重要机会。为了实现这一点，要配置资源来组织和指导学生的实践活动。例如，安排教师或专家陪同学生参加活动，提供实践指导和帮助；为学生提供交通、住宿等方面的支持，以确保他们顺利完成实践活动。

最后，引进企业和组织的资源。这些资源包括它们的设施、设备、专家和经验等，它们可以为教学活动提供重要的支持。为了实现这一点，需要配置资源来引进和使用这些资源。例如，支付使用费用，如租赁设施和设备使用费，专家的讲座费、咨询费等。

三、本科院校体教融合的协调管理方案

通过科学化协调管理，能够促进本科院校体教融合进一步发展和完善。

首先，构建一种支持体教融合的管理架构。这一架构应当包含校级管理、学院管理以及教师管理等多个层次，这样才能保证资源的有效配置和使用。校级管理主要负责确定体教融合的总体方向和策略，为体教融合提供必要的资源和政策支持。学院管理则需要在校级管理的指导下，负责具体的课程设计、教师培训、学生实践等工作。而教师管理则是管理架构中的最后一环，他们需要在执行体教融合的教学活动中，确保教学质量，满足学生需求。

其次，开辟有效的沟通管理渠道。这是协调管理中的关键一环，它可以保证信息的畅通，促进各方之间的合作。例如，定期组织各级管理者、教师以及学生的交流会，让他们就体教融合的实施情况进行交流和反馈。又如，通过邮件、网络平台等工具，保证日常的信息交流。

再次，建立健全评价体系。教师通过对体教融合的效果进行评价，可以了解其实施情况，为进一步的改进提供依据。评价体系应包含对教学质量、学生满意度、实践效果等多个方面的评价。为此，需要配置足够的资源来开展评价工作，包括进行数据采集、数据分析以及结果反馈等。

最后，推动本科院校体教融合与社区资源的深度融合。如前所述，社区资源是实现体教融合的重要支持。因此，有关部门需要与企业、非营利组织以及政府建立长期合作关系，引入它们的资源和支持，实现全方位畅通式的协调管理。

第五章　体育强国理念下本科院校体教融合的评价与保障体系

第一节　体教融合评价体系的建立

一、教学评价的相关概念

教学评价是系统性的过程，旨在了解、衡量并提高教学效果。例如，对教师的教学策略、教学方法、教学态度，以及对学生的学习进度、学习质量的评估。

（一）评价与教学评价

根据字面分析，评价是一个常用词，作为名词常用于讨论、分析，或者判断某人或某事的价值、品质、性能等方面。评价也可以作为动词存在，评价意味着对某人或某事的性能或品质进行判断或形成观点。评价的过程通常涉及对信息的收集和分析，然后根据这些信息做出判断。评价可以根据不同的标准进行，包括但不限于效率、有效性、质量、价值等。它在日常生活中扮演着重要的角色，可以帮助人们做出更好的决策，理解并改进以往的表现，以及建立更有效的系统和流程。评价也可能存在主观性，即不同的人可能会根据他们的观点和经验对同一事物进行不同的评价。因此，理解并尊重多元化的评价也是十分重要的。

而教学评价，则是教育领域的专有名词。在教育领域，学者关于教学评价的定义具有较高的一致性，普遍认为教学评价是关于教学过程的全面性评价，对于优化教学具有重要的现实意义。不过，由于各学者的思考侧重点不同，他们对于教学评价的具体界定也存在少量出入。黄希庭和毕重增在《心理学（第 2 版）》中指出："教学评价是指系统收集和分析有关学生学习行为的资料，……借以调整教学、鉴定质量。"徐影在《333 教育综合应试解析》一书中表示："教学评价是指依据一定的客观标准，对教学活动及其结果进行测量、分析和评定的过程。"刘启珍和彭恋婷在《学与教的心理学：原理与应用》中说道："教学评价是指根据教学目标，对学习者在教学活动中所发生的变化进行测量，收集有关资料，并做出价值判断的过程。"刘启珍与彭恋婷还对教学评价的依据进行了进一步分析，即"首先，教学评价的依据是教学目标。教学目标是教学活动中所期待得到的学生的学习结果，它规定了学习者应达到的终点行为"。

（二）教学评价的类型

根据不同的划分方式，教学评价可被划分为不同的类型。教学评价的分类标准如图 5-1 所示。

图 5-1　教学评价的分类标准

1. 按评价基准分类

按评价基准分类，教学评价可分为相对性评价、绝对评价、自我评价。

（1）相对性评价。相对性评价是相对的，而不是绝对的，因为它依赖于比较对象的性质和表现。相对性评价可以帮助人们更好地理解对象或行为在某个特定环境或背景中的地位或价值。例如，如果你正在评价篮球运动员的表现，相对性评价可能会比较这个运动员与他的队友或对手的表现，或者比较他在不同比赛中的表现。这种评价方式提供了一个"上下文"，可以帮助人们更深入地理解他的能力和成就。然而，相对性评价也有其局限性。它可能会忽视或淡化被评价对象的绝对价值或质量。

（2）绝对评价。绝对评价根据固定的、绝对的标准或准则进行评价，而不是与其他对象或行为进行比较。绝对评价的优点是它可以提供清晰、直接的评价结果，可以更准确地反映被评价对象的实际表现。然而，它也有其局限性。例如，绝对标准可能会忽视被评价对象的特殊情况或背景。

（3）自我评价。自我评价有时也称“自我反思”或“自我评估”，这种评价类型可以是非正式的，如一个人对自己日常行为的反思，或者是正式的，如在工作或学习环境中对自己的表现进行的结构化评价。

2. 按评价功能分类

按评价功能分类，教学评价可分为诊断性评价、形成性评价、总结性评价。

（1）诊断性评价。诊断性评价的目的是确定学生的知识和技能水平，以便制定有效的教学策略。诊断性评价通常在学习过程的开始阶段进行，以确定学生的基础知识和能力，以及他们在学习内容上可能面临的挑战。这种类型的评价可以帮助教师了解学生的学习需求，以便他们可以根据每个学生的需要调整教学方法。

（2）形成性评价。形成性评价是一种在学习过程中进行的评估，可帮助学生了解他们的学习进度和成果，以便他们可以在必要时调整学习策略。它是教学过程的一部分，旨在“形成”或改进学生的学习。然而，形成性评价也存在一些挑战，包括时间和资源限制，以及可能需要教师进行额外的工作，如创建评分测验、提供个性化的反馈等。

（3）总结性评价。总结性评价也称“评估性评价”，通常在学习阶段结束时进行，用于总结和评估学生在一段时间内，如学期或学年，学到的知识和技能。总结性评价的结果通常用于做出课程成绩、升级或者毕业等决定，也可以用于评价课程或教师的有效性。

3. 按评价表达分类

按评价表达分类，教学评价可分为定性评价、定量评价。

（1）定性评价。定性评价侧重对问题的深入理解和解释。它通常涉及对非数值数据的收集和分析，如通过访谈、观察、案例研究或文档分析来收集数据。定性评价可以提供丰富的描述性和解释性信息，帮助人们理解一个现象的背景、语境、复杂性和多样性。定性评价的优点包括能够深入探讨和理解复杂的社会现象，捕捉人类行为和感知的复杂性，以及提供具体的语境和背景信息。然而，定性评价的局限性包括其结果可能受研究者的主观性影响，以及其结果可能难以推广到更多的人口或其他情境。

（2）定量评价。定量评价侧重通过数值或统计方法来度量和评估问题。它通常涉及对数值数据的收集和分析，如通过问卷调查、实验或统计分析来收集数据。定量评价可以提供精确的度量和可比较的结果，帮助人们确定问题的规模、频率或关联。定量评价的优点包括其结果通常具有较高的可靠性和有效性，可以用于测试假设或理论，以及其结果可以更容易地推广到更多的人口。然而，定量评价的局限性包括其可能忽视了问题的复杂性和语境，以及其可能过于依赖数值和统计方法，忽视了非数值的重要信息。

4. 按评价主客体分类

按评价主客体分类，教学评价可分为他人评价、自我评价。

（1）他人评价。他人评价是指由其他人对个体或事物进行的评估。例如，来自教师、领导、同事、同伴等人的反馈和评价。他人评价可以提供新的视角，可能会触及个体自己没有意识到的优点或缺点。他人评价的优点包括提供不同的视角，更全面地理解个体的行为和成果，以及提供客观的反馈，帮助个体了解他们在别人眼中的表现。

（2）自我评价。自我评价是指个体对自己的行为、能力或成果进行的评估。自我评价可以帮助个体增强自我意识，更好地理解自己的需求和目标，以及评估自己的成长和进步。

5. 按评价范围分类

按评价范围分类，教学评价可分为单项评价、综合评价。

（1）单项评价。单项评价是针对个体或事物的某一特定方面或维度进行的评估。例如，对学生的写作技巧进行评价，或者对员工的团队合作能力进行评价。这种评价方法的目标是深入理解和改进这个特定的方面或技能。单项评价的优点在于它可以提供深入、详细的反馈，帮助个体了解他们在特定方面的表现和需要改进的地方。

（2）综合评价。综合评价是针对个体或事物的整体表现进行的评估。它涵盖了多个方面或维度，从而提供了一个更全面的评价。例如，对学生的总体学术表现进行评价，或者对员工的总体工作表现进行评价。综合评价的优点在于它提供了一个全面的视角，帮助人们理解个体的整体表现和各个方面之间的相互关系。然而，这种评价方法的局限性在于，它可能没有深入个体在特定方面的表现，可能忽视了某些重要的细节和信息。

（三）教学评价的特点

教学评价是教育过程的重要组成部分，用于评估教学活动的效果和质量。它的特点包括以下几方面。

1. 目的性

教学评价通常有明确的目的，如评估学生的学习成果，提供反馈，改进教学策略，或者对课程或教师的效果进行评价。

目的性是教学评价的一个重要特点。在教育领域，无论是对学生的评价，还是对教师和课程的评价，其根本目的都是提高学习的效果和教学的质量。这种目的性体现在教学评价的多个方面。

教学评价的一个主要目的是评估学生的学习成果。教师通过对学生的知识、技能、态度和行为进行评价，可以了解学生在课程中的表现，判断他们是否达到了学习目标。学生也可以通过这种评价了解自己的学习情况，明确自己的优点和需要改进的地方。这种评价通常是形式化的，如测试、作业、项目、表现等。

2. 过程性

过程性是教学评价的重要特点之一。过程性强调教学评价不仅发生在学习的最后阶段，还在整个学习过程中进行，以评估和提升学生的学习效果和教学质量。这种对学习过程的持续关注和反馈，使得评价变得更加有活力和实效性。

从学生角度来看，过程性评价有助于学生了解自身的学习进度，及时发现和解决学习问题，调整学习策略。例如，教师通过对学生在课堂上的参与情况、作业完成情况、小测验表现等进行评价，可以及时反馈学生的学习状态，学生也可以根据反馈及时调整学习方法或者策略，以提高学习效果。

从教师角度来看，过程性评价可以让教师及时了解和反思自己的教学效果，调整教学策略。教师通过对学生的学习表现进行观察和评价，可以获取关于教学方法、教学内容等方面的反馈信息，从而在教学过程中发现问题、调整教学，实现教学效果的持续改进。

从教育系统角度来看，过程性评价可以提供关于教育活动的连续信息，帮助学校或教育机构及时调整教育政策和资源分配。例如，教师通过对课程实施过程的评价，可以及时发现课程设计或实施的问题，及时调整课程设置或教学资源的分配。

3. 多元性

多元性是教学评价的一个重要特点，体现在评价方法和评价工具的多样性。在教育评价中，教师要考虑学生的各种能力和特质，包括知识掌握情况、思维能力、沟通能力、创新能力等，因此需要使用多种评价方法和工具深入理解学生的学习情况。多元性的评价方法包括形式化的评价和非形式化的评价。形式化的评价通常指的是标准化的测试，如期末考试等。这种方法可以量化学生的知识和技能，方便教师进行比较和统计。非形式化的评价包括观察、访谈、讨论等，这种方法可以了解学生的学习过程、思维方式和学习策略，有助于教师个性化教学。多元性的评价工具包括测试、观察、项目、口头报告、学习日记等。测试可以量化学生的知识和技能，评价学生的学习成果。观察可以了解学生的学习过程，评价学生的学习策略和学习态度。项目可以评价学生的实践能力和合作能力。口头报告可以评价学生的表达能力和沟通能力。学习日记可以了解学生的学习反思和自我评价。

4. 双向性

双向性指评价不仅包括对学生的评价，还包括对教师和课程的评价。这种双向的、互动的评价方式有助于形成开放、透明、互相尊重的教育环境，促进教师和学生之间的交流和理解，提高教学质量和学习效果。一方面，对学生的评价是教学评价的基础。教师通过对学生的知识、技能、态度和行为进行评价，可以了解学生的学习成果，提供有针对性的教学反馈和指导，促进学生的学习。学生也可以通过这种评价了解自己的学习情况，调整学习策略，提高学习效果。另一方面，对教师和课程的评价是教学评价的重要组成部分。教师可以通过对教学过程和效果的自我评价，反思教学方法和策略，提高教学能力。学校也可以通过对教师的教学表现进行评价，了解教师的教学水平，对教师进行培训和指导，提高教师的教学质量。对课程的评价可以帮助学校了解课程的效果，改进课程设计，满足学生的学习需要。

5. 动态性

动态性指教学评价是一个持续的、不断变化和发展的过程，需要根据学生的学习进度和需要、教师的教学策略，以及教育环境的变化等因素进行适应性调整。动态性体现在教学评价的过程性、反馈性和调整性等多个方面。

从过程性来看，教学评价不仅在学习的最后阶段进行，还贯穿整个学习过程，以评估和提升学生的学习效果和教学质量。教师通过对学习过程的持续观察和评价，可以及时了解学生的学习进度和情况，发现学习问题，提供及时的反馈和指导，促进学生的学习进步。

从反馈性来看，教学评价可以为教师和学生提供及时、有效的反馈信息。教师可以通过评价了解自己的教学效果，根据反馈信息调整教学策略和方法。学生则可以通过评价了解自己的学习情况，根据反馈信息调整学习策略和方法。

从调整性来看，教学评价不是一个固定不变的过程，而是需要根据教学和学习的变化进行适应性的调整。例如，对于难度较大的知识点，教师可能需要增加评价的频次和深度，以便更好地了解学生的学习情况。对于学生学习效果不佳的情况，教师可能需要调整评价的标准或方法，以便更准确地评价学生的学习。

6. 反馈性

反馈性是教学评价的重要特征，强调将评价结果及时、明确地反馈给教师和学生，使他们能够根据反馈信息进行教学和学习的调整。反馈性体现了教学评价的指导性和促进性，对提高教学质量和学习效果起到关键作用。

对学生而言，及时有效的评价反馈能够明确他们的学习状态，帮助他们了解自身在知识掌握、技能应用等方面的优势和不足。这对于学生来说是一种重要的学习参考，能够激发他们的学习兴趣和动机，促使他们调整学习策略，提高学习效果。教师对学生的成绩和进步予以积极的反馈，也能够增强他们的自信心和学习欲望，形成积极的学习心态。

对教师而言，教学评价的反馈能够帮助他们更好地理解自身的教学实践，如教学方法的效果、教学策略的适应性等。教师可以通过对评价反馈的分析和思考，改进教学计划，调整教学方法，提高教学质量。评价反馈还能促使教师反思自身的教学理念和教学态度，从而进行持续的教育专业发展。

在此过程中，有效的反馈不仅应该包含对学生学习成果的评价，还应该涵盖对学生学习过程和学习策略的反馈。而对于教师来说，不仅要对学生的学习进行评价，还需要学校和同行的反馈，来对自己的教学进行客观、全面的评价。

二、本科院校体教融合教学评价体系的构建路径

构建本科院校体教融合教学评价体系的路径需要以多元化、全面化、科学化为基础，强调学生体质健康、体育技能、体育理论知识、体育心理等方面的全面发展。

（一）确定评价指标

在构建本科院校体教融合教学评价体系路径中，确定评价指标是首要且重要的步骤。有效、公正的教学评价体系需要明确的评价指标，这样才能对学生的学习效果进行全面、深入的评价。体育教学评价体系的核心评价指标主要包括以下几个方面。

1. 体质健康状况

体育教学的一个重要目标是提高学生的体质健康。这不仅包括学生的身体素质，如力量、速度、耐力、柔韧性等，还包括生理健康，如心肺功能、身体指数（body mass index，BMI）等。除此之外，还包括日常生活习惯，如锻炼频率、饮食习惯等。教师通过评价学生的体质健康状况，可以了解学生在体育教学中的进步，并鼓励他们形成良好的生活习惯。

2. 技能掌握程度

体育教学中，学生需要学习和掌握一系列的运动技能。例如，球类、田径、游泳、健美操等各种运动的基本技术。技能掌握程度是评价学生是否能熟练运用所学技能，并在实践中不断提高和完善。这个指标可以直观地反映学生的学习成果，并帮助他们发现和改正技术中的错误。

3. 理论知识理解

体育理论知识包括运动生理学、运动生物力学、运动训练学等内容。这些理论知识能够帮助学生更好地理解和掌握运动技能，提高运动效果，预防运动伤害。评价学生对理论知识的理解程度，可以检查他们是否真正理解和掌握了课程内容。

4. 运动心理素质

运动心理素质是指运动员在运动中需要的心理素质，如决心、自信、专注、抗压能力等。在体育教学中，培养学生的运动心理素质也十分重要。运

动心理素质的好坏直接影响到学生的运动表现和健康状况。教师通过评价学生的运动心理素质，可以了解他们应对挑战和压力的能力。

（二）建立评价标准

建立的评价标准，要具有实用性和操作性，以便在实际评价中有效应用。对于体质健康状况，具体的评价标准可以通过标准化的体质健康测试来衡量，如BMI、心肺耐力测试、力量测试等。这些测试通常有标准的参考范围和分级标准，能够客观地反映出学生的体质健康状况。根据学生的年龄、性别等情况，这些评价标准应当有所区别，以反映出个体之间的差异。生活习惯的评价也应纳入其中，如运动频率、饮食习惯等，这些可以通过问卷调查等方式获取。技能掌握程度的评价标准需要针对具体的运动技能进行设定。例如，球类运动的技能评价标准，如控球、传球、射门等技能的精准度、连贯性等；游泳的技能评价标准，如不同泳姿的正确性、速度等。这些标准需要根据学生的学习阶段和目标进行设定，也应考虑个体差异，以公正、准确地评价学生的技能掌握程度。理论知识理解的评价标准通常涉及理论知识掌握的深度和广度。例如，对基础理论的理解，对实践应用的把握，以及对新知识、新理论的探索等。这些评价标准可以通过书面测试、口头报告、论文写作等方式进行，也应注意调整评价方式，避免过于依赖某一种评价方式导致评价偏差。关于运动心理素质的评价，也是一个综合且复杂的体系，评价时要关注运动员在场上的表现，还要了解他们在场下如何应对压力与团队互动以及面对挫折的态度。因为运动不仅是身体能力的展示，更是心理耐力和坚韧性的体现。

建立评价标准的过程需要注意的一点是，评价标准都应具有一定的弹性，以适应不同的学生和不同的学习情况。评价标准并非固定不变的，而应随着学生的学习进步和教学需求的变化进行调整。评价标准也应能够鼓励学生的个性发展，尊重学生的个体差异。

（三）采用多元化评价方法

在教学评价过程中，采用多元化的评价方法至关重要，因为这可以帮助教师全面、公正地理解和评估学生的学习情况。其中，自我评价是一种让学生参与评价过程的方法。学生通过自我评价，可以反思自己的学习过程和结果，发现自己的优点和不足，从而提高自我认知和自主学习能力。在体育教学中，可以让学生对自己的体质健康、技能掌握和理论理解等进行自我评价。然而，需要注意的是，自我评价可能受到学生的自我认知水平和客观性的影响，因此需要教师的引导和支持。同伴评价是一种让学生互相评价的方法。学生通过同伴评价，可以从不同的角度看待问题，了解他人的看法和建议，从而提高自我认知和沟通合作能力。在体育教学中，可以让学生对同伴的技能表现和团队合作等进行评价。同伴评价也可以增强学生的责任感和公平性意识。然而，同伴评价可能受到关系影响，因此需要教师的监督和引导。

总之，采用多元化的评价方法可以全面、客观地评价学生的学习情况，而不仅仅是单一的知识和技能。多元化的评价方法也可以鼓励学生从不同的角度看待自己的学习，培养他们的自我认知和自主学习能力。然而，实施多元化的评价方法需要教师具有专业知识和丰富的教学经验，也需要建立有效的评价机制和标准。教师通过实施多元化的评价方法，可以提高教学质量，促进学生的全面发展，实现教育的最终目标。

（四）实施动态评价

教学评价体系应该是一个生动、活跃且可以变化的体系，能够随着学生的成长和学习情况进行微妙的调整，以确保能够最大限度地提高学生的学习效果和个人发展。动态评价体系的概念就是基于学生的不断成长和教育环境的持续演变，教师应当定期对教学评价体系进行评估，以充分利用教育资源，发掘学生潜能，提高教学效率。

教学评价体系的核心是以学生为中心。每一个学生都是独特的，具有自己的兴趣、才能和学习速度。因此，评价体系应当能够识别并尊重每个学生的个体差异。而实现这个目标的方法就是建立一个能够随着学生的成长和学习情况进行调整的评价体系。教学评价体系的动态性应当在多个维度体现，包括教学内容、教学方法和评价标准。例如，随着科技的进步，教学内容需要不断更新以反映新的知识和技能。新的教学方法，比如在线学习和游戏化学习，也需要将其纳入评价体系。评价标准也需要随着学生的发展进行调整，确保其能够充分反映学生的学习成果。为了确保教学评价体系的有效性和适用性，教师要定期进行评估。这种评估应当包括对教学评价体系各个方面的审查，如评价标准是否恰当、教学方法是否有效、教学内容是否与学生的需求和社会的需求相匹配等。评估过程还应包括收集和分析相关的数据，如学生的学习成果数据、教师的反馈数据等。

根据这些评估结果，教师可以进行必要的调整。这些调整包括修改教学内容、采用新的教学方法、修改评价标准等。例如，教师发现某个课程的教学内容已经过时，可以更新教学内容以包含最新的知识；教师发现某种教学方法对学生的学习效果有显著的提升，要在更多的课程中采用这种教学方法。

在实施动态评价的过程中，还要重视教师、学生和家长的反馈。他们是教学评价体系的主要利益相关者，他们的反馈对理解评价体系的效果和确定需要进行的改进具有重要的价值。教育管理者通过与他们进行交流，可以更好地理解他们的需求和期望，以此来指导评价体系的改进工作。

（五）建立反馈机制

将教师对学生的评价传递给学生，是一个强大的工具，能够帮助学生了解自己的优点和不足，从而调整学习方法，提高学习效果。良好的反馈机制将创造积极的学习环境，促进学生的自我发展，提高他们的自信心和学习动力。

首先，反馈机制应当是及时的。及时的反馈能够确保学生有足够的时间来处理和吸收反馈信息，还可以避免他们在错误的路径上继续前行。例如，学生在数学作业中犯了错误，及时的反馈能够帮助他们理解错误的原因，以便他们在未来的作业中避免犯同样的错误。同样，对于他们的优点和优秀表现的及时反馈，能够让他们知道自己哪些地方做得好，从而增强他们的自信心。

其次，反馈机制应当是明确的。清晰明了的反馈可以帮助学生更准确地了解他们的优点和不足，使他们能够更具针对性地调整学习方法。例如，学生在科学项目中做得很好，那么反馈应当具体地指出他们在哪些方面表现出色，如他们的实验设计是否具有创新性、他们的数据分析是否准确等。

最后，反馈机制还应当是有启发性的。好的反馈不仅能告诉学生在哪里做错了或做得好，更能启发他们去思考如何改进或进一步发展。比如，学生在写作中遇到困难，教师不仅可以指出其语法或句型的问题，还可以建议他们阅读更多优秀的文章以提高他们的写作水平。

建立一个有效的评价反馈机制并非易事。这需要教师具有敏锐的观察能力，才能捕捉到学生的优点和不足，也需要他们具备良好的沟通技巧，才能将反馈信息以积极、鼓励和建设性的方式传递给学生。因此，教师的专业发展和培训在这里扮演着至关重要的角色。为了支持反馈机制，学校也需要建立相应的制度和环境。例如，学校可以设置专门的时间，让教师和学生进行一对一的反馈会议。学校还可以提供一些工具和资源，如在线反馈系统，帮助教师更有效地管理和传递反馈信息。家长也是反馈过程中的重要参与者。他们可以通过定期的家长会议或者其他形式的沟通，了解学生的学习情况，帮助学生调整学习方法，提高学习效果。

（六）提高教师的评价能力

提高教师的评价能力是一个系统的工程，需要教师、学校领导、家长、社区以及政策的共同参与和支持。只有当教师能够科学、公正、准确地评价学生，才能真正实现教学评价的目标，即促进学生的学习和发展。

教师的评价能力不仅仅是教师对学生学习成果的定量度量，更重要的是，他们需要具有定性的理解和评价学生的学习过程，包括他们的学习策略、解决问题的方法、合作能力、创新精神等。这需要教师具备丰富的教育知识、评价技能和敏锐的洞察力。提高教师的评价能力，要在多个层面进行努力。

教师的专业发展和培训是提高评价能力的关键。教师的专业发展和培训应该涵盖评价的理念、方法和技能。例如，教师需要理解评价不仅是对学生学习成果的测量，还是促进学生学习和发展的重要工具。他们需要学习如何设计和使用各种评价方法，如观察、访谈、测试、项目评价等。他们还需要学习如何分析和解读评价数据，以便能够从中获取有用的信息并据此做出教学决策。

教师的实践经验是提高评价能力的有效手段。评价能力是在实践中习得和提高的。教师需要进行实践，才能熟练掌握评价技能。为此，教育管理者可以提供一些支持，如提供导师指导、搭建教师学习社区、提供教师互相观课和反馈的机会等。

教师的反思是提高评价能力的重要手段。反思可以帮助教师深入理解他们的评价实践，识别存在的问题，并寻找改进的策略。教育管理者可以通过提供一些工具和技术，如日记、录像、研讨会等，来支持教师的反思。

学校领导和政策支持是提高教师评价能力的重要因素。学校领导需要认识到评价能力的重要性，并将其纳入教师发展的重要议程。他们需要提供必要的资源和时间，支持教师的专业发展和实践。政策需要支持教师的评价能力发展，如提供足够的专业发展时间、提供评价的培训和资源等。

（七）保证评价公正

评价公正性的含义远远超越了简单的公平处理，它的核心是如何确保评价的结果真实地反映了每一个学生的学习成绩和能力，而不是被教师的主观期待、偏见或其他非相关因素影响。评价公正性的挑战在于，评价过程本质上包含了主观性。例如，即使是选择题或是简答题等标准化测试，也需要教师在设计题目、制定评分标准时做出判断。在进行更复杂、多元的评价方式时，如课堂观察、学生讨论、项目评价等，教师的主观性更是无法避免。然而，评价的主观性并不意味着无法保证评价的公正性。事实上，教育管理者可以通过一系列的策略和方法来尽量降低评价的主观性，并提高评价的公正性。

要有一个明确、详尽、公正的评价体系和标准。评价体系应涵盖学生的全方位能力，如知识、技能、态度等，并对每一部分都设定具体、明确的评价标准。评价标准应是公正的，不能因为学生的性别、种族、社会经济背景等非相关因素而有所偏倚。在评价体系中应考虑各种可能的情况，如学生的学习困难、特殊需求等，并制定相应的应对策略。

要提高教师的评价能力，使他们能够科学、公正、准确地进行评价。这需要对教师进行专业发展和培训，使教师了解评价的理念和方法，掌握评价的技能。教育工作者要支持教师的反思和实践，帮助他们识别和改进评价中的问题。教育工作者还可以通过透明的评价过程和结果来保证评价的公正性。要让学生、家长和其他利益相关者了解评价的过程和结果，以便他们可以对评价进行监督和参与。总的来说，评价的公正性是构建教学评价体系时需要教师关注和追求的重要目标。

（八）与其他评价体系融合

体教融合的教学评价体系应与其他课程的教学评价体系相互协调、融合，以实现全面评价学生的目标。这不仅是为了确保评价的一致性和完整性，还为了更全面地理解和评价学生的学习成果。为了实现这个目标，要从多个方面进行考虑和努力。

每一个学科都有其独特的知识、技能和价值观，需要有其评价体系。例如，数学强调逻辑推理和解决问题的能力，因此数学的评价体系可能会更注重这些方面。而体育则更注重身体技能、合作精神和健康习惯，体育的评价体系可能会更注重这些方面。

首先，要建立全面的教育视野，将教育看作一个整体，每个学科都是其中的一部分，都对学生的全面发展有着重要的贡献。其次，要有全面的教育视野，理解各学科之间的联系和互动，以便教师可以从全局的角度来进行教学评价。再次，要明确各学科的评价目标和标准，理解各学科对学生的期望和要求。这有助于理解各学科之间的差异和联系，为融合评价体系提供依据。最后，要设计跨学科的评价活动，使学生有机会展示他们在各个学科中的学习成果。例如，让学生做一个项目，该项目涉及数学、科学、语言艺术和体育等多个学科。这样，教师不仅可以评价学生在各个学科中的学习成果，还可以评价他们的跨学科能力，如创新思维能力、解决问题的能力、合作能力等。

总之，将体教融合的评价体系与其他课程的评价体系进行融合，既是挑战，也是机遇。它需要教育工作者具有全面的教育视野、明确的评价目标和标准、创新的评价活动和方法，以及有效的沟通和合作。只有这样，才能真正实现全面评价学生的目标，促进学生的全面发展。

第二节　质量保障机制的设计与实施

一、设计科学的教学模式

设计科学的教学模式是提高学生身心健康、学术成绩和社会技能的重要手段。体教融合要把体育活动与课程内容相结合，采用游戏化的学习方式，利用体育活动进行社会情感学习，也应考虑学生的年龄、兴趣和能力。以下是对该主题的深入探讨。

先要理解体教融合的含义和目标。体教融合是指将体育活动与教学内容相结合，使学生在运动中学习和在学习中运动。它的目标是通过身心并重的教育，提高学生的身体素质，增强他们的认知、情感和社会能力，形成积极的生活态度和价值观。它强调运动和学习的互动性，旨在促进学生的全面发展。然后，教育工作者可以探讨几种体教融合的教学模式。例如，将体育活动与课程内容相结合，在数学课中，学生可以通过打篮球来学习数学概念和计算；在科学课中，学生可以通过观察和分析运动员的运动姿势和策略来学习力学和生物力学的知识。这种模式可以让学生在运动中感受到学习的乐趣，提高他们的学习动机和效果。教师可采用游戏化的学习方式，设计一些具有挑战性和竞技性的游戏，让学生在游戏中学习和锻炼。这种模式可以提高学生的参与度和兴趣，培养他们的团队协作能力和竞争意识。还有一种模式是利用体育活动进行社会情感学习。教师通过运动比赛来培养学生的公平竞赛意识、尊重对手的精神和处理胜负的能力，通过团队运动来培养学生的合作精神、责任感和领导力。

以上这些模式都需要考虑学生的兴趣和能力。兴趣影响学生的学习动机和参与度，教师要提供他们感兴趣的活动和内容。能力影响学生的学习效果和自我感觉，教师要提供他们能够胜任的挑战和支持。

设计科学的教学模式，是体教融合理念下教育事业的一项复杂而重要的任务。它需要对体育和教育有深入的理解，对学生的需求和特点有敏锐的洞察，对教学方法和技巧有创新的思维。只有这样才能设计出既满足学生的需求又符合教育目标，既有科学性又有趣味性的体教融合教学模式。

二、提高教师的专业素质和能力

提高教师的专业素质和能力是推进教育改革和提升教育质量的关键，特别是在当前体教融合教学模式的推广过程中，这一点更加突出。体教融合是将体育教学与学术教学相结合，以提高学生的身心健康和学习能力。然而，成功的体教融合需要教师具备一定的专业素质和能力，否则可能难以实现预期的效果。所以，学校要重视教师的专业发展和培训，帮助他们理解和掌握体教融合的理念和方法。

教师的专业素质不仅包括其在专业领域的知识水平和技能，还包括其教育理念、教学技巧、解决问题的能力、反思能力和情感态度等。这意味着，提高教师的专业素质，需要从多个层面进行。不同的教师存在不同的缺陷，所以需要对其进行个性化的培训，以满足他们各自的需求。教师的专业能力是他们实施体教融合教学的基础。这需要教师具备一定的体育知识和技能，也需要他们理解如何将体育与其他学科的教学相结合，使教育效果最大化。学校要通过专业发展和培训，帮助教师提高这方面的能力。例如，学校通过研讨会、专业研究、实地观摩等方式，使教师了解最新的研究成果，掌握有效的教学方法，提高他们的教学效果。又如，学校还可以帮助教师理解和掌握体教融合的理念。

体教融合不仅是目前的发展规划和政策，还是一种长期的教育理念。它强调的是身心的和谐发展，全面的人格培养，而非简单的知识传授。教师需要理解这一点，才能真正将体教融合融入他们的教学中。学校要通过讲座、研讨会等方式，深入阐述体教融合的理念，帮助教师理解和接受这一理念，还要提供一系列的支持和服务，以帮助教师改善他们的教学环境，提高他们的教学效果。例如，提供教学资源、教学设备，以及专业的指导和咨询；建立一个教师交流的平台，让他们可以相互学习，共享经验，共同提高。

总的来说，提高教师的专业素质和能力，是实现体教融合的关键。有关部门要通过一系列的措施，包括专业发展和培训、提供支持和服务，以及持续的关注和投入，来实现这个目标。

三、保证足够的资源投入

保证足够的资源投入是实现体教融合教学的必要条件。这里所说的资源包括体育设施、教学材料和时间。这些资源的投入不仅可以为体教融合提供必要的支持，还是提高教学质量和效果的关键。这些资源应根据学校的具体情况和需要进行调整，以最大限度地发挥其效用。

体育设施是体教融合教学的重要基础。优良的体育设施不仅可以为学生提供更好的学习和锻炼的环境，还可以激发他们对体育的兴趣和热情。然而，许多学校由于经费限制，体育设施的数量和质量不能满足教学需求。因此，学校要加大对体育设施的投入，改善体育设施的状况，满足体教融合教学的需求。教学材料也是教学过程中的重要资源。良好的教学材料不仅可以帮助教师更好地设计和组织教学活动，还可以提高学生的学习效果。因此，需要为教师提供一定的教学材料，如教学指导、教学案例、教学软件等，帮助他们进行体教融合教学。时间也是一种宝贵的资源。教学时间的充足与否，直接影响到教学的效果。然而，在许多学校，由于各种原因，体育时间往往被挤压，这对体教融合教学的实施无疑造成了阻碍。因此，学校要保证足够的教学时间，让教师有足够的时间进行体教融合教学，让学生有足够的时间参与体育活动，提高他们的身心素质。另外，人力资源也是体教融合教学不可或缺的部分，如教师、教练、学生和其他支持人员。学校要为他们提供适当的培训和支持，以帮助他们更好地参与体教融合教学。

这些资源的投入，应根据学校的具体情况和需要进行调整。例如，对于设备齐全、师资力量强的学校，可能需要更多的教学时间和教学材料；而对于设备不足、师资力量弱的学校，可能需要更多的设备和师资投入。这要根据每个学校的实际情况，制订合理的投入计划，确保每个学校都能得到适合自己的支持。

保证足够的资源投入是实现体教融合教学的关键。然而，这并不仅仅是提供资源的问题，更是如何合理使用和配置资源的问题。学校要有明确的计划和策略，使每一份资源都能发挥最大的效用。只有这样，才能真正推动体教融合教学的实施，提高教育的质量和效果。

四、建立多元的合作伙伴关系

推动体教融合的实施并非一项孤立的任务，而是需要多方面的合作和配合。学校要与社区、体育组织和其他教育机构建立合作伙伴关系，共同推进这一创新模式。各方的合作伙伴可以根据自身的特点和优势，提供各种形式的资源和支持，以此满足体教融合的发展需求。

社区是教育的重要场所，它提供了丰富的学习资源和学习机会。学校可以通过与社区建立合作关系，充分利用社区的场地和设施，为学生提供更多的体育活动。社区也可以组织各种活动，如运动竞赛、户外探索等，帮助学生将在课堂上学到的知识应用到实践中，提高他们的综合素质。

体育组织是专业的体育教育和训练机构，拥有丰富的专业知识和经验。学校可以通过与体育组织建立合作关系，引入它们的专业资源，提高教师的专业素质，丰富学生的学习体验。体育组织可以为教师提供专业的培训和指导，也可以为学生提供各种形式的体育活动，帮助他们提高体育技能，培养他们的团队合作精神和竞争意识。其他高校、研究机构等，也是重要的合作伙伴。它们在教育研究和实践方面有着丰富的经验，可以为其提供宝贵的支持。学校可以与它们共享研究成果，共同开展研究项目，共同探索更有效的教学方法。它们也可以为教师提供进一步学习和发展的机会，提高他们的专业水平和教学能力。

学校通过建立多元的合作伙伴关系，可以充分利用各方的资源和优势，共同推进体教融合的实施。这不仅可以为教师提供更多的学习机会和学习资源，提高教学的质量和效果，还可以提升社区的凝聚力，增强社区的教育功能。在这个过程中，学校、社区、体育组织和其他教育机构都是重要的角色，他们的合作将对推进体教融合起到决定性的作用。

第三节　体教融合的质量评估与改进

一、体教融合的质量评估

在体育强国的背景下，体教融合的质量评估成了提升体教融合实施效果的关键一环。这种评估的核心目标在于理解和衡量体教融合策略在教学实践中的执行效果，对其进行深度分析和反思，并针对存在的问题和挑战提出可行的改进策略。

（一）质量评估应当关注教师的教学实践

在体育强国的背景下，对教师的教学实践进行质量评估，对于推动体教融合的深度实施和提升其质量具有至关重要的作用。教师作为教育活动的主要承担者，他们的教学设计、实施方式、互动策略以及评估反馈机制，直接影响着体教融合教学的效果。因此，质量评估应当关注教师的教学实践。

在评估教师的教学实践时，要理解教师如何设计和实施体教融合的教学策略。教学策略的设计应考虑学生的需求和能力，以及课程的目标和内容。体教融合的教学策略应包含让学生参与体育活动的环节，也需要涵盖让学生学习理论知识的环节。教学策略还需要考虑如何激发学生的学习兴趣，如何提高学生的学习参与度，以及如何帮助学生构建知识体系，等等。质量评估应关注教师如何根据这些因素设计教学策略，以及如何在实施过程中调整和优化教学策略。

教师在课堂上与学生的互动是质量评估的重要内容。互动不仅包括教师对学生的指导和帮助，还包括教师如何鼓励学生参与课堂活动，如何引导学生进行思考和讨论，以及如何处理学生之间的互动，等等。通过对教师与学生的互动进行评估，可以理解教师的互动策略是否有效，是否能够满足学生的学习需求，是否能够创建一个积极的学习环境。教师如何引导学生参与体育活动也是质量评估的关键。参与体育活动不仅可以帮助学生提高体育技能，还可以培养他们的团队精神，提高他们的自信心，以及增强他们的身心健康。质量评估应关注教师如何确保所有的学生都能参与体育活动，如何根据学生的能力和需求进行指导，以及如何通过体育活动达到教学目标。

评估和反馈机制应能够有效地反映学生的学习进度和成果，帮助学生了解自己的优点和不足，以及提供改进的建议。质量评估应关注教师如何设计和实施评估和反馈机制，包括如何制定评估标准，如何收集和分析评估数据，以及如何向学生反馈评估结果，等等。

通过对教师教学实践的质量评估，能够理解教师在体教融合过程中所面临的挑战，发现教学中的优点和不足，从而为教师的专业发展和教学改进提供依据。

（二）质量评估应当关注学生的学习效果

在体育强国的背景下，提倡体教融合，不仅希望学生能够掌握体育技能，提高身体素质，还希望他们能够通过体育活动获得全面发展，提升自我价值。因此，关注学生的学习效果，并进行系统的质量评估，是达成这个目标的重要手段。

当提到学生的学习效果，教师先要关注的是学生在体教融合环境中的学习参与度。参与度是一个复合的概念，它不仅涉及学生在体育活动中的动态参与情况，也包括他们在思考、讨论、反馈等认知活动中的投入程度。学生的参与度直接关系到他们的学习效果，如果学生参与度高，那么他们在体育活动中所获得的知识和技能将更为深入和牢固。评估学生的参与度，不仅可以了解他们的学习状态，还可以为调整教学策略、优化教学环境提供依据。接着，教师要关注学生对体育知识和技能的掌握程度。体育知识包括各类体育项目的规则、技术、策略等，体育技能则包括运动技术、体育项目实践等。教师通过系统评估学生的知识和技能掌握程度，可以了解学生的学习成果，检查教学目标的达成情况，也可以发现学生的学习难点和问题，为后续的教学调整提供参考。最后，教师要关注学生的身心健康状况。在体教融合的背景下，身心健康不仅包括学生的身体健康，如身体素质、体质等，还包括学生的心理健康，如自尊心、自信心、团队精神、抗压能力等。身心健康是推行体教融合的最终目标，通过对学生身心健康的评估，可以了解体教融合对学生全面发展的影响，也可以发现和解决可能存在的问题。

教师在对学生学习效果进行评估的同时，要倾听学生的声音，理解他们的需求和困扰。每一个学生都是独一无二的，他们在体教融合环境中的学习体验和感受也各不相同。教师通过定期进行学生访谈、问卷调查等方式收集学生反馈，可以更加全面和深入地理解学生的学习效果，从而为提高教学质量提供重要参考。

（三）质量评估应当关注体教融合环境的建设

体育强国的建设需要将体育和教育有机融合，让学生在体验运动的快乐的同时，能吸收知识，提升自我。而实现这个目标，除了需要优秀的教师团队和教学方法，良好的体教融合环境也是至关重要的。因此，在进行体教融合的质量评估时，还需要关注体教融合环境的建设。

首先，要关注体育设施的完备性。体育设施是学生进行体育活动的基础，也是教师开展体教融合教学的重要支持。合适的体育设施能够为学生提供丰富的运动体验，激发他们对体育的兴趣和热情，也能提供良好的学习环境，使教学活动得以顺利进行。而设施的完备性不仅包括设施的数量和质量，还包括设施的功能性和多样性。只有设施完备，才能满足学生的多元化需求，也才能让教师有足够的空间去创新教学。

其次，要关注教学资源的充足性。教学资源包括教材、教具、软件、视频等各种可以用于教学的物品和信息。教学资源的充足性，不仅能支持教师进行高效的教学，还能提升学生的学习体验。而且，教学资源的多样性和创新性，还能激发学生的学习兴趣，帮助他们更好地理解和掌握知识。教师通过评估教学资源的充足性，可以了解教学支持是否足够，也可以为后续的资源配置和利用提供参考。

最后，要关注社区和体育组织的参与度。家长、社区和体育组织是学校的重要合作伙伴，他们的参与和支持对体教融合的实施有着重要影响。家长的参与，可以增强学生的学习动力，促进学生的全面发展。社区和体育组织的参与，可以提供更多的资源和机会，丰富学生的学习体验。教师通过评估他们的参与度，可以了解合作伙伴关系是否稳定和有效，也可以为后续的合作策略制定提供参考。

在这个过程中，需要建立一套全面、科学的评估系统，对体教融合环境的建设进行定量和定性的评估。这套评估系统不仅要反映体教融合环境的状况，还要能够识别出存在的问题，提出改进的建议。只有这样，才能真正地了解体教融合环境的现状，发现问题，提升质量，提高体教融合的深度和广度，进一步推动体育强国的建设。

（四）质量评估应当采用多元化的评估方法

在体育强国的背景下，对于体教融合的质量评估要采取多元化的评估方法，以确保从各个方面和层面深入理解体教融合的实施情况，而且这样的方式可以确保评估是全面、客观和公正的。例如，教育工作者可以采用定性的评估方法。定性评估方法，包括教学观察、访谈和案例研究等，能够揭示体教融合实施过程中的复杂性和多样性。教学观察可以直接了解教师在教学中的实际行为，从而理解他们的教学策略和方式，了解学生的反应和参与情况。此外，访谈可以获取教师、学生和家长等参与者的主观感受和经验，从而理解他们对体教融合的看法和态度，了解他们在实施过程中的困扰和需求。案例研究则可以通过对特定个体或事件的深入研究，理解体教融合在实际情境中的实施情况和效果。

教育工作者还可以采用定量的评估方法。定量评估方法主要有问卷调查和数据分析，能够提供有关体教融合实施情况的量化信息，为评估提供客观和可比较的依据。问卷调查可以收集大量的数据，了解体教融合的普遍情况和趋势，分析不同参与者的看法和行为。数据分析则可以通过对学生的学习成绩、体质健康数据等进行分析，了解体教融合对学生的具体影响。

无论是定性评估还是定量评估，都只是了解和评估体教融合的工具和方式。更重要的是，要从评估中获取信息，理解问题，提出解决方案，持续改进教学实践，提高体教融合的深度和广度。

在体育强国的背景下，体教融合的质量评估是实现体育教育目标，提高学生体育素养，以及建设体育强国的重要手段。应当重视质量评估的实施，不断改进评估策略，提高评估效果，以推动体教融合的持续发展和完善。

二、体教融合的优化改进

体育强国背景下，本科院校体教融合的优化和改进对于提升国民健康、提高体育竞技水平、培养体育人才具有重要意义。

（一）改进教学方法

在体育强国背景下，如何将现代科技手段，特别是人工智能和虚拟现实技术融入体育教学中，从而创新教学方法、提高学生的学习兴趣和效率，已经成为教育界的重要课题。

要深入理解人工智能和虚拟现实这两种技术。人工智能能够通过大数据分析，对学生的体质、运动习惯、运动能力等进行分析，然后提供个性化的教学方案。比如，针对一些体能较差的学生，人工智能可以设计一些较轻松的运动方案，慢慢提高他们的体能；针对一些运动天赋较高的学生，人工智能则可以设计一些高难度的运动方案，提升他们的运动技能。人工智能不仅可以在教学中提供更精准的个性化教学，还能在学生的学习过程中提供实时反馈，帮助他们及时发现并纠正错误，提高学习效率。

虚拟现实技术则可以创造出一种身临其境的教学环境，让学生在虚拟的运动场景中学习运动技能。比如，对于游泳这种运动，学生在没有水的情况下，就可以通过虚拟现实技术模拟出水中的环境，进行游泳动作的学习；对于一些高风险的运动，如滑雪、跳伞等，学生也可以在虚拟现实环境中进行安全的模拟训练。这样不仅可以提高学生的学习兴趣，还可以降低运动过程中的安全风险。

然而，将人工智能和虚拟现实技术融入体育教学中，也需要克服一些困难。首先，这需要教师具备一定的科技素养，才能在教学中灵活运用这些技术。因此，教育部门需要加强教师的科技培训，让他们熟练掌握这些新技术。其次，这些技术的引入也会带来一些硬件设施的需求，学校需要有足够的经费投入。最后，如何在保证教学质量的同时，充分利用这些技术提高教学效率，也是需要研究的问题。

总的来说，人工智能和虚拟现实这两种科技手段为体育教学带来了新的可能。它们不仅可以改变传统的教学方式，让教学更加个性化，还可以提高学生的学习效率，激发他们的学习兴趣。在体育强国的背景下，需要充分利用这些科技手段，创新体育教学方法，提高体教融合水平。同时，需要不断研究和解决在引入这些新技术的过程中可能遇到的问题，让科技真正服务于教育，推动体育教育的发展。

（二）增加体育活动的多样性

体育活动的多样性对于激发学生的运动热情，提升体育教育的效果，以及培养全面的体育人才具有重要的意义。

在体育强国背景下，学校应开设各种运动项目，包括球类、田径、游泳、武术等，以满足不同学生的兴趣和需求。

球类运动包括篮球、足球、排球、乒乓球、羽毛球等，它们是常见且受学生喜爱的运动项目。在球类运动中，学生可以培养团队合作精神，提升自身的身体素质和协调能力，也可以通过比赛感受到运动的快乐。因此，学校应该为学生提供更多的球类运动学习和实践的机会，如开设相关的课程、组织校园联赛等。

田径运动包括跑步、跳高、跳远、投掷等项目，它们是体育教育的基础，可以帮助学生提高身体素质，培养学生坚韧不拔的精神。对于有些学生来说，他们可能更喜欢田径运动，因为这些运动更注重个人的能力，更能够挑战自我。因此，学校应该提供更多的田径运动项目，让学生有机会体验到不同的运动项目。

游泳可以提高学生的心肺功能，增强肌肉力量，还可以提高学生的协调能力。此外，游泳还是一项重要的生存技能，可以在水上求生的情况下保护自己。因此，学校应该尽可能提供游泳教育，让每个学生都有机会学习游泳。

武术是我国的传统文化，是我国的非物质文化遗产。学习武术可以提高学生的身体素质，增强他们的自信心，也可以让他们了解中国的传统文化。因此，学校应该开设武术课程，让学生有机会学习和体验武术。

以上运动项目只是举例，实际上，学校可以开设的运动项目还有很多，如瑜伽、舞蹈、健身操、太极拳等。不同的运动项目可以满足不同学生的兴趣和需求，也可以让他们体验到不同运动带来的快乐。值得注意的是，开设运动项目不仅仅是为了让学生运动，更重要的是通过运动，让他们学会如何运动，学会如何保护自己，学会如何与人合作，学会如何面对挑战，学会如何挑战自我。这些都是体育教育的重要目标，也是努力提高体育活动多样性的最终目的。

总的来说，增加体育活动的多样性，旨在激发学生的运动兴趣，提升他们的运动技能，培养他们的团队合作精神，提高他们的身体素质，让他们在运动中感受到快乐，成为善于运动、热爱运动的人。这是在体育强国背景下，优化体教融合的重要路径之一。

（三）促进体育和健康教育的深度结合

在体育强国背景下，提升国民体质的同时，如何能够更好地促进体育与健康教育的深度结合，让学生在提高运动技能的同时，养成健康的生活习惯，是当前体育教育改革所面临的重要问题之一。

体育与健康教育的结合，不仅教授学生如何进行运动，还要传授给学生如何维护身体健康，如何进行科学合理的运动，以及如何养成健康的生活习惯等健康知识。首先，要让学生明白运动对健康的重要性，这包括了运动能够提高心肺功能，增强免疫系统，帮助身体对抗疾病的侵袭。其次，要教会学生怎样通过运动来提高自己的身体素质，也要让他们理解，运动并不只是为了比赛或者是取得成绩，更多的是为了保持身体健康，增强体质。最后，要在体育教学中融入健康知识，如运动营养学的基本知识，如何为运动做准备，如何在运动后进行有效的恢复，以及如何防止运动伤害，等等。这些都是在进行体育教学时需要重点关注的部分，也是学生在进行运动时必须注意的内容。例如，运动营养是提高运动效果、减少运动损伤的重要因素。教师可以在教学中，通过各种有趣的方式，向学生传授如何根据运动量和运动种类，选择适合的饮食；如何摄取合适的蛋白质、碳水化合物等营养物质，以保证体内的能量供应，促进身体的恢复。又如，运动伤害的防治是学生安全运动的保障。教师应该告诉学生，为什么需要做运动前的热身和运动后的拉伸，如何正确进行这些活动，以降低运动中受伤的风险。教师还要教授学生如何处理常见的运动伤害，如拉伤、扭伤等。

除了具体的运动知识，教师还要培养学生养成良好的生活习惯，如早睡早起、定时定量的饮食、保持积极的心态等。这些习惯在日常生活中同样重要，它们能够帮助学生在学习和生活中保持良好的精神状态，从而更好应对各种挑战。

总的来说，在体育强国背景下，要促进体育和健康教育的深度结合，让学生在提高运动技能的同时，能够养成健康的生活习惯。

第六章　体育强国理念下本科院校体教融合的师资建设

第一节　多元化的师资结构

一、多元化的师资结构是体教融合师资建设的重要指标

在体育强国背景下，师资建设是实现体教融合的关键。多元化的师资结构是体教融合师资建设的重要指标。多元化的师资结构旨在汇聚各类教育和运动专业人才，以满足学生身心发展的需求，从而推动体育教育全面、均衡、高质量发展。多元化的师资结构表现在以下多个层面。

（一）体育教师的学科背景多元化

在当今社会，随着对教育理念的深化和发展，体育教育的功能和价值已经被越来越多的人认识和接受。体育教师不再仅仅是教授运动技能的教练，而是成了引导学生全面发展、促进身心健康的教育者。体育教师学科背景的多元化，包括体育学、教育学、心理学、运动生理学等多个领域。这样可以确保教师在教学过程中既能教授学生正确的运动技巧，也能指导他们掌握科学的运动方法和健康知识，还能解答他们的疑惑，帮助他们树立积极的生活态度。例如，具备体育学学科背景的教师，可以准确地掌握各种运动项目的技术动作，理解运动生理学、运动生物力学等基础理论，从而在教学过程中更好地指导学生，帮助他们掌握正确的运动技能，发挥运动的最大效益。教育学专业学科背景能让体育教师理解教育的真谛，把握教学的规律，运用科

学的教育方法，不断提高教学的有效性。心理学的应用则能帮助体育教师更好地理解和引导学生的心理状态。运动是一种心理活动，运动员表现的优劣往往取决于他们的心理状态。体育教师通过心理学的学习，可以更好地理解学生的动机、情感、人格等心理因素对学习和运动表现的影响，可以采取更有效的心理干预手段，调整学生的心理状态，促进他们的身心健康发展。

在这样的多元化学科背景下，体育教师在教学过程中可以更全面、更深入、更科学地进行教学活动。他们可以根据学生的特点和需要，灵活运用各种教学理论和方法，调动学生的学习积极性，提高教学效果。多元化的学科背景也有助于体育教师之间的交流和合作，他们可以共享知识和经验，互相学习，共同提升。这种多学科交叉融合，将对教育理念的创新和教学方法的改进产生积极的推动作用。

（二）体育教师的专业技能多元化

在体育强国背景下，体育教师的专业技能多元化，这既是一种新的教育理念，也是现代教育环境对教师素质的一种必然要求。

首先，教师的基本教学能力是基础的要求。这不仅包括对各项运动项目的掌握和教学方法的运用，还包括如何调动学生的积极性、激发学生的兴趣、培养学生的创新思维等更深层次的教学能力。教师还应具备关注学生个体差异、尊重学生发展特点、满足学生多元需求的教学观念，以确保教学活动的个性化和人性化。

其次，教师的研究能力是不断提升教学水平的关键。教师的研究能力可以从两个方面来考虑：一方面，教师应具备科学研究的能力，如阅读和理解专业文献、设计和执行研究项目、分析和解释研究数据等，这样可以使教师跟踪最新的教育理论和技术发展，不断更新和提升自己的教学理念和方法；另一方面，教师应具备教育研究的能力，如观察和反思自己的教学实践、发现和解决教学问题、分享和传播教学经验等，这样可以使教师更好地理解和改进自己的教学行为，提升教学效果。

再次，教师的管理能力是保证教学活动顺利进行的重要保障。教师的管理能力包括但不限于班级管理、活动组织、决策制定、协调沟通等多方面。体育教育涉及众多的现场活动，对于教师的组织协调能力、决策制定能力以及现场处理问题的能力都有较高的要求。教师需要有效地组织和管理教学活动，保证活动的有序进行，也需要及时处理教学现场可能出现的各种问题，保证学生的学习效果和安全。

最后，教师的沟通能力也是十分重要的。教师需要与学生、家长、同事等多方进行有效的沟通。与学生的沟通，可以帮助教师了解学生的需求、困惑和期待，提升教学的针对性和有效性；与家长的沟通，可以帮助教师获取对学生的全面了解，建立良好的家校合作关系；与同事和领导的沟通，可以帮助教师获得教学资源和支持，提升教学的质量和效率。

在以上四个方面，体育教师需要不断学习、实践和反思，提升自己的专业技能。无论是基本的教学能力，还是研究能力、管理能力、沟通能力，都是构成体育教师多元化专业技能的重要部分。每一种技能的提升，都会对教师的教学实践产生积极的影响，推动教师专业发展，进而推动体教融合的深入实施。

综上所述，体育教师的专业技能多元化，将会使体育教师在现代教育环境中更好地发挥自己的作用，更好地促进学生的全面发展，更好地实现体育强国的目标。因此，对于体育教师专业技能的培养，应该引起人们足够的重视，这是推进教育改革，实现教育现代化的关键所在。

（三）体育教师的经验背景多元化

在当今快速变化的教育环境中，体育教师的经验背景应该尽可能多元化。他们的经验和背景不仅决定了教学风格和方法，而且对他们的教学效果和学生的学习成果产生深远影响。有的体育教师可能拥有体育专业背景，他们可能曾是运动员或接受过严格的体育训练，这样的经验让他们对体育训练和比赛有深入的理解。他们了解运动员需要什么，了解如何制订有效的训练计划，如何在赛场上取胜。这些教师能够把他们的专业知识和实践经验转化为教学资源，指导学生进行有效的运动训练，帮助他们在体育课程中取得更好的表现。也有些体育教师可能是教育专业出身，他们在教学方法、教育理论和学生发展等方面有深厚的功底。他们擅长运用各种教育理论和方法进行教学，了解如何激发学生的学习兴趣，如何进行有效的教学评估。他们也会关注学生的心理健康和个人成长，他们的教学不仅限于体育技能的教授，还着眼于学生的全面发展。还有的体育教师可能有其他领域的工作背景。例如，他们可能具备心理学、社会学、生物学或医学等方面的知识，这些知识可以为他们的体育教学提供新的视角和方法。他们能够以科学的态度对待体育教学，不仅教授学生运动技能，还能教育他们保持健康的生活方式，培养他们的团队合作能力，帮助他们处理运动中可能遇到的压力和挫折。

总的来说，多元化的教师队伍对于教育的质量和效果具有重要的影响。多元化的经验背景可以使教师队伍具有更广泛的知识视野和更丰富的教学资源，这对于满足各种类型的学生需求至关重要。它能确保学生从各种不同的教学方法中受益，无论他们的学习风格是什么，他们的兴趣和目标是什么。因此，培养和吸引拥有多元化经验和背景的体育教师是教育工作的重要任务。

二、构建多元化师资结构的可行性实践路径

在体育强国理念的背景下，构建多元化体育教师师资结构是一项复杂而富有挑战性的任务，但是也具有一定的可行性，有助于体教融合的深度发展。

（一）招聘和选拔

在当今的教育环境中，招聘和选拔体育教师已经不仅仅关注他们的体育专业技能，更多地考虑他们的综合素质和多元化背景。多元化的教师队伍可以更好地满足学生的学习需求，提供更全面、更丰富的教学资源，从而提高教学质量。

体育专业的教师通常具备扎实的体育知识和技能，他们对体育训练和比赛有深入的理解，可以教授学生各种运动技巧，帮助他们提高运动表现。但是，体育教学并不仅仅是运动技巧的教授，还包括健康教育、团队合作能力的培养、运动精神的培育等多个方面。因此，体育教师的背景和经验应该更加多元化，包括但不限于体育专业。例如，拥有教育背景的体育教师可能更擅长理解学生的学习需求，运用有效的教学策略来激发学生的学习兴趣，帮助他们养成良好的学习习惯。他们对教育理论和方法有深厚的理解，可以在教学中灵活运用，以提高教学效果。拥有心理学背景的体育教师则可能更擅长理解和处理学生的心理问题，如运动焦虑、比赛压力等。他们可以帮助学生保持积极的心态，面对挑战，提高他们的运动成绩。拥有生物学、医学等科学背景的体育教师可以为学生提供更深入的健康和身体知识，教育他们如何正确地进行运动赛事，如何避免运动伤害，如何保持健康的生活方式。他们的科学知识也可以提高教学的科学性，使学生更加信服。此外，实际经验

也是比较重要的。比如，曾经是运动员的体育教师可能对运动训练和比赛有更深入的理解，可以分享他们的经验和故事，以激发学生的学习兴趣和运动热情。有教育工作经验的教师则可能对学生的需求、学校的环境、教学的策略等方面有更深入的理解和经验，可以更好地进行教学。

总的来说，学校在招聘和选拔体育教师时，要考虑他们的多元化背景和经验，以满足学生的各种学习需求，提供更全面、更丰富的教学资源。学校通过招聘和选拔具有不同背景和经验的体育教师，可以构建多元化的教师队伍，提高教学质量，促进学生的全面发展。

（二）培训和教育

在培训和教育体育教师的过程中，多元化的课程设置至关重要。具有多元背景的体育教师更有可能引导和满足学生的学习需求，以及促进他们的全面发展。因此，体育教师的培训和教育不应仅仅局限于体育技能的教授，还应包括多个与教育相关的领域，如教育理论、心理学、生物学、社会学等。

教育理论为教师提供了教育过程的理论框架和理解，帮助他们理解和实施有效的教学策略，满足学生的学习需求。例如，他们需要了解不同的教学方法，如探究式学习、协作式学习等，以便在实际教学中灵活运用。

心理学可以帮助体育教师理解学生的心理发展和需求，有效处理学生的心理问题，如运动焦虑、自我概念等。体育教师通过学习发展心理学、社会心理学等课程，可以更好地理解学生的行为，引导他们建立积极的运动态度，提高他们的运动表现。生物学和社会学的学习也对体育教师具有重要的意义。生物学的知识可以帮助他们理解运动对人体的影响，如运动生理、运动营养等，从而教授学生如何安全、健康地进行运动。社会学的知识则可以帮助他们理解运动在社会中的角色，如社会运动、体育文化等，让他们可以教育学生正确理解和参与社会体育活动。除了这些基础课程外，跨领域的课程也比较重要。例如，体育心理学和体育营养学等课程可以帮助体育教师融合不同领域的知识，提供更全面的教学内容。他们可以从心理和营养的角度来指导学生的运动训练，帮助他们提高运动表现，保持良好的身体健康素质。

学校通过多元化的课程设置，可以确保体育教师有足够的知识和能力来满足学生的各种需求，提供更全面、更丰富的教学资源。学校也可以通过培训和教育的过程，让体育教师明白他们的职责不仅仅是教授体育技能，更重要的是促进学生的全面发展，帮助他们建立正确的运动观念，享受运动的乐趣，形成健康的生活方式。

（三）继续教育和职业发展

在快速发展和变化的教育环境中，体育教师需要持续更新他们的知识和技能，以适应新的教育要求，满足学生的学习需求。学校可以为教师提供继续教育和职业发展的机会，鼓励体育教师进行持续的学习和自我提升，增强他们的教学能力和多元化能力。继续教育是一种有效的方式，可以帮助体育教师更新教育理论和方法。随着教育研究的不断深入和发展，新的教育理论和方法不断出现，如翻转课堂、混合式学习等。体育教师通过参加继续教育课程，可以了解这些新的教育理论和方法，学习如何在实际教学中有效地运用它们。体育训练技术也在不断更新和进步。例如，随着科技的发展，运动科学、运动生理学、运动营养学等领域的研究不断深入，新的运动训练技术和方法不断出现。体育教师通过参加专业培训或研讨会，可以了解并掌握这些新的训练技术和方法，以提高他们的教学效果，帮助学生提高运动表现。

除了提供继续教育的机会外，职业发展的机会也是比较重要的。体育教师需要提升他们的职业技能和地位，如通过晋升、进修、参加专业组织等方式。这不仅可以提高他们的职业满意度和承诺感，还可以鼓励他们进行持续的学习和自我提升。鼓励体育教师进行跨领域的学习和交流。这可以通过组织交流会、研讨会、讲座等活动来实现。体育教师通过这些活动，可以与其他领域的专家和教师交流，学习他们的知识和经验，开阔自己的视野。这不仅可以提高他们的多元化能力，还可以提供更丰富、更全面的教学资源，更好地满足学生的学习需求。

总的来说，为体育教师提供继续教育和职业发展的机会，以及鼓励他们进行跨领域的学习和交流，对于构建多元化的体育教师队伍，提高教学质量，满足学生的学习需求都是比较重要的。

（四）评价和激励

在实现体育教师多元化背景的目标中，建立一套有效的评价和激励体系是至关重要的。一方面，评价体系可以为教师提供明确的反馈机制，帮助他们了解自己在教学和专业发展上的进步；另一方面，激励体系可以鼓励教师更好地发挥他们的多元化能力，提升他们的教学质量和满足学生的学习需求。

评价体系包括对教师多元化能力的评价。这不仅包括他们的体育技能，还包括他们在心理学、生物学、社会学等领域的知识和能力。要想进行全面的评价，就必须使用多种评价方法，如教学观察、教学反思、学生反馈等。评价结果可以帮助教师了解自己的优点和需要改进的地方，从而制订出更有效的职业发展计划。

激励体系是促进教师多元化能力发展的重要手段。激励可以是物质的，如学校或教育机构可以设置奖项，以表彰在教学中成功融合不同领域知识的教师，或者为他们提供一些额外的职业发展机会，如参加高级研讨会、进修课程等。激励也可以是精神的，如给予他们公开的表彰和赞扬，让他们感到自己的工作得到了认可和尊重。

在评价和激励体系的设计中，要注意一些原则。评价和激励应该公正、公平、透明。教师都应该知道他们会如何被评价，何时会被评价，评价的标准是什么，以及他们如何能够得到激励；评价和激励应该是持续的，而不是一次性的。持续的评价和反馈可以让教师知道他们在教学和职业发展上的持续进步，而持续的激励可以让他们保持工作积极性和动力。

总的来说，评价和激励体系是实现体育教师多元化背景目标的重要手段。学校通过建立有效的评价和激励体系，可以鼓励体育教师更好地发挥他们的多元化能力，提升他们的教学质量，满足学生的学习需求，从而提供更好的教育服务，也可以让教师感到自己的工作得到了认可和尊重，增强他们的职业满意度和承诺感，促进他们的职业发展。

第二节　教师终身发展计划

一、终身教育概述

终身教育，简单来说就是一个人在生命周期中不断获取和更新知识、技能和态度的过程。

在现代社会，终身教育已经成为重要的教育理念和实践。随着知识的更新速度越来越快，人们需要持续学习，以适应不断变化的工作和生活环境。无论是在个人发展、职业发展，还是社会发展层面，终身教育都扮演着重要的角色。

（一）终身教育的基本内容

如今，终身教育是一种教学理念、教育思想以及教育原则。知识不断发生变化和完善，人们必须接受新知识，不断学习，才能适应时代的发展。

在个人发展层面，终身教育可以帮助人们激发和提升自己的潜能，提高生活质量。人们通过学习，可以获取新的知识和技能，提高自己的思维能力和解决问题的能力，使自己变得更加自信和独立。学习也可以让人们更好地理解世界，开阔视野，提升自我认识，从而更好地应对生活中的挑战和变化。

在职业发展层面，终身教育是提升职业技能和适应职业变化的重要手段。在当前的知识经济时代，许多职业都要求持续的学习和技能更新。人们通过终身学习，可以提升自己的职业技能，提高工作效率和效果，增加职业竞争力。人们通过学习，也可以了解新的职业机会，开拓职业道路，提高职业满意度。

在社会发展层面，终身教育是推动社会进步和创新的重要力量。学习型社会可以更好地适应和应对全球化、科技进步等大环境的变化，推动经济的持续发展和社会的持续进步。人们通过终身学习，可以更好地理解和参与社会问题的解决，提高社会参与度和公民素质，促进社会的公正和和谐。

实现终身教育需要各个层面的努力。政府需要提供支持和政策，包括制定终身学习政策、提供学习资源、促进教育公平等。教育机构需要提供多样化的学习机会，包括传统课程、线上课程、职业培训等，以满足不同人的学习需求。个人要有学习的意愿和习惯，愿意投入时间和精力来学习，持续更新自己的知识和技能。

终身教育是现代社会的重要理念和实践。人们通过终身学习，可以提升个人的潜能和生活质量，提升职业技能和竞争力，推动社会的进步和创新。要想实现终身教育，就必须有政府的支持，教育机构多样化的学习机会，个人的学习意愿和习惯。只有这样，才能更好地适应不断变化的世界，实现个人和社会的持续发展。

（二）教师终身教育观念的必要性

终身教育对于教师队伍具有较为重要的现实意义。

1. 有利于构建与时代发展步伐相符的教育价值观

社会的发展与教师素质有着密切的联系，较高的教师素质可以推动社会的长远发展，相反，如果教师的素质较低会抑制社会的发展。因此，教师要树立终身教育的观念，为社会的发展做出贡献。

2. 有利于合理配置教育资源，实现教师的终身教育目标

教师与学校要确立终身教育的指导思想，并且学校要鼓励教师成为终身学习的模范，认识终身学习的重要性。教师要将教育系统的所有子系统利用起来，合理配置教育资源，为教师的发展营造良好的氛围。

3. 有利于构建教师终身教育的激励机制

如果教师要进修，教师所在的学校应给予支持，并且还要给予其一定的薪酬，这有利于提高教师的教育教学能力。学校还要鼓励教师通过参加进修来提高自身的专业知识，从而让教师在职称评定中取得胜利。

4. 有利于教师树立终身教育观念，不断提升自己

在当前这个背景下，教师不仅要具备丰富的专业知识，还要具备终身教育的观念，所以教师要在不断的实践教学过程中树立新的教学观念，那就是终身学习。教师要合理、科学地规划自身的职业生涯规划，根据市场需求的变化不断学习，提高教师自身的能力。

二、教师终身教育体制所面临的问题

尽管终身教育被广泛认为对教师队伍是较为重要的，但在实施过程中，教师终身教育体制仍然面临着一些问题和挑战。

（一）教师教育的阶段化影响了教师终身教育的顺利实现

教师教育的阶段化是我国长期以来大学教师教育的一种主要方式。其主要包括三个阶段：第一阶段，即入职前的培养，这通常是在大学阶段，学生通过专业课程和实习，获取必要的教育理论知识和教学技能；第二阶段，即入职辅导，这通常是在教师刚开始任职时，通过辅导和实践，帮助教师熟悉教学环境，提高教学能力；第三阶段，即继续教育或在职进修，这通常是在教师已经有一定教学经验后，通过各种形式的学习和进修，进一步提升教师

的专业素养和教学能力。

这种阶段化的教师教育方式在一定程度上有其合理性，因为教师在不同阶段的需要和发展任务是不同的。然而，这种方式的一个主要问题是，它可能会阻碍教师终身教育的顺利实现。这是因为，阶段化教育强调教师在特定阶段的学习和发展，而忽视了教师的终身学习需求和可能性。这与终身教育的理念，即教师需要在整个职业生涯中不断学习和发展，是相冲突的。

阶段化教育可能会造成教师对自身职业发展的被动，认为只有在特定阶段才需要学习和发展，而在其他时间则可以“歇息”。这可能会导致教师缺乏长期的学习动力和计划，以及延续性的学习和发展。而且，阶段化教育也可能会使教师依赖学校或教育部门的安排，自主学习和发展的意识和能力较弱。阶段化教育也可能会导致学校和教育部门的资源分配和政策支持的不平衡。例如，可能重视入职前的培养和入职辅导，而忽视了在职教师的继续教育和进修。

因此，要实现教师终身教育，就需要改变现有的阶段化教育方式，转向一种更加灵活、全面和长期的教育方式。这需要从政策、制度、资源和文化等多方面进行改革，以建立真正支持和鼓励教师终身学习和发展的环境。也需要教师转变观念，树立终身学习的意识，积极参与自己的职业发展。

（二）教师教育培养理念和定位阻碍了教师的终身发展

教师教育的培养理念和定位问题对于教师的终身发展有着深远影响。不能只将教师教育视为一种单一、孤立的阶段性培训，这种观念不符合教师发展的连续性和整体性。实际上，教师的职业发展是一个持续的、不断进化的过程，需要在整个职业生涯中进行深化和拓展。当前，教师教育的培养理念依赖于传统的教育理念，强调对知识和技能的掌握，而忽视了教师的个人特质、教育理想、教育信仰等更为核心的价值观和人格特质的培养。教师是教育的主体，他们的思想和行为影响着学生的成长和发展。因此，要将教师教育的培养理念定位为更加全人化、人文化的培养，以培养富有人文情怀、具有深厚教育理想和信仰的教师。

教师教育的定位问题也值得人们深思。现行的教师教育往往强调教师的教学技能和知识掌握，而忽视了教师的个人发展和成长。教师不仅是教育者，还是独立的、需要不断发展和成长的个体。首先，需要重视教师的个人成长和发展，将教师教育定位为一个支持和促进教师全面发展的过程，包括他们的教学能力、专业素养、个人素养等各方面的发展。其次，需要关注教师教育的连续性问题。现行的教师教育往往以阶段性的短期培训为主，忽视了教师教育的连续性和整体性。教师的发展是一个长期的、持续的过程，不能仅依赖于几次短期的培训。最后，需要构建连续的、整体的教师教育体系，支持和促进教师在整个职业生涯中的持续学习和发展。

（三）教师注重专业本位，忽视了教师个体的发展

教师的专业化包括其学科知识的深度、教学技能的熟练程度，以及职业道德的高尚程度，这是衡量教师是否专业的重要指标。在这一发展趋势下，学校和教师都在不断提升自我，为提供更高质量的教育服务而努力。

然而，专业化的追求并不意味着可以忽视教师个体的发展。事实上，教师个体的发展是他们能够更好地适应教育工作，更好地满足学生需求，更好地为社会服务的关键。首先，教师是教育教学的主导，他们的个性特质、价值观念、人生经历等都会深刻影响他们的教学行为和效果。比如，积极向上、热爱生活的教师，能够用他们的行为和态度潜移默化地影响学生，帮助学生树立积极的生活态度和价值观念。又如，拥有丰富生活经验和人文素养的教师，能够在教学中注入更多的人文精神，帮助学生更好地理解和把握知识的本质和内涵。其次，教师个体的发展是他们持续成长的基础。教师是一个持续学习和成长的职业群体，他们需要不断更新知识、提高技能、更新观念，以适应教育的变化和发展。在这个过程中，教师的个人兴趣、个人目标、个人激情等都是推动他们持续学习和成长的重要动力。最后，教师个体的发展是他们实现自我价值的关键。教师是一个充满挑战和压力的职业，他们需要面对繁重的教学任务，处理复杂的人际关系，承受社会和家长的高期待。在这种情况下，如果教师能够在工作中找到自我价值，能够在个人发展中找到快乐和动力，就能更好地应对压力，更好地发挥他们的专业能力和潜能。

因此，教师的终身教育不能只注重教师的专业发展，忽视他们的个体发展。相反，要在教师教育中，充分关注和支持教师个体的发展，帮助他们在专业化的追求中找到个人的价值，实现专业成长和个体发展的有机统一。

三、体育教师终身教育发展规划

针对上述可能面临的问题，在体育强国的理念下，未来体育教师师资优化应更加重视终身教育，大力推进体育教师的教育。

（一）确定终身教育的内涵，树立终身教育的理念

终身教育是一个全球性的教育理念，其核心思想就是教育是终身的、全面的和自我实现的过程。换句话说，终身教育不仅仅是知识的获取和技能的培养，更是人的全面发展和自我实现的途径。

在这个理念中，教师是一个关键的角色。教师不仅是学习者，还是引导者、启发者和模范。他们通过自身的学习和发展，为学生提供了学习的榜样，为学生的成长和发展创造了条件。这样的角色促进教师不仅要持续学习、更新知识、提高技能，还要持续成长、丰富内心、提升自我。

因此，教师需要认识终身教育的内涵，并树立终身教育的理念。他们需要明确，终身教育不仅是他们个人成长和发展的必需，还是他们履行教师职责，提供优质教育服务的前提；终身教育不仅仅是知识和技能的更新，更是价值观念的更新，人格魅力的提升，生活质量的提高。

要实现这一理念，教师应主动担当起自我教育的责任。他们需要主动寻找学习的机会和资源，不断提升自己的学习能力和学习策略；调整自己的生活和工作，以适应持续学习和成长的需要；接受新的观念和理念，以适应社会变革和发展的要求。

学校和社会也应支持教师的终身教育。他们需要提供丰富和多元的学习机会和资源，包括课程、书籍、研讨会、培训、实践、研究等；提供灵活和适应的学习环境，包括学习时间、学习方式、学习设备、学习空间等；提供鼓励和支持的政策和措施，包括评价、奖励、薪酬、晋升等。

总之，教师的终身教育是一项重大的任务，需要教师自身、学校和社会共同努力，共同推进。只有这样，才能实现教师的终身发展，提高教育的质量和效果，推动社会的进步和发展。

（二）国家立法要不断规范、保障教师的终身教育

国家立法是教师终身教育的重要保障。国家通过立法，可以明确教师的终身教育权利和义务，可以规定和引导教师的终身教育行为，可以建立和完

善教师的终身教育制度，可以提供和优化教师的终身教育资源。一方面，国家应该将终身教育、终身学习的内容纳入教育法规中，明确每一位公民，包括教师，都有权利和义务进行终身教育、终身学习。这样，教师就会有法律依据，进行持续的学习和发展；学校就会有法律责任，为教师提供学习和发展的条件和机会；社会就会有法律导向，支持和尊重教师的学习和发展。另一方面，国家应该制定专门的教师终身教育法规，构建完整的教师终身教育体系。比如，设定教师的终身教育目标，如知识更新、技能提升、素质完善等；设定教师的终身教育内容，如学科学习、教育研究、心理咨询等；设定教师的终身教育方式，如课堂学习、自主学习、交流研讨等；设定教师的终身教育评价，如学习进度、学习效果、学习应用等；设定教师的终身教育支持，如学习时间、学习资金、学习设施等。国家还应该建立和完善教师终身教育的监督和保障机制，确保教师终身教育的质量和效果。比如，设立专门的教师终身教育监督机构，负责教师终身教育的监督和管理；设立专门的教师终身教育基金，负责教师终身教育的资金保障；设立专门的教师终身教育奖励制度，负责教师终身教育的激励和支持。

总的来说，国家立法对于规范和保障教师的终身教育具有重要的意义。

（三）确定教师终身教育实施的模式，促使教师的终身发展

教师终身教育实施模式的确定和优化，是推动教师终身发展的关键所在。这一模式应将入职前的培养和入职后的继续教育紧密结合，注重在不同阶段满足教师不同的发展需求，促使教师全面、持续的成长。

首先，入职前的教育培养阶段，是打下教师专业基础，培养教师的教育理念和教学能力的重要阶段。在这个阶段，学校应注重对学生的实践能力的培养，增强他们的教育教学理论知识和教育教学技能，包括课程设计、教学方法、学生评价等方面的能力，也应强化对教师专业素养，如教育伦理、教育心理等方面的培养。学校更要注重培养他们的创新思维和独立研究能力，使他们具备自我学习和自我发展的能力，为他们的终身发展打下坚实的基础。

其次，入职后的继续教育阶段，是进一步提高教师专业素养，促使教师全面发展的重要阶段。在这个阶段，学校应推动教师进行全面发展，包括对专业知识的更新、对教学技能的提升、对教育理念的深化。学校应通过开设多样化的课程、组织多元化的学习活动，促使教师对自我发展的认识，激发

教师对自我发展的动力。并且，要重视教师个体差异，提供个性化的学习路径和方式，帮助每一个教师找到适合自己的发展道路。

最后，入职前的教育培养和入职后的继续教育应有机结合，形成一个连续的、整体的发展过程。在入职前的培养中，要明确与入职后继续教育的衔接，让教师有明确的发展预期和目标；在入职后的继续教育中，要充分利用和发展入职前培养的成果，让教师在实践中得到深化和升华。

综上所述，确定和优化教师终身教育实施模式，对促使教师终身发展有着至关重要的作用。同时，要注重在不同阶段满足教师不同的发展需求，促使教师全面、持续的成长，使他们在教育教学实践中不断进步，以更好地为学生、为社会服务。

（四）构建教师终身教育的师资队伍

教师终身教育体制的建立与实施离不开支优秀的师资队伍的支持。教师是终身教育的执行者和受益者，只有通过持续的培养与培训，提高教师的专业素质，方能为学生提供高质量的教育服务，并满足社会对教育质量的期待。因此，构建教师终身教育的师资队伍，对于提升教育质量和推动教师的职业发展具有重要意义。

要不断拓宽继续教育师资的来源渠道。师资队伍的来源并非单一，包括教育学院的教师、经验丰富的在职教师、退休但愿意贡献智慧的资深教师，甚至包括教育科研机构的研究员、教育行政部门的工作人员，以及来自社会各界的优秀人才。学校通过多元化的师资来源，可以提供多样化的教育视角和丰富的教育经验，这对于推动教师的终身发展具有积极作用。

参与教师继续教育的培训教师，应具备相关的资格证书。这一要求旨在保证教师继续教育的质量，确保每一位参与教育的教师都具备高质量的教育教学能力。只有通过严格的资格认证，才能确保师资队伍的专业性和教育质量。

构建合理的竞争机制，以激发教师的发展动力。竞争机制包括教师的评优评奖、晋升晋级、职务调整等方式，以及教师的发展机会、学习资源等支持。这种竞争机制可以激励教师积极参与继续教育，提升自身的教育教学能力，并在竞争中找到自己的发展方向和目标。

应采用有针对性的培训方法，帮助每一位教师增加自己的知识储备。针对教师的实际需求和问题，制订个性化的学习计划，提供适合各个阶段和层次的教师的培训课程和学习资源，帮助他们实现专业发展的目标。

总的来说，构建教师终身教育的师资队伍，是推动教师终身教育的关键。同时，需要建立完善的师资队伍培养和管理体制，实施有效的教师继续教育政策，提供丰富的教育资源和环境，以激发教师的发展潜力，促进教师的终身发展。

（五）建立调控以及监督评估体系，提高教师终身教育的质量

建立有效的调控以及监督评估体系，对于提升教师终身教育的质量具有至关重要的作用。这不仅需要政府的规范和引导，社会的关注和参与，还需要学校的主动参与和教师的积极响应。因此，教师终身教育的调控和评估体系的建立，应在全社会的共同努力下进行。

学校应主动构建教师终身教育中心，设立专门负责教师终身教育的机构。这个机构可以是教师培训中心，也可以是教师发展研究中心。这样的机构不仅可以为教师提供持续的教育和培训服务，还能为教师的发展提供咨询和支持，从而推动教师终身教育的实施。应构建科学合理的教师终身教育评估体系，对教师继续教育的效果和质量进行评估。评估体系的建立包括教师的知识、技能、态度等多方面的评价，以全面了解教师的发展状况和需要。评估结果可以作为学校对教师继续教育的投入和管理的重要依据，也可以作为教师自我发展和进步的反馈。

创建教师终身教育网络平台，可以提供更便利的学习和交流环境。这样的网络平台包括在线学习资源、互动讨论区、专家咨询服务等功能，能够在第一时间向教师提供关于终身学习的信息和资源，帮助他们随时随地进行学习和交流。

总之，教师终身教育的调控和评估体系应以提高教师终身教育的质量为目标，倡导和支持教师的主动学习和发展，从而推动教师教育的全面发展和提升。也应该意识到，构建教师终身教育的调控和评估体系，需要学校、教师、社会、政府等各方的共同参与和努力，以达到提升教师终身教育质量的目标。

第三节 建立合理的激励机制

一、激励机制概述

在教师教育领域，有效的激励机制是推动教师不断发展和提升的重要因素。良好的激励机制可以引导教师保持积极的态度，充分发挥其潜能，不断提升教学技能和专业素养，促进其在终身教育的道路上不断前进。

激励机制主要包含两大要素：激励和奖励。激励是指通过一定的方式和手段，刺激和激发教师的积极性和创造性，使其产生良好的工作动力。这可以通过满足教师的内在需求实现，如自我实现的需求、承认和尊重的需求等。奖励是指通过对教师的优秀表现和成就给予某种形式的回报，以表达对其努力和贡献的认可。奖励可以是经济奖励，如提高工资、给予奖金等；也可以是非经济奖励，如提升职务、承认成就、给予荣誉等。

在激励机制的设计和实施过程中，要考虑教师的多元化需求和期望。不同的教师可能对不同的激励和奖励有不同的反应和感受。因此，激励机制应尽可能包容和满足教师的个体差异，以激发其内在激励，达到优化教育效果的目标。

激励机制还需要与教师的职业发展紧密结合，激励机制应该对教师的持续学习和成长提供支持和鼓励。例如，可以设置一些奖励，以表彰那些在教学中成功融合不同领域知识的教师，或者为他们提供一些额外的职业发展机会，这些都能够激励教师进行自我发展，进一步提高教学质量。

值得注意的是，激励机制不仅要激励教师的教学工作，还要关注他们的生活状况和精神状态。因为教师的情绪和精神状态对他们的教学工作也有重要影响。因此，激励机制还应包括关心和支持教师的个人生活，提供必要的福利待遇和心理支持，以营造良好的工作环境。

总之，有效的激励机制，不仅可以激发教师的工作积极性，提高他们的教学效果，还可以帮助他们实现自我价值，促进他们的职业成长。因此，学校、教育部门和社会应共同努力，设计和实施合理的教师激励机制，以支持教师的终身教育，提升教育的整体质量和效果。

二、激励机制对体教融合师资建设的重要意义

在教育体制改革和教育技术快速发展的大背景下，体教融合的概念逐渐受到人们的关注。这就需要在体教融合师资建设的引导、培养、激励等方面下足功夫，而其中，激励机制的作用尤为重要。

（一）激励机制可以提高教师的积极性和主动性

教师通过实施有效的激励机制，会被激发出更大的热情和动力，去主动寻找与实践体教融合的教学方法和策略。例如，提供专业发展机会、改善工作环境、提升社会地位等奖励，都能够激发教师的积极性和主动性，从而推动他们在体教融合教学中做出更多的创新和更大的突破。

（二）激励机制可以促进教师的专业发展

体教融合要求教师具有较高的专业素质和教学能力，包括体育技能、教学技术、跨学科融合能力等。通过实施激励机制，如提供专业培训、研修机会、实施教学竞赛、优秀教案评选等，可以鼓励教师不断提升专业素质和教学能力，推动他们在体教融合中取得更好的教学效果。

（三）激励机制可以促进教师队伍的稳定和发展

体教融合需要一支长期稳定、结构合理、专业素质高的教师队伍。通过实施激励机制，如提供公平的薪酬待遇、良好的工作环境、完善的福利制度等，可以吸引和留住优秀的教师，保持教师队伍的稳定，促进教师队伍的长期发展。

（四）激励机制可以推动体教融合的改革和发展

实施有效的激励机制，可以激发教师的创新精神，鼓励他们积极参与体教融合的改革和实践，推动体教融合的不断完善和发展。

总的来说，激励机制对于体教融合师资建设具有重要的现实意义。只有充分发挥激励机制的作用，激发教师的内在动力，提升他们的专业素质，才能建立起一支高素质的体教融合教师队伍，推动体教融合的成功实施。

三、针对体育教师开展的激励机制实施举措

针对体育教师开展的激励机制实施举措，能够为体育教师提供持续的动力和激励，有助于激发他们的教学热情，提升他们的专业素养，从而推动体教融合的成功实施。

（一）提供专业发展的机会

提供专业发展的机会是对体育教师的一种重要激励。教育是一个持续发展和进步的行业，体育教育也不例外。

在体育领域，新的训练理念、教学方法以及体育科技的应用等都在不断更新和变化。为了适应这种快速的发展，体育教师应不断进行自我更新和提升，否则就可能被行业淘汰。因此，校方提供的各类教育培训和进修的机会，是对体育教师的一种重要激励。例如，举办各类培训活动，为教师提供学习新的专业知识和教学技巧的机会。这些培训活动包括体育知识讲座、教学方法研讨会、体育器材使用培训、教学技巧训练营等。教师通过参加这些培训活动，不仅可以学到新的知识和技能，还可以与其他教师交流经验，相互学习，共同进步。鼓励教师参加各类专业研讨会和学术会议。这些研讨会和学术会议通常会邀请行业内的专家和学者来分享他们的研究成果和经验，参加这些活动的教师可以从中得到很多启发和灵感，进一步提升自己的专业素养。又如，为教师提供进修的机会，如允许教师暂时离职去进修学习，或者提供学习休假等。这样，教师就有更多的时间和精力学习新的知识，提升自己的能力。

学校通过提供这些专业发展的机会，不仅能够帮助教师提升他们的专业素养，提高他们的教学质量，还能够增强他们的职业自豪感和满足感，从而激发他们的工作热情和动力，对体育教育事业产生更深的热爱和投入。

（二）提供公平合理的薪酬待遇

提供公平合理的薪酬待遇是体育教师激励机制中的重要一环。体育教师的工作很辛苦，他们除了要进行课堂教学之外，还要承担学生的训练、竞赛以及一些体育活动的组织工作。他们的工作强度大、压力大，因此他们的薪酬待遇应该能够体现出他们的付出和努力，从而激发他们的工作积极性和创新能力。

在设定薪酬体系时，学校应该考虑多个因素，如教师的工作负担、教学质量、专业贡献等。例如，根据教师的工作量和工作强度，设定合理的基本工资；根据教师的教学质量和学生的学习成效，设定教学奖金或者奖励；根据教师的专业贡献，如发表的学术论文、承担的科研项目、获得的教学荣誉等，设定额外的奖金或者津贴。学校还应该建立完善的薪酬调整机制，定期对教师的薪酬进行调整，以适应教育市场的变化和教师的发展需求。对于长期表现优秀、贡献突出的教师，学校还可以设立专项奖励，以表彰他们的成就，激励他们继续提升自己的专业水平，为提高学校的教育教学质量做出更大的贡献。

提供公平合理的薪酬待遇，不仅能够体现教师的价值，赢得教师的认同，还能激发教师的工作积极性和创新精神，为学校的发展贡献更大的力量。

（三）提供良好的工作环境

工作环境不仅影响着教师的工作效率和教学质量，还关乎他们的工作满意度和职业幸福感。提供良好的工作环境意味着给予体育教师高质量的教学设施和器材，也包括营造积极、和谐、健康的工作氛围。

学校应提供具备良好设施的教学场地，包括设有完备设施的室内外运动场，充足、高质量的体育器材等。这样，体育教师在进行教学活动时，能够有足够的空间和设备支持，提高教师的教学效率，增强学生的学习体验。

学校应为体育教师提供舒适的工作环境，包括适宜的办公设备和休息空间。理想的工作环境应该是宽敞明亮、设备齐全、温度适宜、噪声小、空气质量良好的，这样的环境能让体育教师保持高昂的工作热情，提高工作效率。

营造良好的工作氛围也至关重要。学校应营造一种支持性和尊重性的工作文化氛围，包括公平的待遇、公正的评价、尊重和鼓励创新，以及提供多元化的专业发展机会。这样的工作氛围能够让体育教师感受到被尊重和被赏识，能增强他们的工作满意度和职业幸福感，也能鼓励他们更加积极地投入教学工作中。

总的来说，学校为体育教师提供良好的工作环境，无论是物质环境还是精神环境，都能有效地提升他们的教学效率和教学质量，有利于他们的职业发展，也有利于学校的长远发展。

（四）开展教学竞赛和优秀教案评选活动

开展教学竞赛和优秀教案评选活动是激励体育教师专业成长和提升教学技能的重要手段。这种方式不仅能够激发教师的竞争意识，还可以激发他们的创新精神，鼓励他们追求卓越的教学质量和教学效果。

教学竞赛通常包括课堂教学演示、教学设计等环节，体育教师可以通过展示他们的教学技能和教学思想，与同行分享和交流，进一步提升自己的专业水平。教学竞赛也是检验和展示教师教学水平的重要平台，优秀的教师可以通过这个平台得到学校和社会的认可，提高他们的职业满意度。

优秀教案评选则鼓励教师在教学设计上下功夫，进行深入研究和探索。好的教案不仅需要体现教师的教学思维和教学技能，还需要体现教师对学生需求的深入理解和对教育目标的精准把握。因此，优秀教案评选可以激励教师在教学设计上追求创新和完善，提高教学效果。

学校通过这些活动，可以为体育教师提供一个公平公正、竞争激烈的平台，让他们有机会展现自我、提升自我，从而得到认可。这样，教师就更愿意投入教学工作中，从而提高教学质量，为学生提供更好的教学服务。这样的活动也有助于构建积极向上、竞争共赢的教师团队文化，对学校的长远发展十分有益。

（五）设定明确的职业发展路径

设定明确的职业发展路径是一种强有力的激励机制，对于体育教师来说，他们可以清晰地看到自己的职业前景，这种清晰性是一种鼓舞和动力。他们可以通过努力和提升，获得更高的职务和更好的待遇，这种职业上的进步和发展将激励他们保持积极的工作态度和高水平的教学质量。有效的方式是建立职级晋升制度。在这种制度下，体育教师可以根据自己的工作经验、教学质量、专业贡献等因素晋升到更高的职级。每一个职级都与一定的权力、待遇和责任相对应，教师可以通过自我提升和努力实现向更高职级的跃升。更进一步，校方还可以为表现优秀的教师提供更多的职务晋升机会。例如，优秀的体育教师可以晋升为体育系系主任、体育学院院长等。这种职务的提升不仅给教师带来了更高的地位和更好的待遇，更是对他们专业能力和教学质量的一种认可。校方通过设定明确的职业发展路径，能够明确告诉体育教师：只要你愿意努力，就一定有机会实现自我价值和职业目标。这种明确的职业前景会大大激励体育教师积极投入教学工作，提升自身的专业素养，为学生提供更高质量的体育教学。明确的职业发展路径也能够吸引更多优秀的人才加入体育教师队伍，为学校的长远发展注入新的活力。

（六）构建和谐的师生关系和教师关系

在教学环境中，和谐的关系能够为教师提供愉快、舒适的工作氛围，而在这样的环境中工作，教师自然能够更加投入、更有效地完成教学任务。

师生之间的和谐关系是教学工作的基石。良好的师生关系能激发学生的学习兴趣，增强学生的学习动力，从而提高学生的学习效果。构建和谐的师生关系，校方可以通过举办各种师生活动，如体育比赛、户外拓展等，让教师和学生在轻松的环境中互动与交流，增进理解和信任。校方也应注重教师的人文素养和人格魅力的培养，引导教师以平等、尊重、关爱的态度去对待每一个学生。

教师之间的关系也同样重要。教师之间的互相支持和协作能够增强教师队伍的凝聚力，提高教学效率。构建和谐的教师关系，校方可以提供各种交流平台，如定期的教师研讨会、教师工作坊等，让教师有机会分享经验、交流思想，提升彼此的教学水平。校方还可以通过设立教师合作项目、搭建教师合作平台等方式，鼓励教师之间的深度合作，实现资源共享，共同提升教学质量。

第四节　差异化学科教师的沟通和交流

一、教师的跨学科交流是提升教师综合素养的关键

在今天这个日益复杂、多元的教育环境中，教师的角色已经远远超出了传统的教书育人范围，他们需要拥有更广泛、更深入的知识，更丰富、更高效的教学方法，以及更为独特、更具前瞻性的教育视野。这种需要使得教师跨学科的交流活动变得尤为重要，它是提升教师综合素养、提高教育教学质量的关键。

跨学科交流对于教师来说，既是知识的深化和拓宽，也是教学能力的提

升和创新。在这个过程中，教师能够了解和掌握其他学科的知识内容和教学方法，从而更全面、更深入地理解和把握自己所教授的学科。这不仅可以帮助教师提升自身的专业素养，还可以丰富教师的教学工具和教学策略，提高教学的灵活性和效率。跨学科交流还能帮助教师开阔视野，激发创新思维，培养多元化的教育理念和方法，从而更好地应对教育实践中的挑战和变化。

在跨学科交流中，教师可以学到其他学科的最新研究成果和先进的教育理念，这不仅可以丰富和更新他们的知识库，还可以提高他们对学生学习需求的敏感度和对教学环境变化的应对能力。这对于教师的专业发展有着重要的推动作用。跨学科交流也能增强教师之间的团队合作能力和协作精神，因为在这个过程中，教师需要积极分享自己的经验，乐于接受他人的建议，与人合作共事，这都是教师职业素养的重要组成部分。

跨学科交流还能帮助教师开阔教育视野和培养批判性思维。在交流中，教师会接触到不同的观点和看法，这既可以提供新的思考角度，也可以挑战原有的认知框架，从而促使教师对自己的教育实践进行反思和改进。跨学科交流还可以帮助教师建立起复杂的、系统的知识网络，这对于教师处理复杂的教学问题，实现教学目标有着重要作用。

总的来说，教师的跨学科交流是提升教师综合素养的关键。它既可以提升教师的知识素养和教学能力，也可以提高教师的团队合作能力和批判性思维，从而有效提高教育教学质量。为此，学校应当积极建设和优化跨学科交流的平台和机制，鼓励和支持教师参与跨学科交流活动，为教师的专业发展提供持续的动力和支持。

二、体育教师与其他学科教师沟通和交流的方案设计

设计有效的体育教师与其他学科教师沟通和交流的方案，是增进教师间相互理解和学习，进而提升各自教学效果，优化体教融合进程的重要举措。

（一）举办定期的跨学科交流会

体育教师与其他学科教师之间的交流是增进教师间理解和促进各自专业成长的有效方式，而举办定期的跨学科交流会则是实现这一目标的关键。这种交流机制并不局限于形式严肃的研讨会，它可以是比较随性的聚会，比如茶话会或午餐会，甚至可以是体育活动或户外探险，只要能为教师提供互相

分享、交流和学习的机会即可。

举办定期的跨学科交流会，可以为教师创造一个共享各自专业知识、教学策略和经验的平台。比如，体育教师可以分享他们如何在实际的体育活动中培养学生的团队合作精神和领导能力，如何通过体育运动来提升学生的身心健康；数学教师或科学教师则可以分享他们如何通过实际的问题解决任务，培养学生的逻辑思维和创新能力，如何将抽象的科学理论转化为生动的科学实验。这些互相分享和学习，不仅可以帮助教师拓宽自己的教学视野，开启新的教学思路，还可以提升教师的专业素养，增强教师团队的凝聚力。

定期的跨学科交流会也可以成为一个解决教学问题、提高教学效果的重要平台。在这个平台上，教师可以积极地提出自己在教学过程中遇到的困惑和挑战，寻求其他学科教师的帮助和建议。比如，体育教师可能会遇到如何将理论知识融入实际的体育活动中的问题，而数学或科学教师可能会有一些很好的解决策略；反之，数学或科学教师可能会遇到如何激发学生的学习兴趣和动手能力的问题，而体育教师的经验可能会给他们带来新的启示。教师通过这种互相帮助和学习，可以不断提升自己的教学能力，提高教学效果。

总的来说，举办定期的跨学科交流会，可以为教师搭建一个互相学习、共享经验、解决问题的平台。这不仅有利于提升教师的专业素养和教学能力，还有助于形成一个共享、协作、进步的教师团队，从而推动学校教育的持续发展。

（二）开展跨学科教学项目

跨学科教学项目是促进教师间交流和协作的一种有效途径。学校通过组织这样的项目，不仅能让学生从不同角度和维度来认知和理解世界，还为教师提供了一个共同合作、互相学习的机会。这种模式可以跨越学科之间的界限，打破传统的教育模式，进一步提升教师的教学素质和教学效果。

例如，体育教师可以与科学教师联合开设一门“运动与科学”的课程。在这门课程中，学生可以在运动的过程中了解到人体的生理机制，理解力学、生物力学等科学原理在运动中的应用，也可以通过科学的角度了解如何更好地进行运动以提高运动效能。这种科学与体育的跨学科教学，既能丰富学生的科学知识，也能提高学生对运动的兴趣和参与度。体育教师可以和艺术教师共同设计一门“舞蹈与艺术”课程。在这门课程中，学生可以通过舞蹈来理解艺术的表现方式和审美观念，也可以通过艺术理论来提升舞蹈的表现力和创造力。这种艺术与体育的跨学科教学，不仅能够培养学生的艺术素养，还能让学生体验到舞蹈的魅力，提高学生的身心健康。

在开展跨学科教学项目的过程中，教师不仅可以交流自己的教学理念和方法，还可以从其他学科教师那里借鉴教学经验，拓宽自己的教学视野。比如，体育教师可以从科学教师那里学习如何引导学生通过实验和探究来学习科学知识；科学教师也可以从体育教师那里学习如何通过实践和体验来培养学生的团队合作精神和领导力。教师通过这种跨学科的合作，可以共同提升教学效果，更好地服务于学生的全面发展。

（三）开展教师交流活动

教师交流活动为教师提供了一个展示和分享教学经验，获取新知识和技能，还能够开阔教师视野，挖掘更多教学可能的平台。在面对快速变化的教育环境和学生需求时，这些活动对于教师来说尤为重要。

一些学术研讨会和教育工作坊不仅能让教师在专业知识和教学方法上获得更新和提升，还为教师提供了与同行交流，从而得到启发和鼓励的机会。在这些活动中，教师可能会接触到新的教育理念和技术，比如最新的教育科技应用，或者是针对特定学生群体的教育方法等，这些都能帮助他们在日后的教学中提供更为个性化、更具效果的教学方法。

参加教师培训是提升教师教学能力和专业素养的途径。培训活动通常会提供一些有针对性的教学工具和技巧，使教师能够更好地适应教学的挑战和变化。例如，体育教师可能会在培训中学到如何将科学知识融入体育教学，或者如何利用艺术元素来丰富体育教学等。这些交流活动能使教师有机会接触到不同的学校，甚至不同的国家和地区的教师。他们可以从中了解到其他地方的教学方法和教育理念，也可以分享自己的教学经验和观点。比如，体育教师可以从其他国家和地区的教师那里了解到他们如何结合本地的文化和习俗进行体育教学，或者是他们如何利用特定的教学设备和技术提升体育教学效果等。

总的来说，开展教师交流活动是一种有效的策略，可以帮助教师拓宽视野，提升教学能力，也能提高他们的职业满意度和认同感。教师通过这些活动，不仅可以获取新的知识和技能，还可以寻找到更多的教学灵感和可能性，更好地服务于教学工作。

（四）建立在线交流平台

在线交流平台以其便捷性和包容性，正在日益成为教师之间进行交流和学习的重要工具。在这样的平台上，无论是公立学校的老师，还是私立学校的老师，甚至是远在世界另一端的老师，都能够共享他们的教学方法、教学材料、研究成果，也能够就各种教学问题进行讨论。这个平台可以用于分享教学材料。教师可以上传他们精心准备的教案、课件、实验方案等，供其他教师参考和使用。例如，体育教师可以分享他如何将科学原理融入体育课程中，让学生在玩耍中学习科学知识；艺术教师则可以分享他如何引导学生通过舞蹈来表达自我，锻炼自我表现能力。这些材料可以作为教学灵感的源泉，激发教师的教学创新。教师可以通过上传教学视频，来展示教学方法和技巧。这些视频可以是教学示范，也可以是学生的学习情况，甚至是教师的教学反思。观看这些视频，可以帮助教师更直观地理解和掌握各种教学方法，也能从中看到学生的反应，从而有效调整自己的教学方法。

在线平台也可以支持在线教学模式的分享。随着科技的发展，越来越多的教师正在尝试在线教学，包括同步教学、异步教学、混合式教学等。教师可以在平台上分享他们的在线教学经验，讨论各种在线教学工具的使用，如何提高学生在线学习的参与度，如何进行在线评估等问题。

第七章　体育强国理念下本科院校体教融合的课程举措

第一节　课程目标创新

一、课程目标

课程目标指课程要实现的具体目标和意图。它规定了某一教育阶段的学生通过课程学习以后，在发展品德、智力、体质等方面期望实现的程度，它是确定课程内容、教学目标和教学方法的基础。

从某种意义上说，教育目的要以课程为中介才能实现。事实上，课程本身就可以被理解为是使学生达到教育目的的手段。所以，课程目标是指导整个课程编制过程较为关键的准则。确定课程目标，首先，要明确课程与教育目的和培养目标的衔接关系，以便确保这些要求在课程中得到体现；其次，要在对学生的特点、社会的需求、学科的发展等各个方面进行深入研究的基础上，才有可能确定行之有效的课程目标。课程目标有助于澄清课程编制者的意图，使各门课程不仅注意学科的逻辑体系，还关注教师的教与学生的学以及课程内容与社会需求的关系。

关于课程目标的定义，一般有广义与狭义之分。在广义上的课程目标的含义定位于教育与社会的关系，是一个比较大的视角，涵盖面是全层次的。它既是教育意图，又包含了“教育方针”“教育目的”“培养目标”“课程教学目的”和“教学目标”，而教学目标包含年级教学目标、单元教学目标和课时教学目标。在狭义上的课程目标含义定位于教育内部的教育与学生的关系，是一个相对狭窄而具体化的视角，它的涵盖面是特定的，主要指“教育目标”。在狭义上，课程目标不包含“教育方针”，只包含“教育目的”“培养目标”“课程教学目的”和“教学目标”。

二、体教融合课程目标创新步骤

体教融合旨在通过将体育活动与其他学科的教学内容相结合，以促进学生的全面发展。创新体教融合课程目标，需要考虑如何更好地实现这一目标，即如何更好地实现学生的身心健康、学术发展和社会情感发展。这些步骤并非一次性完成，而是需要教师持续反思和调整的过程。只有这样才能确保体教融合课程目标始终能够反映出学生的需求和教育的发展趋势，从而更好地促进学生的全面发展。

（一）分析课程目标

教师考虑对体教融合课程目标进行创新之前，首先要对现有课程目标进行深入分析。这不仅涉及对现有的体育课程目标的评估，还包括对其他相关学科课程目标的分析。

在这一步骤中，要明确课程目标的具体内容，理解它们所代表的意义，以及它们如何影响学生的学习过程。先要把所有课程目标列出来，然后对每一个目标进行评估。评估的方法多种多样，如教师通过问卷调查、观察、教学实践等方式，了解这些目标在实际教学中的执行情况，也可以通过与学生、家长、同事、校领导等交流，了解他们对这些目标的理解和看法。在评估的过程中，教师要关注以下几个方面。

1. 教学实效性

课程目标是否能够指导教师的教学，帮助学生进行有效学习？学生在完成这些目标后，他们的知识、技能、态度等有哪些变化？

2. 适应性

课程目标是否适应学生的年龄、发展阶段、能力水平、兴趣等？是否符合社会环境、教育政策等外部条件的要求？

3. 完整性

课程目标是否覆盖了学科的重要内容和关键能力？是否考虑了学生的全面发展？

4. 前瞻性

课程目标是否具有前瞻性，能够引导学生适应未来的学习和生活？

这样就可以了解哪些目标已经实现，哪些目标需要改进，哪些目标可能需要新增。这一步骤中要始终记住，课程目标是为了服务学生的学习和发展，最终目标是让每一个学生都能在学习中发展自己的潜能，实现自己的价值。

（二）调研学生需求

对于教育者来说，了解学生的需求和兴趣是至关重要的。学生是教育过程的中心，他们的需要、目标和兴趣应当是教学计划和课程设计的重要考虑因素。教师通过调研学生需求，不仅能在制定新的课程目标时更加切实考虑学生的实际情况，还能为学生提供更符合其需求的教育创造条件。

调研可以通过多种方式进行，如问卷调查和面谈。问卷调查是一种常见且有效的方式，可以在较短时间内获取大量的信息。设计良好的问卷能够揭示学生的学习风格、兴趣、目标等多个方面的信息。在制定问卷时，应该包含学生的学习情况、学习需求、课程满意度等多个方面的问题。这些信息不仅能帮助教育者了解学生的需求，还可以反映出当前教育方案的优点和不足。另一种获取学生需求的方式是面谈。面谈可以更深入地理解学生的想法和需求。教师通过开放式的问题，可以了解学生对课程的感受，学生的学习目标，以及他们在学习过程中遇到的问题。面谈可以提供问卷调查无法覆盖的信息，因此它是一个重要的补充。

调研学生需求的过程还应包括持续的反馈和更新。教育者应定期进行这样的调查，以便跟踪学生的需求变化，及时调整课程内容和教学方法。学生的需求和兴趣可能随着时间、新的学习经验、生活环境的变化等因素而发生变化，教育者需要及时了解并适应这些变化。

总的来说，调研学生需求是一项重要的工作，它可以帮助教育者更好地了解学生的学习需求，提供更适合他们的课程，进一步提高教学质量和学生满意度。调研的结果应被视为制订教学计划和课程设计的重要参考，而不仅仅是一种反馈机制。因此，这个过程应该被纳入教育者的日常工作中，成为提高教学质量的重要部分。

（三）参考最新教育理论和研究

当教师开始制定更具前瞻性和创新性的体教融合课程目标时，参考最新的教育理论和研究是至关重要的步骤。

在21世纪的教育环境中，学习不再是单一学科的知识传授，而是需要跨学科的整合，注重学生的全面发展。因此，教育的理论和实践也在不断发展和变化，尤其是在教育技术和教学方法方面，新的理念和工具不断出现。为了跟上这些变化，教师需要积极地阅读最新的教育文献，了解新的教育趋势和有效的教学方法，参与专业发展活动，与其他教师交流经验。

教师也应该关注和体育、健康、发展心理学等相关的研究。例如，近年来的研究发现，体育活动不仅可以提高学生的身体素质，还可以对他们的认知、情绪和社会能力产生积极影响。因此，在制定体教融合课程目标时，教师应该考虑如何将这些研究成果融入课程目标中，使课程目标更加科学、完整和实效。教师还应该注意反思和评估自己的教学实践，从中汲取经验，提炼教学原则。他们应该思考，自己在教学中有哪些成功的地方，有哪些可以改进的地方，这些都可以为制定新的课程目标提供重要的参考。

在这个过程中，教师应该始终保持开放和创新的态度，勇于尝试新的教学理念和方法，以满足学生的需求，从而提高教学效果。只有这样，才能制定出真正符合时代要求，有助于学生全面发展的体教融合课程目标。

（四）设计新的课程目标

设计新的体教融合课程目标是一个富有挑战性的任务。要做到这一点，教师要将以上步骤的结果整合起来，用于构建一套更加完善的教育体系。新的课程目标旨在推动学生的全面发展，包括体育技能、健康习惯、团队合作、领导力等各方面。它们应具有很强的实质性，但是指导教师在教学中如何实现这些目标呢？

新的体教融合课程目标应该明确地体现出教师对学生全面发展的关注。体教融合课程不仅要教授体育技能，还要培养学生的生活技能和价值观。例如，教师可以设置目标，让学生通过体育活动学习团队合作、领导力、目标设定、决策制定等技能。教师也要引导学生理解运动对身心健康的重要性，培养他们终身运动的习惯。

新的体教融合课程目标应具有可操作性，即教师能够明确地知道如何在教学中实现这些目标。例如，如果目标是让学生通过体育活动学习团队合作，那么教师要设计一些需要团队合作的运动项目，如篮球、排球等，并在教学中强调团队合作的重要性，鼓励学生在活动中展示和提升他们的合作技能。另外，为了使课程目标更具体、更容易实现，教师还需要将大的目标分解成小的、具体的子目标，并设定一些明确的评价标准。

教师需要考虑新的体教融合课程目标如何满足学生的需求，如何符合教育理念。为了达到这一目标，教师要深入了解学生的需求，考虑他们的年龄、性别、兴趣、能力等因素。教师还要反思和明确教育理念，以确保新的课程目标与教育理念相一致。例如，教师的教育理念强调学生的主动学习和全面发展，那么新的课程目标就应该鼓励学生主动参与，提升他们的多元能力。

（五）获取反馈和进行修正

在设计新的体教融合课程目标后，教师需要进行一轮反馈和修正过程，以确保新的课程目标是实际可行的、具有全面性的，并能够满足各方面的需求。这一步骤需要主动邀请其他教师、学生、家长以及教育专家来参与，这是因为，他们的观点和建议可以帮助教师从多个角度来看待课程目标，找出潜在的问题，并对其进行改进。

首先，教师应邀请其他教师参与反馈过程。其他教师可以从教学实践的角度出发，评估新的课程目标是否明确、具有操作性。他们也可以从自己的教学经验出发，提供一些宝贵的建议。例如，如何在实际教学中实现这些目标，如何评估学生的学习效果，等等。

其次，教师应该邀请学生和家长参与。学生是课程的直接受益者，他们的观点可以帮助教师了解新的课程目标是否符合他们的需求、是否能引起他们的兴趣。家长的反馈也十分重要，他们可以从孩子的学习情况出发，评估新的课程目标是否符合孩子的学习需求，是否有利于孩子的成长发展。

最后，教师应该邀请教育专家参与反馈过程。教育专家可以从教育理念和教学理论的角度出发，评估新的课程目标是否科学、是否具有前瞻性。他们的建议可以帮助教师进一步提升课程目标的质量和水平。

在收集到所有反馈后，教师要花时间仔细分析和整理，找出其中的共识和分歧，然后据此对新的课程目标进行修正。这可能需要教师进行多轮的反馈和修正过程，但只要始终以提升教学质量和满足学生需求为目标，就一定能制定出高质量的体教融合课程目标。

（六）实施新的课程目标

在教师确定了新的体教融合课程目标之后，下一步是将这些目标纳入课程设计和教学活动中，并实施。这是一项重要而又细致的工作，需要教师全身心投入和精心策划。

首先，要对课程设计进行调整，以确保新的课程目标可以被有效地体现在课程内容、教学方法、评估方式等各个方面。例如，新的目标是提高学生的团队合作能力，那么教师可能需要在课程设计中加入更多的团队活动；新的目标是培养学生的创新思维，那么教师可能需要在教学方法上采用更多的问题解决和项目导向的方式。

其次，要在实际教学中根据新的课程目标进行调整。他们需要在教学过程中明确引导学生理解和掌握新的课程目标，通过具体的教学活动，让学生有机会实践和体验，从而达成这些目标。教师也需要在课堂管理、学生评价等方面，将新的课程目标融入日常的教学实践中。

最后，要持续地评估新的课程目标的实施效果。例如，评估学生是否真正理解和掌握了这些目标，是否在学习过程中表现出了目标所要求的能力和素质，以及这些目标是否真正提升了学生的学习兴趣和学习成绩。这些评估结果将为教师提供重要的反馈，帮助教师了解新的课程目标在实际教学中的效果，以便做出必要的调整和优化。

总的来说，实施新的课程目标是一个全面而系统的过程，它涉及课程设计、教学实践和课程评估等多个环节。在这个过程中，教师需要始终保持敏锐和开放的态度，以学生为中心，以教学质量为目标，不断地尝试、反思和优化，以期最终实现体教融合课程目标。

第二节　课程内容创新

一、课程内容

课程内容是教育课程或培训课程的核心组成部分，它规定了在课程的整个期间将学习和掌握哪些知识和技能。课程内容包含了一系列特定的主题或单元，它们被有目的地组织起来，以达成预定的学习目标。每个主题或单元都可能涵盖理论知识、实践技能和重要的概念。

详细的课程内容应包括以下几个部分。

（一）课程介绍

课程介绍是课程内容的第一个和最重要的部分。它为学生提供了关于课程的基本信息，包括课程的名称、编号、授课教师、课程的长度（如一学期或全年），以及课程的预定时间和地点。课程介绍还应包括课程的目标，这是对学生在完成课程后应达到的知识和技能水平的概述。例如，课程可能旨在提高学生的批判性思维能力，或者使学生熟悉特定领域的基本概念和理论。

在课程介绍中，授课教师应明确指出课程的学习目标和目的，以便学生知道他们应达到的具体要求。课程介绍还应包含课程大纲或课程安排表，列出课程的各个部分或主题，以及它们的时间安排。这可以帮助学生了解整个课程的流程，并提前准备。

课程介绍的重要性不应被低估。如果设计得当，它可以帮助学生了解课程的预期结果、课程的结构，以及他们需要投入的时间和精力。这对于学生的学习计划、时间管理和学习动机都比较重要。例如，学生知道某个课程将需要大量的阅读和写作，他们可以提前安排时间来完成这些任务。

课程介绍也是教师和学生沟通的一个重要平台。教师通过课程介绍，可以传达他们对课程的热情和期望，鼓励学生积极参与和投入。学生也可以通过询问问题，了解更多关于课程的信息，包括教师的教学风格、评估标准，以及他们在课程中可能遇到的挑战和困难。

（二）单元主题

在教育过程中，课程通常会被划分为不同的单元或主题，这些单元或主题构成了课程的主要框架和结构。每个单元或主题都有其特定的学习目标，这些目标明确了学生需要在这一部分的学习过程中达到的知识和技能水平。学习目标可以帮助学生了解他们需要什么样的知识和技能，以及他们如何达到这些目标。

这些单元或主题可能涵盖各种各样的内容，包括理论知识、实践技能、解决问题策略等。理论知识是课程的基础，它涉及对概念、原理、理论的理解和应用。实践技能则更侧重操作和实践，如实验技能、编程技能、写作技能等。解决问题策略则关注如何应用所学知识和技能来解决实际问题，包括独立思考、批判性思考、创新思考等。

在这个过程中，教师扮演着至关重要的角色。他们需要设计和规划课程单元，以确保它们能有效地支持学生达到学习目标。他们还需要制订教学计划，选择教学方法和学习资源，以最大限度地促进学生学习。他们还需要监测和评估学生的学习进度，以确定学生是否理解和掌握了所教授的知识和技能。

课程的每个单元或主题都构成了一次独立的学习经历，学生需要通过阅读、听讲、参与讨论、完成作业等方式来学习和掌握相关知识和技能。这种学习过程可能会带来挑战，但也会带来满足感，因为学生可以看到他们的知识和技能在不断地增长和发展。

（三）学习资源

学习资源是课程内容的重要组成部分，它们为学生提供了理解和掌握课程内容所需的信息和材料。学习资源可以帮助学生扩大知识视野，提高学习效率，也可以支持他们的自我学习和自我发展。对于教师来说，高质量的学习资源也是提高教学效果的关键。教科书是最基本和常见的学习资源，其提供了课程内容的详细介绍和全面概述。教科书通常以结构化和逻辑性强的方式组织信息，可以帮助学生理解和掌握复杂的概念和知识。而且，许多教科书还包括习题和案例研究，帮助学生将所学知识应用于实践。参考文献则可以为学生提供更深入的学习内容，如科学论文、报告、论著等，这些文献通常详细讨论了特定的主题或问题，对于学生深化理解和开展独立研究比较有帮助。教师通常会提供一份参考文献列表，以便学生根据自己的兴趣和需求进行进一步学习。网络资源如在线课程、教学视频、电子书籍、学术数据库等，也是重要的学习资源。它们提供了灵活和方便的学习方式，使得学生可以随时随地进行学习。对于教师来说，网络资源也提供了丰富的教学工具和方法，帮助他们更有效地教学。实验材料则是实践类课程，如科学和工程课程的重要学习资源。实验材料包括实验设备、试剂、样品等，学生可以通过动手实践这些材料，理解和掌握实验原理和技术。学生通过实验，可以将抽象的理论知识转化为具体的实践经验，增强他们的实际操作能力和解决问题的能力。

（四）评估标准和方式

评估标准和方式是课程内容的重要部分，它们可以帮助学生了解他们的学习成果将如何被评价，以及他们需要如何准备和学习以达到期望的学习结果。对于教师来说，评估标准和方式是他们了解学生学习成果，反馈教学效果，进一步改进教学的重要工具。期中和期末考试是较为常见的评估方式，它们通常用于评估学生对课程知识和技能的理解和掌握程度。考试可以是闭卷或开卷的，如选择题、填空题、简答题、论述题等形式。教师通过考试，可以了解学生的学习情况，学生也可以通过考试了解他们的学习成果。工程项目则更注重学生的实践能力和创新能力。项目可以由个人完成，也可以由小组合作完成。项目的主题通常与课程内容紧密相关，需要学生运用所学知识和技能解决实际问题。学生通过完成项目，可以将所学知识和技能应用于实践，提高他们的实践能力和解决问题的能力。

在评估过程中，反馈也比较重要。教师应该提供及时、明确、有建设性的反馈，帮助学生了解他们的学习成果，提高他们的学习效果。学生也应该反馈他们的学习需求和困难，帮助教师改进教学。

二、体教融合课程内容创新步骤

在进行体教融合课程内容创新的过程中，通常需要经历以下几个步骤。以下只是一个大致的步骤，具体的操作会根据学校的实际情况、教师的专业能力以及学生的学习需求进行适当的调整。

（一）评估现有课程内容

在进行体教融合课程内容创新的第一步——评估现有课程内容时，这一过程不仅需要深入了解和评估体育课程的内容，还需关注其他各学科的课程内容。这样可以确保教师充分理解当前的教学现状和存在的问题，从而更有针对性地进行后续的课程内容创新。

理解各个课程的主要内容是这一步骤的基础，这包括了解课程的核心概念、知识点、技能要求等。例如，在体育课程中，教师应理解运动技能的要求、体育理论的主要内容，以及体育活动的组织和管理方式等。在其他学科课程中，教师也应理解这些课程的特殊性和要求。例如，理解数学课程中的逻辑推理、抽象思维等要求，理解语文课程中的文学素养、表达能力等要求。教师还需要了解各个课程的教学方式和学习目标。教学方式包括课堂教学、实践活动、小组讨论、在线学习等多种形式，每种形式都有其特点和适用条件。了解这些教学方式的优点和限制，有助于教师选取合适的方式进行教学。学习目标则是指导教学活动的核心，它决定了教学内容的选择、教学方法的采用以及教学效果的评价等。

对现有课程的评估和分析也需要考虑学生的学习需求、学校的教育目标以及社会的发展趋势。学生的学习需求是课程设计的出发点，教师要考虑学生的年龄、性别、兴趣、学习能力等因素，尽可能满足每个学生的个性化需求。学校的教育目标是课程设计的导向，教师需要考虑学校的教育理念、校本课程的特色、师资力量等因素，体现学校的特色和优势。社会的发展趋势是课程设计的背景，教师需要关注社会的科技进步、经济发展、文化变革等因素，使课程内容保持时代的先进性和实用性。

教师通过这一系列的评估和分析，可以对现有课程内容有一个全面而深入的理解，明确现有课程的优点和不足，为下一步的课程内容创新提供必要的参考和依据。

（二）进行课程内容融合设计

进行课程内容融合设计是体教融合课程创新的核心部分。这一步骤主要是在评估现有课程内容的基础上，寻找合适的方式将体育课程与其他学科课程有机融合。其主要目的在于充分挖掘和利用体育活动中蕴含的各学科知识，增强课程的实用性和综合性，让学生在享受运动乐趣的同时，能学到跨学科的知识和技能。

体育运动不仅能培养学生的身体素质和运动技能，还可以成为理解和学习其他学科知识的有力载体。例如，体育运动中的很多活动都需要使用数学知识，如计算得分、测量距离、分析数据等，这些都可以让学生更加直观地理解数学的应用价值。同样，体育运动中的很多现象也涉及科学原理，如力的作用、动能和势能的转换、心率和呼吸率的变化等，这些都可以让学生在实践中感受到科学的魅力。

在进行课程内容融合设计时，教师要运用创新的思维，寻找合适的融合点。这可能需要教师对课程内容进行重构和重新编排，以使各个知识点能够自然而然地结合在一起，形成一个完整而有序的学习过程。这种融合不仅能增强学生的学习兴趣，还能提高学生的学习效率，使学生在较短的时间内掌握更多的知识和技能。教师还要考虑课程内容的实用性。理想的体教融合课程应该是与学生的日常生活紧密相关的，能够帮助学生解决实际问题，提高生活质量。因此，教师在设计课程内容时，应尽可能选择那些具有实际意义的知识点和技能，让学生在学习过程中，能够看到自己的进步，感受到学习的价值。

（三）获取反馈和进行修正

有效的教学设计必须经过持续的反馈和修正才能真正满足学生的学习需求、符合学校的教育目标，以及适应社会的发展趋势。

在设计新的融合课程内容后，教师可以先在小范围内进行试教，如在一个班级或一组学生中实施新设计的课程，观察学生的学习反应和教学效果。教师通过这个试教过程，可以直观地看到新设计的课程在实际运用中的效果，了解其优点和不足，从而对课程内容进行调整和优化。教师也可以将设计的课程内容分享给其他的教师、学生，甚至教育专家和研究人员，听取他们的建议和意见。这些反馈可以从多个角度和层次提供对新设计的课程的评估，为优化课程内容提供宝贵的意见。这些多元化的反馈可以帮助教师了解学生在家庭学习环境中的表现和需求，这对于形成良好的教育氛围有重要的意义。其他学科教师的反馈也能帮助体育教师更好地理解和实施跨学科的融合教学，这对于提高课程的综合性和实用性很有帮助。

总的来说，教师通过获取反馈和进行修正，不仅能够不断优化和完善课程内容，还能够提高自己的教学水平，更好地适应和满足学生的学习需求。

这一步骤也体现了教学设计的动态性和开放性，即教学设计不是一次性的任务，而是一个持续的过程，需要教师根据实际情况不断进行调整和改进。

（四）实施新的课程内容

实施新的体教融合课程内容意味着新的教学理念和方法将在实际的教学过程中得以体现和应用。这一步骤需要教师深入理解和精心操作，才能确保新的课程内容能够有效地提升学生的学习效果和教师的教学质量。

实施新的课程内容不仅需要教师改变自己的教学方式，还需要教师引导学生改变学习方式。比如，对于以体育和科学融合为主题的新课程，教师需要通过直观的实验和活动，让学生在体验运动乐趣的同时，理解运动背后的科学原理。这种教学方式可能与传统的讲授方式不同，其更强调实践和体验，需要教师有足够的创新意识和教学技巧。新的课程内容可能需要设计新的课堂活动。比如，可以设计一些体育和艺术、体育和数学、体育和科学相结合的项目，让学生在完成项目的过程中，自然地学习和掌握新的知识。这种项目式学习活动不仅可以增强学生的主动性和参与性，还可以帮助学生将所学知识与实际情境联系起来，提高学习的效果和兴趣。在实施新的课程内容的过程中，持续的评估和调整是必要的。教师需要定期收集学生的学习反馈，观察学生的学习情况，评估新的课程内容的效果。如果发现新的课程内容在某些方面存在问题，或者不适应某些学生的学习需求，教师应该及时进行调整，以优化课程内容，提高教学效果。

第三节　课程手段创新

一、课程手段

课程手段涉及教学方法、策略和技术的选择，直接影响着教育的质量和效果。课程手段种类多样，它们并不是孤立存在的，而是可以相互结合，形成多元化的教学模式。教师在设计课程时，应根据课程的特点和学生的需要，灵活选择和运用各种课程手段，以最大限度地提升教学效果。以下是一些比较常见的课程手段。

（一）讲授法

讲授法作为最古老和最传统的教育方式，一直在教育领域中占据着重要的地位。这种方式的主要特点是教师通过直接传授知识、理念和理论给学生，然后学生对这些信息进行吸收和记忆。在这一过程中，教师扮演着知识的提供者和传授者的角色，而学生则是知识的接受者和消化者。

这种教学方式在很多情况下能够达到良好的效果，尤其是对于一些需要记忆和理解大量信息的科目，如历史和科学，讲授法可以快速高效地帮助学生掌握必要的知识。另外，对于一些理论性强、抽象性高的知识，教师可以通过讲授法将复杂的概念简化、具象化，使学生更容易理解。

然而，讲授法也常常被认为过于被动，忽视了学生的主体性和创新性。这种方式在很大程度上使学生处于被动接受的位置，缺乏对知识的深度思考和主动探索。因此，为了改进这一问题，教师需要寻找方法来激发学生的主动性，如提供一些具有挑战性的问题让学生思考，或者引导学生进行小组讨论等。

讲授法在体育教学中也有其应用，但其应用方式和教学效果与其他科目有所不同。体育教学的特殊性在于它既需要理论知识的学习，又需要动作技能的实践。在体育教学中，教师不能仅仅通过讲解就让学生掌握运动技能，而需要让学生通过实践来感受和理解这个技能。因此，讲授法在体育教学中的应用就需要教师进行适当的调整。例如，教师可以先通过讲解介绍运动技能的基本理论知识，包括动作的结构、要点和注意事项等，然后让学生在指导下进行实践，以便让他们更好地理解和掌握这个技能。教师还可以通过展示和示范，让学生看到技能的标准动作，以此为参照进行模仿和练习。讲授法在体育教学中还可以和其他教学方法相结合，以增强其教学效果。例如，教师可以通过组织学生进行游戏或比赛，让他们在实战中运用和巩固所学的技能。教师还可以引入一些互动性强的教学手段，如视频、动画等，来帮助学生更生动、形象地理解技能动作。

（二）讨论法

讨论法是一种活跃教学氛围，鼓励学生主动参与的教学方式。它强调的是学生之间的交互和讨论，教师在这个过程中主要扮演引导者和协调者的角色。讨论法通过提出问题、探讨议题、交换看法，可以有效地提升学生的理解能力和批判性思维，也能帮助他们提升团队合作和公众演讲的技巧。

这种方法对于处理复杂的议题特别有用，因为它能够让学生从多个角度和层面去理解和思考问题。学生可以通过讨论来发现和挖掘问题的深度和广度，进而更深入地理解知识。讨论法还可以激发学生的创新性和批判性思维，帮助他们形成独立、理性、深入的思考习惯。然而，讨论法在体育教学中的应用并不像在其他科目中那样常见。这主要是因为体育教学强调的是动作技能的实践和训练，而不是理论知识的学习。然而，这并不意味着讨论法在体育教学中没有应用的可能和价值。事实上，如果能够妥善利用，讨论法可以为体育教学增添新的元素和动力。

在体育教学中，讨论法可以作为理论学习和实践训练的补充。例如，在学习新的运动技能时，教师可以组织学生进行讨论，探讨技能的技术要点、运动策略等问题。这样既可以帮助学生理解技能的原理，也可以鼓励他们进行思考和创新。同样，讨论法也可以用于比赛和实战中。学生可以通过讨论来分析比赛的过程和结果，并提出自己的看法和建议，以便更好地改进和提高。

另外，讨论法还可以培养学生的团队协作能力。在体育活动中，团队协作是较为重要的一部分。教师通过组织讨论，可以让学生学习如何有效地与队友沟通和合作，如何协调和解决团队中的问题，这对于他们的团队协作能力的提升将有很大的帮助。

（三）案例学习法

案例学习法是一种强调理论与实践相结合的教学方式，它通过分析和解决实际问题来加深学生对理论知识的理解，并帮助他们提高解决问题的能力。这种方法在商科、法学和医学等领域被广泛应用，因为这些领域中的知识通常与实际问题紧密相关，需要学生通过对具体案例的学习和分析来理解和掌握。

案例学习法的优点在于，它能够让学生直观地看到理论知识在实际问题中的应用，从而提高他们对理论知识的兴趣和动机。学生通过解决实际问题，可以提高他们的思考能力、决策能力和解决问题的能力。

尽管案例学习法在体育教学中的应用并不像在商科、法学和医学中那样普遍，但如果妥善使用，它可以为体育教学带来新的视角和思路。

在体育教学中，案例学习法可以作为理论知识和技能训练的补充，帮助学生更深入地理解和掌握运动技能和策略。例如，教师可以通过分析著名运动员或团队的比赛视频，让学生学习和理解他们的技术动作、战术策略等。学生可以通过观察和分析这些案例，发现和学习优秀运动员的技巧和策略，以便在自己的训练和比赛中应用。教师还可以引入一些体育运动中的实际问题作为案例，让学生进行讨论和解决。例如，如何制订有效的训练计划，如何处理比赛中的突发情况，如何提高团队的合作效率，等等。学生通过解决这些问题，不仅可以更好地理解和掌握体育理论知识，还可以提高他们解决问题的能力。另外，案例学习法还可以培养学生的批判性思维和决策能力。在案例学习中，学生需要对案例进行分析，找出问题的原因，提出解决方案。这个过程将激发他们的批判性思维，帮助他们学习如何做出理性的判断和决策。

（四）实验法

实验法是一种直接、积极的教学手段，它通过让学生参与实验活动，亲自操作和观察，使学生从实践中理解和掌握知识。这种教学方式在自然科学和工程领域中尤为常见，学生通过做实验，可以直观地看到理论知识的应用，提高对知识的理解能力。

实验法在培养学生的实践能力、科学精神、创新思维等方面有显著的优点。学生通过实验，能够独立思考，解决问题，发现新知，这些都是科学精神的体现。实验也能让学生体验到从失败中学习，从错误中提升的过程，这有助于培养他们的韧性和解决问题的能力。

体育教学中的实验法，可能不同于传统意义上的实验法，但是理念是一样的。在体育教学中，学生通过亲身参与运动实践，试验不同的运动技巧和策略，观察和分析结果，以此来理解和掌握体育知识和技能。体育实验也可以视为一种动手操作的学习方法，学生不仅通过观看和听讲来学习，还通过动手实践体验和学习。例如，在学习篮球投篮技术时，学生可以通过亲身实践来试验不同的投篮姿势和力度，观察和记录投篮结果，反复实验和调整，以此来掌握正确的投篮技术。在学习游泳技术时，学生可以通过在水中亲自实践，试验不同的划水方式和呼吸节奏，观察和分析游泳效果，通过实验和体验来理解和掌握游泳技术。

实验法也可以用于体育比赛和团队协作的学习。例如，教师可以组织学生进行模拟比赛，学生可以通过亲身参与比赛，试验不同的比赛策略，观察和分析比赛结果，以此来理解和掌握比赛策略和团队协作的技巧。

（五）合作学习法

合作学习法是一种强调团队合作和互动学习的教学方式，它认为学习不仅仅是个人的过程，而是在社区和团队中进行的。学生在小组中通过讨论、交流和共享信息来完成学习任务，每个学生都能发挥其特长，共同完成学习任务。这种教学方式对提升学生的团队合作能力、社会交往能力、沟通技巧以及领导力都有显著效果。

合作学习法尤其适合体育教学。在体育活动中，团队合作和互助是较为重要的。无论是篮球、足球这类团队运动，还是乒乓球、羽毛球这类双打运动，都需要团队协作。因此，合作学习法能够有效地帮助学生在实践中培养和提高他们的团队合作能力。例如，在足球教学中，教师可以把学生分成小组，每个小组需要共同完成一项任务，如制定比赛策略、配合进攻等。在这个过程中，学生需要相互协作和沟通，每个人都应贡献自己的力量，以实现小组的共同目标。学生通过这种方式，不仅能够理解和掌握足球的规则和技术，还能在实践中提升他们的团队合作能力和社交技巧。又如，在体操教学中，教师可以设计一些需要团队合作完成的体操动作或程序，如塔防等。学生需要通过协作和配合才能完成这些动作或程序。这种方式可以帮助学生理解和掌握体操技术，也能培养他们的团队合作精神和社交技巧。合作学习法还可以培养学生的领导力。在小组活动中，每个小组通常会有一个领导者，他需要协调小组的活动，解决问题，引导小组完成任务。这种角色可以让学生锻炼自己的领导力。

（六）在线学习法

在线学习法是一种利用数字技术和互联网平台进行教学的方式，它突破了传统的时间和空间限制，使学生可以随时随地进行学习。这种教学方式对于提高学生的自主学习能力、信息处理能力以及技术应用能力有重要的价值。

在线学习法在体育教学中的应用越来越广泛。例如，教师可以制作和上传体育技能的教学视频，学生可以在线观看，反复学习和模仿。教师也可以利用在线平台布置体育作业，如记录和分享运动数据、编写运动日记等，帮助学生建立和维持健康的生活习惯。

在线学习法也可以和其他教学方法相结合，提高教学的效果和效率。例如，教师可以在实际的体育课程中引导学生进行团队合作和实践操作，然后利用在线平台进行课后的知识补充和复习。教师还可以利用在线讨论论坛，引导学生进行体育话题的讨论和分享，提高学生的批判性思维和交流技巧。

虚拟现实和增强现实技术的发展为在线体育教学提供了新的可能性。例如，学生通过虚拟现实技术，可以在虚拟环境中进行运动训练，获得更加直观和真实的体验。学生通过增强现实技术，可以在真实环境中添加虚拟元素，如运动轨迹、策略图等，帮助他们更好地理解和掌握体育技巧和策略。

在线学习法不仅可以提升体育教学的便利性和灵活性，还可以丰富教学内容和形式，提高教学的互动性和趣味性。然而，需要注意的是，过度依赖在线学习可能会导致学生缺乏实际的体育活动，因此在使用在线学习法时，应适当结合传统的实践教学，确保学生能够充分参与体育活动，保持健康的生活方式。总的来说，在线学习法是体育教学的一个重要补充，妥善使用可以提高体育教学的效果和质量。

（七）混合学习法

混合学习法是一种创新的教学模式，它结合了传统的面对面教学和在线学习两种模式的优点，以提供更加灵活和多元的学习环境。这种模式旨在提高学习的有效性，增强学习体验，并满足不同学习者的个性化需求。

在体育教育中，混合学习法可以有效地将理论知识和实践技能结合起来。例如，在实地课堂上，教师可以通过亲身示范和指导，让学生亲自体验和掌握各种运动技能；而在在线学习平台上，学生可以通过观看教学视频、参与在线讨论和完成网络作业等方式，深化对体育理论知识的理解和记忆。

混合学习法在体育教育中的一个重要应用就是“翻转课堂”。在这种模式下，学生可以在课前通过在线平台预习课程内容，如观看有关某种运动技巧的教学视频，然后在实地课堂上，将大部分时间用于实践操作和讨论反馈，从而提高学习的效率和效果。比如，在乒乓球教学中，学生可以先在线观看乒乓球基本拍法的教学视频，然后在课堂上进行实践练习和比赛，以此提高技术水平。

混合学习法也可以用于体育团队的训练和比赛策略的学习。比如，教师可以在线上传一场专业比赛的录像，并在课堂上与学生一起观看和分析，讨论球队的防守和进攻策略，帮助学生理解并应用到自己的实践中。混合学习法不仅可以使体育教学更加高效和个性化，还可以培养学生的自主学习能力、团队协作能力和创新思维。然而，它也需要教师有足够的技术能力和教学策略，以及有效的课程设计和管理。

二、体教融合课程手段创新步骤

在体育强国理念下，体教融合课程手段应进一步创新，通过课程手段的创新，达到高质量的教学效果。

（一）理解目标群体的需求和期望

理解目标群体的需求和期望是开发和设计教育课程的基础，特别是在体教融合课程中，这一步骤显得尤为重要。这是因为体教融合课程不仅仅是教授知识，更是关乎学生的健康、情感、兴趣，以及他们对于学习的热情。因此，充分理解学生的需求和期望，对于课程的成功开展具有重大意义。

教师要了解学生的兴趣爱好。兴趣是最好的老师，这是因为当学生对某个主题或活动感兴趣时，他们更可能投入时间和精力，更可能享受学习过程并从中受益。例如，学生对足球感兴趣，那么与足球相关的数学问题可能会更吸引他，使他更愿意参与学习。教师要了解学生的身体状况。这是因为某些体育活动需要特定的身体条件，如果学生有某些身体限制或健康问题，则无法参与这些活动，了解学生的身体状况可以帮助教师选择适合所有学生的活动，或者为有特殊需要的学生提供适应性教育。教师也要了解学生的学习习惯。不同的学生可能有不同的学习方式，有些学生可能更善于观察和模仿，而有些学生可能更善于理论学习和思考。了解学生的学习习惯可以帮助教师选择有效的教学方法，以满足所有学生的学习需求。

同样重要且不容忽视的是学生的期望。期望可以影响学生的动机和态度，如果学生对课程有高期望，他们可能会更努力学习。相反，如果学生对课程没有期望，他们可能会失去学习的动力。教师需要了解并尽可能满足学生的期望，同时设定适当的期望，以激励学生努力学习。理解学生的需求和期望，则需要教师具备良好的沟通技巧和观察力。教师可以通过问卷调查、个别访谈、观察学生的行为等方式来了解学生的需求和期望。

总的来说，理解学生的需求和期望是体教融合课程创新的第一步，也是最重要的一步。只有充分理解学生的需求和期望，才能设计出真正符合学生需求、激发学生兴趣、提高学生学习效果的体教融合课程。

（二）明确教学目标

教学目标是教学过程的导向，它决定了教师的教学策略和方法，是评价学生学习成果的标准。

对于体教融合课程来说，教学目标通常包括两个方面：体育技能的提高和教育内容的理解和掌握。

体育技能的提高是体教融合课程的一个重要目标。在体教融合课程中，体育活动不仅是教学方法，也是教学内容。学生通过参与体育活动，可以学习和练习各种体育技能，如投掷、跑步、跳跃、游泳等。他们也可以学习和培养体育精神，如团队合作、竞争公平、尊重对手等。这些技能和精神对学生的身心健康、人格发展、社会适应等方面都有重要影响。

教育内容的理解和掌握是体教融合课程的另一个重要目标。在体教融合课程中，体育活动被当作教学工具，以吸引学生的注意力，激发他们的学习兴趣，帮助他们理解和掌握教育内容。例如，教师可以设计一个篮球游戏，通过投篮比赛来教授数学知识，如百分比、概率等。这种方法不仅可以让学生在游戏中学习和享受，还可以帮助他们更好地理解和应用数学知识。

明确教学目标需要教师具备深厚的专业知识和丰富的教学经验。教师需要了解各种体育技能的特点和要求，以便选择合适的体育活动。他们也需要理解各种教育内容的内涵和要求，以便设计有效的教学策略。教师还需要熟悉学生的学习能力和进度，以便设定合理的教学目标。明确教学目标也需要教师具备良好的计划和组织能力。教师需要把教学目标分解成一系列具体和可操作的学习任务，安排合理的教学时间和顺序，保证教学的连贯性和完整性。他们也需要设计有效的教学评价，以监控学生的学习进度，反馈学生的学习成果，调整教学策略和方法。

明确教学目标是体教融合课程手段创新的关键步骤。只有明确教学目标，才能使教学活动有方向和目标，提高教学的效率和效果。

（三）融入全新教学手段

全新的教学手段在体教融合课程中扮演着重要角色。它们不仅提升了学生的学习兴趣，提高了教学效果，还丰富了课堂教学方法，使课堂活动更具动态性和互动性。

其中，科技的运用是教学手段创新的重要方向。比如，教师可以借助教学软件和网络资源，设计多媒体教学活动，使学生通过图像、声音、动画等多种形式，直观、生动地学习知识。学生通过虚拟现实和增强现实技术，可以身临其境地体验各种体育活动，理解和掌握技能要领，增强学生的感知和记忆。

教师还可以运用游戏化教学方法，把教学内容和体育活动结合在一起，设计各种教学游戏。比如，教师可以设计跳绳比赛，让学生在比赛中学习速度和距离的计算；教师可以设计足球比赛，让学生在比赛中学习团队合作和策略分析。这种方法不仅使学生在游戏中学习和享受，还能培养他们的体育技能，激发他们的学习动力。另外，教师也可以利用项目式教学方法，设计各种教学项目，让学生在实践中学习和应用知识。比如，教师可以让学生设计篮球训练计划，研究各种训练方法对投篮准确率的影响；教师可以让学生开展运动营养研究，探索不同的饮食对运动表现的影响。这种方法既能提高学生的实践能力，也能提升他们的科研能力，培养他们的创新精神。

全新的教学手段需要教师具备丰富的教育知识、敏锐的教育洞察力，以及高度的教育责任感。教师需要不断学习新的教育理念，探索新的教学方法，以满足学生的学习需求，提高教学效果。教师也要关注学生的学习反馈，关注教学的实际效果，以调整教学策略，优化教学手段。

总的来说，融入全新的教学手段是体教融合课程设计的重要环节。教师通过科技的运用、游戏化教学、项目式教学等创新手段，可以激发学生的学习兴趣，提高教学效果，丰富课堂教学，使学生在愉快的环境中学习和成长。

（四）充分利用教学资源

教学资源是支持教学活动的物质和信息基础，包括教具、设备、教材、网络资源等。在体教融合课程手段创新的过程中，充分利用教学资源，可以帮助教师设计和实施各种教学活动，提高教学效果，丰富教学内容。

首先，教具和设备是教学资源的重要组成部分。它们为体育活动提供了必要的条件和手段。比如，运动器材，如篮球、足球、跳绳等，可以用于各种体育活动；科学设备，如计时器、距离测量器等，可以用于数据收集和分析；教学设备，如电脑、投影仪、音响等，可以用于教学演示和反馈。教师需要根据教学目标和内容，选择合适的教具和设备，以支持教学活动的实施。

其次，教材是教学资源的重要组成部分。它们为教学活动提供了必要的信息和知识。比如，教科书、教案、教学指导等，可以帮助教师规划和组织教学活动；参考书、研究报告、专业文章等，可以提供深入的知识和信息；教育视频、动画、游戏等，可以提供生动的视觉和听觉体验。教师需要根据学生的学习需求和水平，选择合适的教材，以支持学生的学习和发展。

最后，网络资源是教学资源的重要组成部分。它们提供了广阔的信息资源和交流平台。比如，教育网站、学习平台、网络课程等，可以提供丰富的学习材料和活动；社交媒体、论坛、博客等，可以提供交流和分享的机会；数字工具、应用程序、数据库等，可以提供高效的学习和管理工具。教师要善于利用网络资源，以扩大教学的影响和效果。

充分利用教学资源，需要教师具备丰富的教育知识、熟练的教育技能，以及创新的教育思维。教师需要了解各种教学资源的特点和功能，掌握它们的选择和使用方法；教师需要根据教学目标和内容，选择合适的教学资源，设计有效的教学活动；教师需要根据学生的学习反馈，调整教学资源的配置和使用，优化教学效果。

总的来说，充分利用教学资源，是提高体教融合课程效果的关键环节。只有充分利用教学资源，教师才能设计出丰富、有效、生动的教学活动，满足学生的学习需求，实现教学目标。

第四节　课程考核创新

一、课程考核

课程考核是一个评估学生对学习内容理解和掌握程度的过程，它包括多个方面，旨在公正、有效地衡量学生的学术表现和技能。不同的课程和学科可能会有不同的考核方式，但一般包括以下几种主要形式。

常见的课程考核方式有期末考试和期中考试两种。这些考试通常在课程的中期和结束时进行，以测试学生对整个课程内容的理解和记忆。考试可以是闭卷的，也可以是开卷的，题目类型有多选题、简答题、论述题等。除此之外，还有许多其他的考核形式。例如，作业和项目也是常见的课程考核形式。这些任务旨在使学生将课堂上学到的知识应用到实践中，通常需要学生完成一些实际操作或深入研究。作业和项目的形式多种多样，包括实验报告、研究论文、设计项目等。这些任务不仅考查学生的理论知识，还考查他们的实践能力和创新思维。课堂表现也是课程考核的一部分，教师通常会根据学生在课堂上的参与度、讨论贡献度、团队协作能力等方面进行评估。这种方式强调学生的积极参与和互动学习，有助于培养学生的沟通能力和团队合作精神。口试或演讲也是一种考核方式，特别是在语言学、法学等学科中。教师通过口试或演讲，可以直接评估学生的语言表达能力、思维逻辑和专业知识。一些课程可能还会使用电子作品集、实习评估、同行评估等方式进行考核。

综上所述，课程考核是一个复杂而多元的过程，旨在全面、公正地评估学生的学术表现和能力。对于学生来说，理解和适应不同的考核方式，将有助于他们更好地学习和提升自我。

二、体教融合课程考核创新步骤

体教融合课程考核方式的创新有助于更全面、准确地了解学生的知识掌握情况，也能激发学生的学习动力和积极性。以下是一些体教融合课程考核创新的步骤。

（一）明确考核目标

教师要明确课程的教学目标，这是评价学生学习进度和成绩的基础。教学目标应该涵盖学生需要掌握的知识、技能和态度，形成明确的评估标准。例如，体教融合课程的教学目标包括学生应该掌握特定的体育技能，理解运动对身体健康的影响，以及培养团队协作和公平竞赛的态度。

具体来说，知识涵盖的是学生需要掌握的信息、事实、概念和理论。在体教融合课程中，知识包括运动规则、运动技巧的原理、健康和营养的基本知识等。技能通常涉及学生需要熟练执行的实际操作。例如，球类运动的基本技巧、团队合作策略等。态度指的是学生应该形成的价值观和行为规范，如对公平竞赛的尊重、对自我和他人健康的责任感、对团队合作的重视等。

明确考核目标可以帮助教师设计出更为精准的考核活动，有效地衡量学生是否达到了课程的教学目标。为了达到这一目标，教师需要了解和熟悉教学内容，将课程的教学目标转化为具体可评估的考核目标。例如，制定各种各样的测验、测试和评估工具，以测试学生对知识的理解，对技能的掌握，以及态度的形成。明确考核目标也有利于学生理解他们所学的内容和目标。教师可以明确地向学生解释这些目标，使他们了解自己需要达到的标准，从而有针对性地进行学习。

总的来说，明确考核目标是教学过程中的关键步骤，可以帮助教师设计出更为精准和有意义的考核活动，也能帮助学生更好地理解和达成课程教学目标。

（二）多元化考核方式

多元化的考核方式是教育创新的重要组成部分，对于体教融合课程而言尤其如此。由于体教融合课程旨在培养学生的身体技能、知识理解和态度价值，因此传统的笔试和口试并不能准确地评估学生的学习成果。因此，多元化的考核方式在这里显得尤为重要。

1. 实际操作

实际操作是一种直接观察和评价学生技能掌握情况的方法。比如，在一节篮球课中，教师可以直接观察学生的投篮技巧、运球能力，进而给予评价和指导。这种评估方式可以更直观地反映出学生的技能掌握情况，是传统笔试无法实现的。

2. 小组项目考核

小组项目考核是一种有效地评估学生团队协作和沟通能力的方式。在团队项目中，学生需要与队友合作，完成一项任务或目标，比如策划一场运动会，或是设计一套训练计划。教师通过这种方式，可以观察学生在团队中的表现，包括他们的团队精神、分工协作、沟通能力等。

3. 实地考察

实地考察是一种实践性强、创新性大的考核方式。例如，教师可以组织学生去健身房、公园或户外活动场所，观察和学习不同的运动项目。学生可以根据自己的观察和体验，完成报告或者发表见解，从而锻炼他们的观察能力、分析能力、独立思考能力等。

上述多元化的考核方式可以考查学生的各项能力，帮助教师准确了解学生的学习情况。多元化的考核方式也有利于激发学生的学习兴趣，提高他们的学习积极性。不同的考核方式使学生获得了不同的学习体验，让学生能够在多种环境和情境中学习，这比单一的笔试或口试更有趣，更具挑战性。多元化的考核方式是体教融合课程中不可或缺的一部分。它能够深入地评估学生的学习成果，也能提高学生的学习兴趣和积极性。教师需要根据学生的特点，课程的需求，灵活运用各种考核方式，以达到最佳教学效果。

（三）开展持续性评价

开展持续性评价是体教融合课程中的重要一环。这种评价方式的优势在于，它强调的是学生的学习过程和发展，而非仅仅关注学习的最终结果。这样的评价模式更符合教育的初衷，即促进每一个学生的全面发展，提高他们的综合素质。

在体教融合课程中，持续性评价的主要目的是实时了解学生的学习情况，帮助教师调整教学策略，以提升教学效果。教师可以通过定期或不定期的观察、测试和反馈，了解学生的学习进度，发现他们在学习过程中遇到的困难，进而及时调整教学方法，提供有针对性的辅导，以帮助学生改进学习方法，解决学习难题，提升学习效果。

除此之外，持续性评价也能够缓解学生的考试压力。在传统的评价模式下，学生可能会过于关注考试成绩，而忽视了学习过程中的积累和体验。然而，持续性评价强调的是学生的学习过程，注重的是他们在学习过程中的思考、探索和实践。这种评价方式让学生意识到，学习不仅仅是为了考试，更是为了自我提升和全面发展。这样，学生就能够更加自信、乐观地面对学习，更加积极、主动地参与学习过程。

持续性评价是体教融合课程考核的重要组成部分。它帮助教师及时了解和调整教学情况，帮助学生改进学习方法，提高学习效果，也让学生更加注重学习过程，缓解了他们的考试压力。因此，教师在开展体教融合课程时，一定要充分运用持续性评价，以实现教学目标，提升教学质量。

（四）进行反馈和改进

进行反馈和改进是体教融合课程考核的核心组成部分。这一步骤的重要性在于它为学生的学习改进和教师的教学优化提供了基础。教师的反馈对学生来说是一种指导，它帮助学生理解自己在学习过程中的优点和不足，并指导他们如何调整学习策略，改进学习方法。对教师来说，反馈和改进是提升教学质量、优化教学策略的重要手段。

在体教融合中，教师应该定期给出明确、具体和及时的反馈。这些反馈应该包含学生在学习过程中的表现，包括他们的努力程度、对学习材料的理解程度、技能发展等。教师的反馈应当鼓励学生的优秀表现，也要直接指出他们的不足，并提供具体的建议来帮助学生改进。

教师也应该反思自己的教学，包括反思自己的教学策略、教学内容，以及教学方法。教师可以通过课堂观察、学生的反馈，以及考核结果来评估自己的教学效果。如果教师在教学过程中发现教学方法或内容存在问题，或者教学效果不佳，那么教师应该及时调整教学策略，优化教学内容，以更好地适应学生的学习需求。

总的来说，进行反馈和改进是体教融合课程考核的重要环节。它帮助学生了解自己的学习情况，提升学习效果，也促使教师优化教学方法，提升教学质量。因此，教师在进行体教融合课程考核时，一定要重视反馈和改进，以促进学生的学习进步，提升教学效果。

第八章　体育强国理念下本科院校体教融合与社会和企业的联动

第一节　建立体教融合校企合作机制

一、校企合作概述

校企合作是教育与产业界面临的重要课题。它不仅能够提升学生的理论知识和实践能力，使他们更好地应对社会的挑战和需求，还为企业培育所需的高素质人才，推动产业进步和创新。

在新的时代背景下，全球化竞争和技术创新快速发展，校企合作的价值进一步凸显。高校拥有深厚的理论知识和人才储备，企业则拥有丰富的实践经验和行业需求。这种有机结合使得校企合作成为新时代推动产业发展，提高教育质量，激发创新活力的重要动力。

校企合作本是针对职业院校与企业进行的合作模式，不过随着校企合作的不断发展，以及社会对应用型人才需求的不断增加，对于大多数高校学生而言，校企合作有一定的现实意义。在体育强国理念下，将体教融合和校企合作进行联系与发展，也具有一定的意义，在进行与此相关的探讨之前，有必要对校企合作的基本内容进行界定与研究。

（一）校企合作的定义与内涵

简单来说，校企合作是指院校与社会上相关企业、事业单位及其他各种工作部门之间的合作关系。不过鉴于校企合作在不同区域和不同院校的具体发展情况有所不同，学者对于校企合作的定义也存在些许出入。于万成在《校企合作创新之路》中认为，校企合作的内容包括合作办学、合作育人、合作就业、合作发展和合作研发等。它是一种以市场和社会需求为导向的运行机制，利用院校和企业两种不同的教育环境和教学资源，以培养适合行业、企业需要的技能型人才为主要目的，通过院校学习和参加企业岗位实践有机结合，实现优势互补、利益共享、合作共赢的教育模式。孙健和俞洋在《治理视域下职业教育校企合作模式研究》中认为，校企合作是一种与经济发展相适应的新型办学方式，其既服从于社会生产活动中的经济发展规律，也服从于教育本身的发展规律。学校通过与企业共享资源，为学生提供理论教学与企业实践相结合的机会，实现了企业和学校在资源方面的优势互补。校企合作贯穿于人才培养的全程，学校与企业的合作实现了生产与教育的有机结合，最终形成了学校和企业相互促进、相互依赖、共同发展的新局面。

校企合作是企业与院校双方主动参与的合作，它建立在两者内在需要基础之上相互依存、相互促进、密不可分的有机结合，是教育与产业之间相对独立的有机结合。

这种结合既遵循教育发展规律，又遵循生产活动的经济发展规律。校企合作是现代的一种教育模式，是职业教育的特色与优势；是实现职业院校教学培养目标的重要保证；是院校深化教学改革，使教育贴近社会和企业，以适应经济发展的需要；是培养高素质技术、技能型人才的一条重要途径。

校企合作可以利用院校和企业不同的教育资源和教育环境，发挥院校和企业在人才培养方面的优势，将以理论知识讲授为主的职业教育与直接获取实际经验和技能为主的生产现场教育有机结合，满足企业需要，基本实现学生职业能力与企业岗位要求之间“无缝”对接的应用型人才培养模式。

（二）校企合作的发展历程

我国校企合作经历了一个由点到面、由低到高、由浅入深的发展过程，合作规模不断发展、合作内容不断深化、合作形式不断丰富、合作水平不断提升，这种不断变化的特点也反映出校企合作具有的时代特征。按照时间顺序，我国校企合作的发展历程可分为四个阶段。

1. 20 世纪 60 年代

我国校企合作的发展历程可以追溯到 20 世纪 60 年代的“两弹一星”项

目，这个被誉为中华人民共和国科技成就的里程碑，就是校企合作攻关取得显著成效的早期典范。在这个过程中，高等职业教育学院的教师和科研人员，在党的教育和科技方针的引领下，积极投身生产实践，与企业建立了初步的合作关系。

然而，尽管有这样的开端，我国在该时期的校企合作发展是相对缓慢的。因为在这个时期，国家更加注重科技研究的独立性，而高职院校则主要致力于人才的培养，所以与企业的合作并未大规模推进。然而，无论如何，“两弹一星”项目对我国校企合作的发展起到了开创性的作用，为后来的发展奠定了基础。

2. 20 世纪 80 年代

在 20 世纪 80 年代，我国校企合作开始被重视并广泛推行。在这个时期，国家提出了“科技面向经济，经济依靠科技”的方针，凸显出经济发展对科技进步的依赖，也突出了科技进步对教育的需求。这也从战略层面强调了大力发展科技和教育的重要性。

随着现代经济和技术的快速发展，对教育与生产劳动相结合的需求变得日益明显。在内容和方法上都需要不断创新和发展。而校企合作，尤其是双方在科研领域的合作，成为一种有效推动科技与经济相结合的手段。通过这种方式，可以加速科研成果向生产过程的转化，从而推动经济发展。

随着校企合作在实践中的广泛应用，人们开始对其理论进行深入研究，也在实践中不断探索其有效的形式。这种对理论与实践的双重探索，使得校企合作开始走上健康发展的道路。

3. 20 世纪 90 年代

从 20 世纪 90 年代开始，我国的校企合作进入了全新的发展阶段，产学研合作模式得到了实质性的发展。在这个时期，中国产学研合作教育协会在上海成立，标志着校企合作进入了新阶段。国家经济贸易委员会、原国家教育委员会以及中国科学院在全国范围内实施了“产学研联合开发工程”。这个工程的目标是，在构建社会主义市场经济体制的过程中，通过高职院校和国有大中型企业之间的紧密合作，建立稳定的交流和合作制度，逐渐形成共同发展的运行机制。

这个新的合作模式有利于探索一条适应中国国情，科技与经济紧密结合的道路，加速科研成果的转化和高新技术的产业化，从而提升了国有大中型企业的市场竞争力，并推动中国经济的强劲发展。在这个背景下，校企合作在我国正式步入了快速发展的轨道。

我国坚定实施科教兴国战略，并积极推动经济体制和经济增长方式的转变，落实科教兴国战略和可持续发展战略。同时，加快应用技术的开发和推广，促进科技成果转化为实际生产力，集中解决经济社会发展的重大和关键技术问题。许多科研机构以各种形式与企业合作，走上了产学研合作的道路。

进入20世纪90年代，随着社会主义市场经济体制的逐步建立和改革的不断深入，加上政策导向明确和国际竞争日益激烈，企业和高职院校面临新的挑战，使得校企合作进入了一个新的阶段。在这个阶段，校企合作以科技成果转化为主。在此期间，借助校企合作，催生了一批高新技术企业，并在全国各地建立了高新技术科技园。企业与高职院校的紧密合作，促进了科研资源的合理流动和配置。

4. 21世纪

进入21世纪，全面建成小康社会，职业技术教育肩负着培养技术人才的重任。目标是培养亿万高素质劳动者，数千万专业人才，以及大批优秀创新人才。其中，亿万高素质劳动者主要由职业教育和培训机构培养。职业学校和高职院校在培养数千万专业人才中也起着重要的作用。

教育部与相关部门和行业协会联合实施了卓越工程师教育培养计划，旨在培养和造就一大批具有强大创新能力，能适应经济社会发展需要的高质量各类型工程技术人才，为我国新型工业化发展道路、建设创新型国家和人才强国战略提供服务。我国将加速建设现代职业教育体系，培养高素质劳动者和技能型人才。

在此过程中，要充分调动企业参与产教融合的积极性和主动性，强化政策引导，鼓励先行先试，促进供需对接和流程再造，构建校企合作的长效机制。

展望未来，我国经济形势向好，市场对专业技能人才的需求迫切。教育制度改革也被提上了议程，传统教育模式必将迎来革新。企业的发展离不开学校的支持，而企业的壮大也会回馈学校的发展。校企合作，不仅提高了教育培养人才的效率，还有助于推动企业的发展壮大，这种“双赢”模式必将在我国得到进一步的发展和壮大。

（三）校企合作的原则

为实行校企合作，促进职业教育发展，在校企合作中应坚持以下原则，力求实现高技能人才培养目标和校企互利双赢的目标，促进校企共同发展。校企合作的原则如图 8-1 所示。

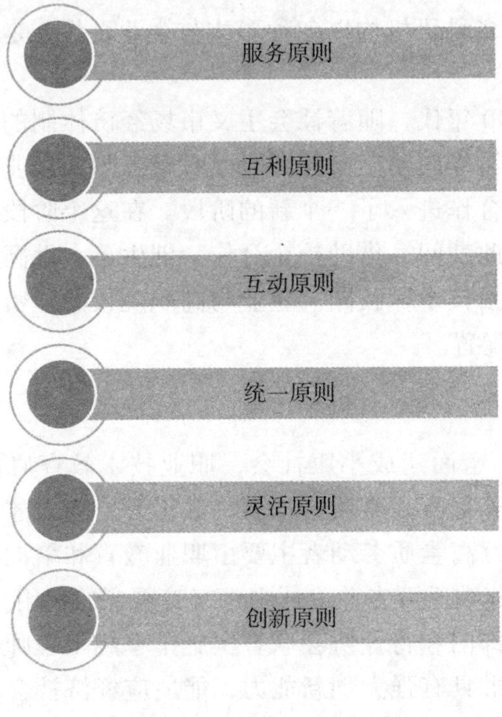

图 8-1 校企合作的原则

1. 服务原则

职业教育的目标是满足企业需求，这也是推动职业教育进步的核心理念，也构成了学校与企业合作的基础和前置条件。企业服务的质量对学校与企业合作的成功与否起着关键作用。为了让学校与企业的合作更好地满足企业的需要，职业学校在进行合作时，需要主动去企业中进行深入研究和调查，理解企业对人才的需求和技术标准，然后根据这些需求和标准，积极培养出能让企业满意的高技能人才。职业学校必须始终坚持关注企业、服务企业、关心企业的发展，这样才能与企业构建良好的合作关系，推动学校与企业的共同发展。

2. 互利原则

校企双方互利是进行校企合作的基础，失去互利将无法谈合作。通过校企合作，企业可以增加经济效益、提高职工的能力和素质、促进企业科技进步，学校可以提高教学质量和实力、提高师生的技能水平、促进学校产学研结合。

3. 互动原则

校企合作需要职业院校与企业的互动，职业院校应定期组织专业理论教师到企业给员工培训，企业也应定期派技术员到职业院校举办讲座。职业教师通过校企互动，实践知识丰富了，能力提高了，企业员工学到了理论知识，使得理论与实践互补，实现理论与实践一体化。

4. 统一原则

校企合作是职业院校与企业双方的活动，在校企合作中，对于校企双方的利益与责任要实行统一领导、统一管理、统一规划、统一实施、统一检查，只有这样才能实现理论知识与企业技术的结合。

5. 灵活原则

在全球经济高速发展的时代，校企合作逐渐成了职业教育中的重要组成部分。校企合作以企业需求为导向，能够更好地培养出符合行业需要的优秀人才。在这种背景下，实施校企合作的灵活原则至关重要。在灵活原则的指导下，校企合作必须遵循互利共赢的原则。企业和学校需要以合作为桥梁，共享资源，互通信息，创新教育方式，从而实现双方共赢。校企合作需要具有灵活性。这意味着企业和学校需要根据行业发展和教育政策的变化，以及学生的需求变化，不断调整和优化合作模式，使之始终保持活力。

6. 创新原则

在校企合作中，创新原则是一项至关重要的准则。无论是在合作方式、教学方法还是在管理模式上，都需要富有创新精神，持续推动校企合作向前发展。

首先，创新原则要求校企合作的方式创新。学校不再局限于传统的人才培养模式，可以通过开发新的合作形式，如搭建实习实训基地、共建研发平台、联合开展科研项目等方式，更好地服务于社会和企业。其次，教学方法也需要创新。以往单一的教学模式无法满足当前社会对人才的多元化需求。学校和企业可以合作设计新的课程体系，以符合行业的发展需求。还可以引入新的教学方法，如翻转课堂、线上线下混合学习等，使教学更具有效性和趣味性。创新原则也要求管理模式的创新。传统的管理模式可能无法满足校企合作的复杂性和多样性。学校和企业可以通过合作探索新的管理模式，如建立共享决策机制，实现信息透明和共享，提高合作效率。最后，创新原则强调的是持续创新。在不断变化的环境中，只有不断创新，才能适应变化，满足社会和企业的需求。因此，学校和企业在合作中需要建立持续创新的机制，通过不断学习、改进和优化，推动校企合作的持续发展。

二、本科院校体教融合与企业联动的意义

本科院校体教融合与企业联动是推动教育改革、提高教育质量的重要方式，对于学生的职业发展、企业的发展，以及社会经济的发展都具有重要意义。

（一）有利于连接理论与实践

在本科院校体教融合与企业联动的背景下，学生有机会将所学的体育理论知识应用于真实的工作环境。比如，学生可以在健身房、运动俱乐部或专业体育团队等场所实习，亲自参与运动员的训练和健康管理，将所学的解剖学、生理学、运动心理学等理论知识应用于实际工作，提高他们的操作技能和实际解决问题的能力。实践活动还可以帮助学生深入理解理论。对于体育专业的学生来说，理论知识通常是抽象的，需要通过实际操作来具体化。例如，理解运动生理学的理论需要具备一定的生物学、化学等基础知识，学生通过观察和参与实践活动，可以更清晰地理解和记忆这些理论。实践活动还可以激发学生的创新精神。在解决实际问题的过程中，学生可能会发现理论知识的不足或者问题，从而促使他们对现有的理论进行挑战和改进，这对于培养学生的创新能力和独立思考能力具有重要的意义。

可见，本科院校体教融合与企业联动不仅有助于学生更好地理解和掌握体育理论知识，还能提高他们的实践技能，激发创新精神，使他们更好地为未来的职业生涯做准备。

（二）有利于增强就业竞争力

在当前的就业市场中，雇主不仅在寻找掌握坚实理论知识的毕业生，还在寻找具备实践经验和能力的人才。企业通常倾向于聘用那些已经具备某种程度工作经验、可以立即投入工作的求职者。学生通过本科院校与体育企业的联动，可以提前获得实践经验，从而增强他们的就业竞争力。一方面，学校与体育企业的合作可以让学生提前接触真实的工作环境。学生通过实习或项目合作，可以直接了解工作环境，如组织结构、团队协作、时间管理、项目规划等，从而为自己进入职场做准备。学生还可以学习和练习在职场中必备的技能，如沟通技巧、解决问题的能力、批判性思考等。另一方面，企业联动也可以帮助学生了解行业的实际情况和发展趋势。学生通过与业界人士的交流，可以获得一手的行业信息和动态，从而更好地了解职业发展的路径，明确自己的职业目标。

另外，学生通过实习或项目合作，可以提前积累工作经验，为未来就业打下基础。在实习过程中，学生可以在实际环境中应用所学的理论知识，提升自己的职业技能。优秀的实习表现可能会得到企业的正式聘用，或者获得推荐信，都将对学生未来的就业大有裨益。

（三）有利于提高教学质量

本科院校与体育企业联动，可以帮助学校及时获取行业最新的需求和发展动态，从而为教学改革提供强有力的依据，进一步提升教学质量。例如，企业可以为学校提供最新的行业信息和动态。这些信息不仅可以帮助学校及时了解行业的最新发展趋势和变化，还可以帮助学校了解体育行业所需要的具体技能和能力。例如，随着科技的进步，体育行业可能会更加依赖数据分析和人工智能等技术。因此，学校需要在课程设置上增加这些领域的内容，以确保学生能够掌握这些新的技能。又如，企业可以为学校提供关于教学效果的反馈。比如，企业可以根据实习生或毕业生的表现，向学校提供反馈，帮助学校了解教学内容在实践应用中的效果，是否存在知识和技能的脱节，从而帮助学校有针对性地调整教学方法和内容。

（四）有利于推动科研进步

本科院校与体育类企业的联动能够为学校提供更丰富的研究资源和实

践场所，进一步推动科研的发展。这是因为，企业可以为学校提供实际的研究课题。在现实工作中，企业可能会遇到各种具有挑战性的问题，这些问题需要依靠科学研究来解决。例如，如何提高运动员的表现，如何防止运动伤害，如何通过运动改善公众的健康。这些问题都可以成为学校研究的课题，从而使学术研究更具应用价值和社会影响力。企业可以为学校提供必要的资金支持。科学研究通常需要大量的资金来购买设备、雇用研究人员以及进行实验等。与企业进行合作可以为学校提供这部分的资金，使得学校可以进行更大规模或更高质量的研究。企业也可以从学校的研究成果中获益。学校的研究成果可以帮助企业解决实际问题，提高效率，开发新的产品和服务。企业还可以通过与学校的合作，吸引和挖掘优秀的人才，提升企业的竞争力。

（五）有利于培养创新精神

在当今这个快速发展的时代，创新已经成为社会进步的重要驱动力。本科院校与体育类企业的联动，可以为学生提供丰富的学习和实践机会，激发他们的创新精神，提升他们的创新能力。例如，学校与企业的合作可以为学生提供更丰富的学习资源和实践机会。学生通过实习或参与企业项目，可以亲身参与科技研究和产品开发，了解最新的行业动态和科技发展，这将开阔他们的视野，激发他们的创新思维。企业实践可以帮助学生理解和掌握创新的过程。创新不仅要有创新思维，还要有将创新思维转化为实际产品或服务的能力。学生通过企业实践，可以了解到创新的全过程，包括市场调研、产品设计、项目管理、产品推广等，这将有助于他们在未来的工作中更好地实施创新。又如，学校与企业的合作也可以让学生接触到更多的行业专家和业界领袖。他们的经验和见解，可以为学生提供宝贵的启示和指导，帮助他们形成独立思考的习惯，培养他们的创新精神。

三、本科院校体教融合与企业联动的路径

在全球经济高度发展和互联网快速演变的背景下，体育和教育的融合成为当务之急。本科院校与企业联动开展体教融合，通过共享资源、联合培训、实习实践等方式，不仅能够提高学生的专业技能和就业竞争力，还有助于培养学生的团队协作能力、创新思维和实践能力。在这个过程中，人们能够看到教育与实践、理论与应用的完美融合，为打造体育强国提供了新的路

径和思考。

（一）校企共建体育相关课程

在当今这个日新月异的时代，教育界和企业界的融合越来越被重视。而在这个融合过程中，校企共建体育相关课程成为一种新的教学模式。这种模式不仅满足了学生的实际需求，还满足了社会和企业对人才的需求，使得学生能在学习过程中对企业有更深的理解，从而更好地适应企业工作。

学校与企业共建体育相关课程，实际上是将企业的实际需求和工作流程融入课程中。这是一个双赢的过程，学生可以通过学习这些课程，了解和掌握企业的工作模式和流程，提升自己的实践能力和创新能力。企业也可以通过参与课程的设计和教学，了解和掌握学生的学习情况和需求，从而更好地进行人才的培养和选拔。

在校企共建体育相关课程的过程中，企业可以参与课程的设计和实施。例如，企业可以提供一些实际案例和问题，供学生在课程中研究和解决。这种以问题为导向的教学方式，不仅可以提高学生的实践能力，还可以培养学生的创新思维和解决问题的能力。

企业还可以提供实习和实践的机会，让学生在实际的工作环境中学习和成长。例如，企业可以提供实习岗位，让学生在实习过程中了解企业的运营模式，掌握专业技能。企业可以与学校共同开展项目，让学生在项目中学习和实践，提高自己的项目管理能力和团队合作能力。在校企共建体育相关课程的过程中，学校也需要进行调整和改革。例如，学校需要调整课程结构，将理论课程和实践课程相结合，让学生在学习理论知识的同时，能通过实践来加深理解和掌握。学校还需要提高教师的教学能力和素质，使他们能够适应这种新的教学模式。

总的来说，校企共建体育相关课程是一种新的教学模式，它把学生、学校和企业连接起来，形成了一种互动和共赢的局面。这种模式不仅可以提高学生的实践能力和就业竞争力，还可以推动学校和企业的发展和进步。期待在未来，这种教学模式能够得到更广泛的应用和推广，为我国的教育事业和体育事业做出更大的贡献。

（二）学校与体育企业开展双选活动

校企开展双选活动已经逐渐成为体育企业与院校合作的一种重要形式，

这种活动方式促进了学生与企业的直接交流，有助于解决学生的就业问题，也为企业招聘人才提供了便利。

校企开展双选活动为学生提供了宝贵的平台，使得他们可以直接接触和了解企业，有助于他们将自身所学知识与企业实际需求进行对接，有利于他们了解自身的就业方向和职业发展路径。学生通过与企业直接的交流，能够更好地理解企业文化、工作环境以及企业对员工的期望，这有助于他们在毕业后更好地适应工作，更快地进入角色。学生可以利用这个机会，根据自身的兴趣和职业规划，选择适合自己的企业，而不是被动地接受就业安排。这种主动选择的机会，有助于提高学生的就业满意度，促进他们的职业成长。

对于企业来说，校企开展双选活动也是招聘优秀人才的好机会。在活动中，企业可以接触到大量的毕业生，对他们的专业知识、实践能力和人际交往能力进行评估。这种方式比传统的招聘方式更加直接有效，可以大幅缩短招聘周期，提高招聘效率。

企业可以通过与学生的直接交流，了解他们的思想观念、职业规划和发展需求，从而进行更精准的人才定位。这有助于企业更好地满足人力资源需求，促进企业的发展。

校企开展双选活动还可以促进校企间的深度合作。学校通过双选活动，可以更好地了解企业的需求，对专业课程设置和教学方法进行调整，使之更符合企业的需求。企业也可以通过与学校的深度合作，提升企业的社会责任感和品牌影响力。

总的来说，校企开展双选活动是一种有效的校企合作方式，不仅可以帮助学生找到满意的工作，还可以为企业提供招聘优秀人才的机会。在未来的发展中，期待校企双选活动能够发挥更大的作用，更好地服务于学生的就业和企业的发展，为社会经济的发展做出更大的贡献。

（三）开办校企合作体育研究所

开办校企合作体育研究所是当今教育改革和创新的重要趋势，它有效地推动了理论与实践、科研与产业、学术与市场之间的深度融合，提升了体育学科的研究实力和社会服务能力，也为学生提供了宝贵的实践和学习机会。

校企合作体育研究所是以解决实际问题和满足企业需求为导向的科研机构，其目标是推动科研成果的产业化，提升体育领域的科技创新能力和竞争力。研究所内的研究项目，既可以来源于企业实际运营中遇到的问题，也可以来源于学术界的前沿理论研究，推动理论研究与实践应用的有效结合，提高科研成果的转化率。

对于学生来说，参与校企合作体育研究所的研究工作，是一次宝贵的实践和学习机会。在这里，他们可以直接参与科研项目，亲手进行实验操作，深入理解科研方法和流程，提升科研能力和创新精神。他们也能够深入了解企业运营模式和市场需求，提升职业素养和就业竞争力。

对于企业来说，参与校企合作体育研究所的建设和运营，是一次提升科技创新能力和竞争力的好机会。在这里，他们可以利用学术界的科研资源和人才优势，解决实际运营中遇到的问题，提升产品质量和服务水平。他们也可以培养一批懂技术、会研究、能创新的高素质人才，为企业的长远发展注入强大的动力。

校企合作体育研究所还可以作为学术界和工业界交流和合作的平台。在这里，学者可以深入了解市场需求和企业运营，将研究方向更加贴近实际，提升研究的社会价值和实用价值。企业家也可以了解学术界的前沿理论和研究动态，引领企业科技创新，提升企业的技术水平和市场竞争力。

可见，开办校企合作体育研究所是推动科研成果转化、提升体育科技创新能力、培养高素质人才的有效途径。在未来的发展中，期待更多的学校和企业能够联手开办体育研究所，为推动我国体育事业的进步和社会服务水平的提升做出更大的贡献。

（四）实行体育定向培养策略

实行体育定向培养策略，是学校与体育企业联动的重要途径之一，这种模式不仅可以提高学生的就业率，还对体育产业的发展起到积极的作用。

体育定向培养就是根据体育企业的需求，为学生提供有针对性的教育和培训，这种教育和培训方案旨在满足企业对人才的特定需求，为企业输送一批具有相关专业知识和技能的高素质人才。在这种培养模式下，学生不仅可以在校期间学到与体育专业相关的理论知识，还可以通过实习和实践活动，提前了解和适应企业的工作环境和流程，从而在毕业后更好地融入企业，更快地开展工作。

对于学校来说，实行体育定向培养策略可以增强教学的针对性和实效性。学校通过与企业的紧密合作，可以了解企业对人才的实际需求，从而在课程设置、教学方法和评价体系等方面进行改革和优化，提高教育的质量和效果。这也是学校履行社会责任，为社会提供高质量人才的重要途径。

对于企业来说，参与体育定向培养可以帮助他们解决人才短缺的问题，提升企业的竞争力。企业通过与学校的深度合作，可以影响和参与人才的培养过程，确保人才的能力和素质符合企业的需求。这也是企业进行社会投入，提升品牌影响力和社会责任感的好机会。

对于学生来说，接受体育定向培养可以提升他们的就业竞争力，帮助他们顺利找到工作。在定向培养的过程中，学生可以接触到更多的实践机会，了解企业的工作环境和流程，提前适应工作岗位，提升职业技能和素养。这也是他们将所学知识转化为实践能力，实现个人价值和发展的重要平台。

实行体育定向培养策略是学校与体育企业联动的有效路径，有利于提高教育的针对性和实效性，帮助企业解决人才短缺的问题，提升学生的就业竞争力。在未来的发展中，期待看到更多的学校和企业参与体育定向培养，为推动我国体育事业和教育事业的发展做出更大的贡献。

（五）实施体育企业导师制度

实施体育企业导师制度，是体育强国理念下，学校与体育企业紧密联动的重要途径，这种教学模式有助于在理论学习与实践应用之间架起一座桥梁，使学生在实际工作环境中获得深度学习和提升的机会。

体育企业导师制度是指学校邀请体育企业的专业人士担任学生的导师，为学生提供一对一的专业指导和人生指导。这种模式下的导师不仅拥有丰富的理论知识和专业技能，还具备丰富的行业经验和实践经验。他们能够为学生提供实际、具体和生动的教学内容，帮助学生理解和掌握复杂的理论知识和技术技能，也能够通过分享自己的工作经验和人生经历，帮助学生了解和适应实际工作环境，提升职业素养和就业竞争力。

实施体育企业导师制度是提升教育质量和教育效果的重要手段。学校通过企业导师，能够将最新的行业信息和企业需求引入课堂，使教学内容和教学方式更加贴近实际，更加具有前瞻性和实用性。这也是学校为学生提供多元化、个性化和实效性教育的重要途径，有助于培养学生的实践能力和创新能力，提高学生的就业满意度和就业质量。实施体育企业导师制度是提升企业品牌影响力和社会责任感的好机会。企业通过企业导师，可以将企业文化、企业价值和企业需求传递给学生，增强学生对企业的了解和认同，从而吸引更多的优秀人才加入企业。这也是企业进行社会投入，回馈社会，提升企业社会形象的有效途径。接受体育企业导师的指导是提升自身能力和竞争力的重要途径。学生通过企业导师，可以从实际工作中得到学习和提高，提前了解和适应工作环境，提升职业技能和素养，为将来的就业和发展打下坚实的基础。

第二节　大力开展体教融合社会实践

一、社会实践活动能够推动体教融合逐步深化

社会实践活动能够推动体教融合逐步深化，主要包括以下几个方面。

（一）提高学生的实践能力

社会实践作为一种高度现实的、富有挑战性的学习活动，能够在各个层面提高学生的实践能力，从而推动教育和实践的融合，使学生得以在更全面、更深入的层面上理解和应用他们在课堂上所学的知识。

实践能力的提升是一个动态的、持续的过程。社会实践活动可以引导学生积极主动地参与具有实际意义的任务，这些任务包括调研、服务、创新等多种形式。学生在实践活动中，不仅能够理解并运用所学的理论知识，还可以在处理实际问题时培养自己的判断和决策能力。因此，社会实践活动实质上是一个学习新知识、新技能的过程，能够使学生在动手操作中掌握知识，而这正是提高实践能力的核心。社会实践活动还能够帮助学生把握知识的应用价值。在课堂环境中，教师主要以理论为主导向学生传授知识，学生往往需要自我探索和实践才能明白这些知识在实际生活中的应用。而社会实践活动，则为学生提供了一个将理论知识转化为实际操作的平台，使学生能够真正体验到知识的价值和威力，从而提高他们的学习积极性和学习深度。

学生通过参与社会实践活动，能够在实践中学习和掌握新的知识和技能，提高他们的实践能力，这既能帮助学生更好地理解和应用他们在课堂上学到的知识，又能使他们获得宝贵的生活经验，更深入地理解社会和人生。因此，社会实践活动在推动体教融合中起着至关重要的作用。

（二）培养学生的社会责任感和团队合作精神

社会实践活动是一个卓越的平台，学生通过这个平台，可以对自己在社会中的角色有更深入的理解，也可以更好地理解并肩负起自己的社会责任。这种活动的多样性，包括社区服务、环保行动、社会调研等，能够让学生有机会接触到社会的各个方面，从而增强他们的社会认知和社会责任感。

社会实践活动能够帮助学生认识到自己是社会的一分子，他们的行动会对社会产生影响。这种认识能够使他们积极参与社会活动，也会对他们的行为产生积极的影响。在社会实践活动中，学生可以看到自己的行动带来的直接结果，这种直接的反馈能够增强他们的社会责任感。

社会实践活动也能够让学生理解团队合作的重要性。在这种活动中，学生需要与其他人一起工作，他们需要学习如何在团队中发挥自己的作用，如何协调和解决团队内的问题。这种经验能够帮助他们理解团队合作的重要性，也能够提高他们的合作技能。

总之，学生通过参与社会实践活动，可以了解社会的多样性，理解自己的责任和角色，让学生在团队中学习和交流。这些都是教育不能忽视的重要部分，而且这些都能够推动体教融合的深化。学生通过社会实践活动，可以更好地理解和参与社会，也可以提高他们的实践能力，从而为他们未来的生活打下坚实的基础。

（三）拓宽教育视野

社会实践活动是一种十分有效的教育方式，它能让学生接触到课堂之外的世界，从而拓宽他们的视野，让他们能够更全面、更深入地理解知识。

1. 社会实践活动能让学生接触到更广泛的社会现象

在课堂上，学生接触到的主要是理论知识，而在社会实践中，他们可以直接接触到各种真实的社会现象，可以亲眼看到社会的多元性和复杂性。这些丰富的现象可以让学生对社会有一个更真实、更全面的了解，从而提高他们的理解和应用知识的能力。

2. 社会实践活动可以让学生遇到各种实际问题

在解决这些问题的过程中，学生需要运用自己在课堂上学到的知识，也需要学习新的知识和技能。这不仅可以让他们深入理解和运用已有知识，还能让他们学会如何在面对新问题时，灵活运用知识和技能，这样可以进一步拓宽他们的教育视野。

3. 社会实践活动可以为学生提供将理论知识转化为实际操作的平台

在这个平台上，学生可以实际操作，也可以实际体验，这样可以让他们更好地理解知识的实际价值。这种从理论到实践，再从实践到理论的反复过程，可以让学生更深入地理解知识、更好地掌握知识，从而推动体教融合的深化。

4. 社会实践活动还能让学生开阔视野，培养他们的全球视野

在社会实践活动中，学生可以接触到不同的文化，了解不同的生活方式，这样可以让他们拥有宽广的视野，从而更全面地理解世界。这种全球视野的培养，对于他们未来在全球化的社会中生活和工作，是较为重要的。

（四）提高学生的创新能力和解决问题的能力

社会实践活动作为一种重要的教学方式，能够有效地提高学生的创新能力和解决问题的能力，从而推动体教融合的深化。

社会实践活动常常需要学生解决一些实际的、具体的问题，而这些问题往往需要他们进行创新思考和实践操作。比如，学生参与的是一项社区服务活动，他们可能需要设计并实施解决社区问题的方案，这就需要他们运用所学的知识和技能，结合具体的情况，进行创新和实践。在这个过程中，他们不仅可以学到新的知识和技能，还可以锻炼自己的创新能力和解决问题的能力。

社会实践活动让学生有机会将理论知识应用到实际中，这种从理论到实践的过程，是锻炼学生创新能力和解决问题能力的重要途径。在应用理论知识解决实际问题的过程中，学生需要不断尝试、反思、修正，这样可以让他们更深入地理解知识，也可以让他们学会如何运用知识解决问题。这个过程也可以让他们学会如何创新，如何用新的方式、新的方法解决问题。

社会实践活动还能够让学生体验成功和失败，这种体验可以让他们学会如何面对困难，如何克服困难，如何从失败中吸取教训，如何在成功中获得信心。这种能力对于他们的成长是较为重要的。

总之，社会实践活动能够有效地提高学生的创新能力和解决问题的能

力，这两种能力是推动体教融合深化的重要因素。学生通过参与社会实践活动，可以更好地理解和应用知识，可以更好地锻炼自己的能力，从而为他们未来的生活和工作打下坚实的基础。

二、体教融合相关的社会实践活动规划方案

社会实践活动规划方案对于推动体教融合至关重要。

（一）项目式学习活动

项目式学习活动是一种将理论知识应用到实际问题中的教学方式。教师可以设计一系列以解决实际问题为目标的项目，让学生在完成这些项目的过程中，深化他们对知识的理解和应用能力，提高他们的创新能力和解决问题的能力。例如，环保项目、社区服务项目、科学研究项目等。

（二）现场学习活动

现场学习活动是一种让学生在实际环境中学习的方式。教师可以组织一些参观活动，如参观工厂、博物馆、公园等，让学生在实际环境中观察和学习，提高他们的实践能力和观察力。

（三）志愿者服务活动

志愿者服务活动是一种帮助学生建立社会责任感和合作精神的方式。教师可以组织一些志愿者服务活动，如帮助社区的老人、清理公园的垃圾、参加公益活动等，让学生在服务中学习和成长。

（四）国际交流活动

国际交流活动是一种帮助学生开阔视野，培养他们全球视野的方式。教师可以与海外的学校或组织进行交流，组织一些交流活动，如语言学习、文化交流、学术研讨等。

（五）创新创业活动

创新创业活动是一种帮助学生提高创新能力和解决问题的方式。教师可以组织一些创新创业活动，如创业比赛、创新设计、编程比赛等。

（六）体育运动活动

体育运动活动可以帮助学生提高身体素质，也可以培养他们的团队精神和领导能力。教师可以组织一些体育运动活动，如足球比赛、篮球比赛、运动会等。

第三节　推动体教融合相关文化活动的开展

一、开展体教融合相关文化活动的具体实践

开展体教融合相关的文化活动是一种很好的教育方式，它可以让学生在参与活动的过程中，更深入地理解和应用知识，提高他们的实践能力和创新能力。

（一）开展体育文化研究项目

开展体育文化研究项目是一种旨在深化学生对体育理论和实践知识理解的活动。该活动的核心在于融入学生自主选择的体育文化主题，使学生的学习不再是孤立的或仅限于课本上的理论，而是与现实生活中的体育文化现象和问题相结合，提高了学生的参与度和学习动力。

1. 开展体育文化研究项目可以使学生理解体育文化的多元性和丰富性

体育不仅仅是比赛和竞技，更是一种文化现象，涵盖了诸如历史、社会、经济、艺术、心理等多个方面。学生通过研究特定的体育文化主题，如特定运动的发展历史、特定运动员的生涯成就、特定地区的体育风俗等，可以得到更广阔和深入的体育知识视野。

2. 开展体育文化研究项目可以提高学生的研究能力

在项目进行过程中，学生需要进行资料收集、信息整理、问题分析、结论提炼等一系列研究步骤。他们不仅需要运用学术研究的方法，还需要学习如何提出研究问题、如何设计研究方案、如何进行有效的交流和报告。这些技能都是学生未来学习和工作的重要能力。

3. 体育文化研究项目能提升学生的创新能力

在研究过程中，学生往往需要对现有的理论进行批判性的思考，探索新的解释和理解。他们需要设计新的研究方法，提出新的研究问题，甚至对现有的知识进行挑战和改进。这种创新的过程，是对学生创新能力的锻炼和提升。

4. 开展体育文化研究项目是一个团队合作的过程

学生通常需要在团队合作中完成研究项目，这需要他们学会合作、沟通、协调、领导等一系列团队合作技能。这种团队的合作经历，是对学生社交能力和领导能力的提升。

（二）开展体育文化交流活动

开展体育文化交流活动是一种促进学生理解多元文化，拓宽视野的有效方式。在这种活动中，学生有机会接触到不同背景、不同特点的体育文化，从而增强他们的理解能力、适应能力和社会交往能力。

体育作为一种全人类的共同语言，跨越了地域和种族的界限，体现了不同文化的多样性和独特性。学生通过听取来自不同文化背景的人分享他们的体育文化经历，可以深入理解其他文化的价值观和生活方式，从而开阔自己的视野，增强跨文化理解和交流的能力。参观不同的文化活动，如参观体育博物馆、体育场馆、体育比赛等，可以让学生直接接触和体验不同的体育文化。这种亲身体验使学生对体育文化有更深层次的认识和理解，也提升了他们的观察力、分析力和思考力。体育文化交流活动也有助于提高学生的社会交往能力和团队合作能力。在交流活动中，学生需要与不同背景的人进行交流，这需要他们具备良好的沟通技巧、情绪管理技巧和人际关系处理技巧。活动中的团队合作环节，如参加集体体育项目，也能够锻炼学生的协作意识和领导才能。体育文化交流活动可以提升学生的自我认识和自我价值感。面对不同的体育文化，学生可能会产生反思，认识到自身所处的文化环境和价值观，并在比较和对照中加深对自我的理解。他们也可能在理解和欣赏他人的同时，更加珍视自己。

综上所述，开展体育文化交流活动是一种全面、深入的体育融合教育方式。这种教学方式充分利用了体育的特性，将知识传授与实践体验相结合，有力地推动了体教融合的实现。

（三）开展体育文化创作活动

开展体育文化创作活动对于体教融合的发展具有重要的作用。体育文化创作活动是一个综合运用知识、技能和创新思维的过程，这种过程推动了学生的学习积极性和创新能力。学生通过体育文化创作活动，不仅可以增强他们所学的理论知识和实践技能，还可以发展他们的创新思维和实践能力。

1. 体育文化创作活动可以帮助学生运用和巩固所学的理论知识

在创作过程中，学生需要将他们在课堂上学到的理论知识转化为实际的创作成果。比如，他们需要了解体育历史、研究体育运动的规则、理解运动员的心理状态等。这样的创作活动使他们有机会在实际操作中运用和验证他们的理论知识。

2. 体育文化创作活动可以提高学生的实践技能

在创作过程中，学生需要运用各种实践技能，如手工制作、编写报告、制作视频等。这种实践操作可以锻炼他们的动手能力，提高他们的实践技能。这种实践活动也使他们有机会接触和学到一些新的工具和实践技术。

3. 体育文化创作活动可以培养学生的创新思维

在创作过程中，学生需要运用创新思维，提出独特的观点，设计独特的作品。这样的创新活动可以鼓励他们跳出框架，挑战传统，从而培养他们的创新思维。体育文化创作活动也可以提高学生的团队协作能力和沟通能力。在创作过程中，学生需要与他人合作，分享想法，解决问题。这种团队工作经验可以提高他们的团队协作能力和沟通能力，也可以让他们理解团队合作的重要性。

4. 体育文化创作活动可以提升学生的自我价值感和成就感

完成一件创作作品，无论大小，都是一次成功的经历。这种成功的经历可以提升学生的自我价值感和成就感，增强他们的自信心和自尊心。

（四）开展体育文化表演活动

学校是学生身心健康的重要场所，也是文化传承和创新的重要载体。

在这个特殊的环境中，开展体育文化表演活动不仅能提高学生的合作能力和表达能力，还能推动体育与教育的有机融合，从而打造出一种全新的教育方式。

体育文化表演活动以其独特的活动形式和传播方式，一方面，能够充分发挥学生的积极性和创造性，通过活动使学生在亲身实践中感受体育的魅力，提高他们的体育能力和兴趣。这种活动还能激发学生的团队精神，提高他们的合作能力，使他们在共同完成任务的过程中，更好地理解和认识自己，更好地融入团队，培养出健康的人际关系和社会责任感。另一方面，体育文化表演活动也是一种强大的文化传播工具。在活动中，学生可以接触到不同的体育项目，了解其背后的历史文化，从而更深入地理解体育的意义。学生通过各种形式的表演，可以更好地将自己的体验和理解展现出来，通过自己的行为和表演传递出体育的精神和文化，提高他们的表达能力。

在体育文化表演活动中，学生可以深入了解和体验体育项目，将体育知识与实践相结合，使他们在活动中学到更多，体验更多。活动的策划、组织和实施，也是一种重要的教育活动，可以让学生亲身参与，体验和学习这些过程，进一步提升他们的组织能力、领导能力和沟通能力。

在具体的实践中，学校在活动策划、教学资源、教学方法等方面要进行深思和改革。例如，充分利用现有的教育资源，积极探索新的教学方式，注重学生的个体差异，关注他们的个人体验和感受，努力为他们创造充满活力、具有吸引力的学习环境。

总的来说，开展体育文化表演活动，是一种重要的教育方式，对于提高学生的身心素质、合作能力和表达能力，推动体育教育与其他教育的融合，具有重要的意义。希望每一个学校都能抓住这个机会，将体育文化表演活动纳入教育体系中，努力提高学生的综合素质，培养出更多的社会栋梁。

（五）开展体育文化竞赛活动

体育文化竞赛活动是教育的一种重要形式，它通过将知识、技能与实践相结合，将学习与娱乐相融合，为学生提供了一个全新的学习和体验平台。不论是知识问答还是才艺比赛，这类活动都能鼓励学生积极参与，与他人一较高下，提高他们的知识水平和技能水平。

体育文化竞赛活动的首要目标是提高学生的学习兴趣和学习能力。传统的学习方式往往让学生感到单调乏味，而通过竞赛活动，可以使学习变得生动有趣，激发学生的学习兴趣。学生在参加这类竞赛活动时，不仅需要运用已有的知识和技能，还需要采用策略，寻找解决问题的最佳方法，这对他们的学习能力是一种锻炼和提升。体育文化竞赛活动也是一种有效的社交活动，它能够提升学生的团队协作能力和社交技巧。在这类活动中，学生需要与队友密切合作，分工协作，共同面对挑战，解决问题。他们需要学习如何有效地交流、如何达成共识、如何协调分歧，这些都是他们未来社会生活中不可或缺的能力。

开展体育文化竞赛活动，要求学校有一套科学的管理和组织体系。学校需要对活动进行精心策划和安排，设定合理的竞赛规则，提供充足的学习资源，以确保活动的顺利进行。教师需要根据学生的特性和需求，提供个性化的指导和支持，鼓励每一位学生积极参与。

在教育理念上，开展体育文化竞赛活动是一种新的尝试和突破。它强调知识和技能的实践与应用，重视学生的全面发展，注重教育的趣味性和生动性，这是对传统教育模式的有力挑战和有益补充。学校通过这类活动，可以帮助学生建立起对知识的深层理解，提高他们的学习效率和质量。

总的来说，开展体育文化竞赛活动是一种有效的教育方式，它能够在提高学生知识水平和技能水平的同时，培养他们的团队协作能力、心理素质、社交技巧等素质。这种方式不仅能够推动体育教育与传统教育的有机融合，还能够帮助学生形成积极的世界观、人生观和价值观，为他们的未来打下坚实的基础。

二、开展体教融合相关文化活动的注意事项

开展体教融合相关的文化活动是较为有益的，但在实施过程中，存在一些需要注意的事项，以确保活动的顺利进行并实现预期的效果。

（一）避免“重结果、轻过程”

在开展体育文化活动时，“重结果、轻过程”的现象经常会出现，但这种过度追求结果的行为是人们应当避免的。活动过程往往比结果更重要，这是因为在活动过程中，学生不仅会学到知识，还会学到合作、创新，以及如何在挫折中成长和解决问题的方法。这些都是书本上学不到的，却是生活中较为重要的技能。

当过度关注结果时，学生可能会因为害怕失败而不敢尝试，或者在得知结果无法改变时选择放弃，这将无法达到教育的目的。因此，教育者和家长

需要逐渐转变观念，理解比赛过程才是最重要的。在比赛过程中，学生的感受、体验、收获以及进步才是关注的焦点。

在活动过程中，学生需要合作完成任务或比赛，他们将学会如何与他人沟通，如何协调分歧，如何共同完成目标。这不仅能够提升他们的团队合作能力，还能让他们理解集体的力量以及与他人合作的重要性。活动过程也是充满挑战性的，学生需要创新思维，独立思考，以解决可能遇到的问题。这将提升他们解决问题的能力，也能激发他们的创新意识。而在面对挫折时，学生需要坚韧不拔，勇敢面对，这将锻炼他们的心理素质，也会使他们更加坚强。在活动过程中，教育者和家长应当关注学生的感受和体验，而不是仅仅关注结果。他们需要鼓励学生积极参与，全力以赴，而不是压迫他们必须赢。他们应当关注学生在活动中的改变，是否更加自信，是否更懂得合作，是否更有创新精神，而不是仅仅关注他们是否取得了第一名。

活动的目的并不是让每个学生都变成冠军，而是通过活动，让他们学到知识，收获友情，提升能力，成为更好的自己。这是作为教育者和家长应当关注的。

总的来说，“重结果、轻过程”的观念是需要教师摒弃的。教师要理解活动过程才是真正的宝藏，才是对学生最大的教育和成长；要看到学生的收获，而不仅仅是结果。只有这样才能真正实现体教融合，真正达到教育的目的。

（二）避免“一刀切”

在开展体教融合的文化活动时，一个重要的原则是避免采用“一刀切”的方式。这是因为每个学生都是独一无二的个体，他们的性格、兴趣、能力和经历都有所不同。因此，教师要充分考虑每个学生的个体差异，在组织活动时提供多元化、个性化的参与方式。

每个学生都是独特的个体。他们的性格不同，有的内向，有的外向；他们的兴趣不同，有的喜欢足球，有的喜欢跳舞；他们的能力不同，有的擅长思考，有的擅长动手。这些差异都是他们独特个性的一部分，也是他们宝贵的个人资本。教师在组织活动时，不能采取“一刀切”的方式，强制所有的学生都按照同一种方式参与。这不仅会使那些不适应这种方式的学生感到困扰，还会削弱他们参与活动的积极性。相反，应当尽可能地为他们提供多元化、个性化的参与方式。

这意味着，教师在设计活动时，要尽可能地考虑各种可能的参与方式，以满足不同学生的需求。例如，对于那些喜欢团队合作的学生，可以设计一些需要团队合作的任务；对于那些喜欢独立思考的学生，可以设计一些需要独立完成的任务。教师应当为学生提供选择的空间，让他们可以根据自己的兴趣和能力，选择适合自己的参与方式。教师还要尊重每个学生的特点和需要，支持他们按照自己的方式参与活动。教师应当鼓励他们勇敢表达自己的意见，尊重他们的决定。

"一刀切"的方式不仅无法满足学生的需求，也无法发挥他们的潜力。只有尊重每个学生的个体差异，提供多元化、个性化的参与方式，才能真正推动体教融合不断深化，让每个学生在活动中得到发展和成长。

（三）注意安全问题

在进行体育文化活动时，学生的安全始终是首要考虑因素。每个参与者都需要认识到安全的重要性，共同做好安全教育和防护措施，以预防可能出现的各种风险，避免发生意外伤害。安全教育应该是每一项活动开始前的必要环节。只有在充分了解了可能出现的风险以及如何应对这些风险的情况下，学生才能更好地保护自己。教师应该提供具体、明确的安全指导，告诫学生在活动中应避免的危险行为，并让他们了解在遇到紧急情况时应如何保护自己和他人。活动设备应经常检查和维护，以确保其安全可靠；场地应保持干燥、整洁，并且无障碍物，以防滑倒或撞伤；活动的难度和强度应根据学生的身体状况适当调整，以防体力过度消耗或受伤。根据活动的性质和风险，提供相应的防护设备，如头盔、护膝等。

然而，即使做好了预防措施，仍然不能排除意外发生的可能性。所以，负责人员必须准备好应对意外情况的方案。学校应有专门的急救人员和设备，以及紧急联系人。教师和学生都应学习基本的急救知识，以便在发生意外时能够及时、正确地进行处理。每个学生也需要对自己的安全负责。他们需要学会在活动中保护自己，理解并遵守安全规则。

（四）注意教师的引导作用

教师在体育文化活动中的角色至关重要，教师不仅是教育的传播者，还是活动的组织者、引导者和辅导者。他们的作用和影响力远远超出了课堂的范围，是推动体育文化活动顺利开展的重要力量。他们应根据学生的特点和需要，提供有效的指导和帮助，以激发学生的积极性和创造性。

1. 教师是活动的组织者

教师要精心设计和策划活动，使其既有趣又有教育意义。教师需要考虑活动的目标，参与者的年龄、兴趣和能力，以及如何将教学目标与活动结合起来。教师要熟悉活动的规则，确保所有的学生都能够理解和遵守。教师还要管理活动的进程，保持活动的秩序，处理可能出现的问题。

2. 教师是活动的引导者

教师要引导学生参与活动，鼓励他们发挥自己的优势，从容面对挑战。教师要引导学生理解活动的目标，激发他们的兴趣和热情。教师要引导学生学习新的知识和技能，培养他们的团队协作和解决问题能力。教师要引导学生思考活动的意义，提高他们的思维深度和广度。

3. 教师是活动的辅导者

教师要密切关注每一个学生的表现，了解他们的需求和困惑，提供适时的帮助和支持。教师要给予学生正面的反馈和鼓励，增强他们的自信心和动力。教师要引导学生反思自己的行为和经历，帮助他们从中学习和成长。

（五）注意合理安排活动的时间和强度

为了确保学生的身心健康，体育活动的时间和强度应合理安排。良好的活动计划应该同时满足学生的身体、心理和社交需要，以充分发挥活动的教育作用。过多的体育活动会对学生的身体造成过度的压力，而过少的活动又无法达到预期的效果。如何权衡活动的时间和强度，让学生在活动中受益，而不是受损，是需要仔细考虑的问题。

活动的时间和强度都会直接影响学生的身体健康。适度的运动可以提高心肺功能，增强肌肉力量，改善身体协调性，促进骨骼健康，还可以帮助缓解压力，提高情绪。但是，过度的运动可能会导致疲劳、伤病，甚至对身体产生负面影响。同时，要科学安排活动的时间和强度。对于时间，需要考虑学生的年龄、性别、身体状况等因素，以确定适宜的活动时间。对于强度，需要考虑活动的性质、目标以及学生的能力，以确定适宜的活动强度。因此，可以对学生进行一定的评估，并且根据评估结果进行个体化的调整。也要考虑学生的心理和社交需要。活动不仅仅是为了锻炼身体，更是为了促进学生的全面发展，要在活动中创造机会，让学生学习新的知识和技能，培养他们的团队协作和解决问题能力，提高他们的自信和自尊。因此，可以在活动设计中加入一些挑战和竞赛元素，激发学生的积极性和创造性。

（六）注意活动的持续性和连续性

体育文化活动的持续性和连续性对于实现教育目标，特别是在身心发展、技能提升和价值观形成等方面的影响是至关重要的。仅仅是一次性或偶尔的活动，很难在学生的心智、情感和行为上产生深远的影响。反之，长期、持续的体育文化活动，才能更有效地提升学生的体质、技能和情感，增强他们的团队精神，提升他们的自信心，形成良好的价值观。

持续和连续的体育文化活动会对学生的身体发展产生积极的影响。体育活动，特别是有规律的体育活动，可以帮助学生建立良好的体育习惯，提高他们的体质，增强他们的体力和耐力。对于一些需要长期训练和锻炼的技能，如篮球、足球、跳绳等，学生只有通过长期、持续的训练，才能达到理想的效果。持续和连续的体育文化活动可以帮助学生提升他们的社交技能和团队协作能力。在团队体育活动中，学生需要与他人合作，才能达成共同的目标。这不仅可以提升他们的沟通能力和协作精神，还可以培养他们的领导力和责任感。持续的体育文化活动还可以让他们在实践中学习如何处理冲突，如何接受失败，如何尊重他人，等等。通过持续的体育文化活动，才能够大力推进体教融合深入开展。从而在多方面对学生产生积极的影响，提升他们的身体、心理和社交能力，树立良好的价值观。

第九章　高校体育与素质教育的融合实践与创新

第一节　素质教育已成为教育事业的时代命题

一、素质教育的定义与内涵

20世纪80年代，素质教育的热潮开始在我国教育界“涌动”，经历了萌芽、实验推广和全面推进等阶段的发展演变。教育体制改革的根本目的是提高国民素质，多出人才、出好人才。

（一）素质教育的定义

素质教育指通过科学教育途径，充分发掘人的天赋条件，提高人的各种素质水平，并且使其得到全面、充分、和谐发展的教育。简而言之，素质教育就是全面提高与发展人的素质的教育。

素质教育的内容结构包括以下三方面：以学生的先天禀赋为基础，进行生理素质教育潜能的开发；培养学生良好的心理品质；将人类的文化成果（主要是精神文化，包括道德、科学、艺术等方面）通过环境和教育内化为学生的认知结构，进行文化素质教育。

（二）素质教育的内涵

在当代社会，素质教育具有深刻且全面的内涵，其内涵体现在教育目标、教育内容、教育方式、教育时间等多个方面。

1. 在教育目标上

素质教育的目标是促进人的全面发展，它不只是一种教育方式，更是一种教育思维和理念。这个观念有其自己的理论基础。虽然素质与人的天赋有很大关系，但对大多数人来说，天生的才能差异并不大，一个人素质的高低主要是在后天的社会环境和教育训练中塑造的。

素质教育的理论基础是马克思关于“人的全面发展”的观点。马克思认为，人的全面发展包括以下几个方面：首先，人的全面发展是指体力和智力的充分发展，由于旧式分工的消除，体力劳动和脑力劳动的区别也被消除，社会的每一个成员的体力和智力都得到充分、自由的发展，达到一种统一；其次，人的全面发展是情感和道德的充分发展，在理想社会中，所有社会成员得到完全的解放，人们有高尚的品格、丰富的情感、活泼的身心、广泛的兴趣，情感和道德都得到提升；最后，人的全面发展也表现在美感的充分发展，随着个性的自由发展，美的感觉也得到解放，每个人都拥有自己对自然美、社会美、艺术美的感受力、鉴赏力和创造力。

现在，教育界将“素质”作为教育的中心和目标，这既是对过去专业化、职业化、定向化教育的反思，也是对新时代发展需求的积极回应。素质教育贯穿人才培养的整个过程，它为人的一生如何做人、做事奠定了基础，是包括思维、能力、人格等方面的教育。

2. 在教育内容上

素质教育在教育内容方面强调全面性。相比之前的应试教育，人们常称之为“传统教育”，素质教育是对其直接的回应。应试教育重在传递知识，旨在使学生记忆已有的信息，以应对各种工作和生活环境。

尽管素质教育也基于知识教育，但它更强调通过已有知识的启示，帮助学生从原始状态升华至理性存在，建立理性的知识结构和自学习惯，并在此基础上形成自主创新的能力。

素质教育理念认为，随着科学和社会的快速发展，任何给定的知识都将不够完整，只有将知识转化为素质，才能源源不断、用之不竭，才能适应不断变化的环境。因此，素质教育被视为一种补充应试教育不足的全面和谐的教育理念。它体现了科学与人文、知识与能力、品格与行为的统一，弥补了物质与精神、身心与情感等方面的分离，整合了历史上理性主义与工具主义的冲突、个人与社会的对立，成为大学教育目标的新跃进，成为指导我国大学教育改革的新思维。

应试教育与素质教育的差异也体现在，应试教育偏重精英选拔，而素质教育则强调普及教育。中国拥有庞大的人口基数，如果没有良好的素质，将成为沉重的负担，反之，将是无尽的人力资源宝库。

通过素质教育提升公民和民族素质，从而增强综合国力，这是中国教育界实施素质教育的初心。随着中国经济的发展和社会文明水平的提升，受教育人群显著增加，普及教育成为可能。

素质教育的目标是促进学生的全面发展，提高国民的道德思想、科学文化、劳动技术和身体素质。由于这些本质特征，素质教育必须面向所有学生，关注学生的各个方面，培养其社会生存发展能力，发展其个性，使他们成为最好的自我。

3. 在教育方式上

在教育方式上，素质教育着重发挥学生的主动性。素质教育并非在知识教育之上增添新的内容，而是对知识教育进行改革，从根本上改变现有的教学观念、教学内容、教学方法、教学管理模式、专业设定原则以及学制设定原则。

素质教育重视认识和尊重学生的“主体性”。人的“主体性”是哲学上对人与自然、人与社会、人与自我关系中主体地位和作用的概括，意味着人在与对象的相互作用中的自我意识和主动性，包括自觉认识、自主选择和自由创造。

在教育实践中，教育者和受教育者都具有主体和对象的双重属性，他们都是主体和对象的统一。因此，现代教育主张“双主体论”，即教师是教育的主体，学生是受教育的主体。

素质教育的核心是使学生主动发展，只有学生主动发展，才能实现人才的多样化。为了使学生主动发展，需要对教育进行改革，需要摆脱传统教育的“以教师为中心、以教材为中心、以课堂为中心”的束缚，构建“以学生为中心、以活动为中心、以实践为中心”的新模式，发挥学生在认识自我、改造自我、发展自我过程中的自觉性、自主性和能动性。只有尊重和关注学生的个性及其发展，才能实现创新性的发挥。

4. 在教育时间上

在教育时间上，素质教育强调终身性。赋予素质教育以终身性特征，是基于对素质发展的新认识。永恒发展是物质世界的本质，也是人生命的本质。

生理心理学研究表明，人脑的发展成熟速度缓慢，时间跨度甚至延续至60岁以后。人的心理发展具有丰富的潜能。社会个体化研究结果则表明，人到成年并不意味着社会化的结束，往往是继续社会化的新起点。而且，人不像动物那样消极地存在于自然界，人有意识、有意志，总是在生存中积极表现自己，展示自己的创造才华。人在发展过程中也会暴露和发现自己的某些不足和继续努力的方向，每个发展阶段都会面临一些新问题需要解决，人的一生必须在社会认知、社会实践和社会关系中不断学习、成长，从而更自觉、更有针对性地提高，发展自身素质。

素质教育的终身性特征，意味着作为终身教育体系基础的学校教育，不仅要传授知识，还要为每个学生的终身发展奠定基础，首先要让学生乐于并善于终身学习。为此，应注重激发学生的学习志趣，加强自我导向学习的指导。所谓自我导向学习，是指在学习者的独立性、自主性和批判性思维的主导下，自觉确立学习目标、科学拟订学习计划、主动寻找学习资源、积极从事学习活动、客观评价学习结果的过程。为此，现行的学校教育应出现若干结构性转变。例如，在课程结构与内容方面，应适当减少知识的直接传递而增加对知识的主动获取，增加各种学习方法、学习技能技巧的训练，加强课程内部与外部的统整，打破学术教育与休闲教育、博雅教育与职业教育等的界限；在教材方面，应增加生活化而减少记忆性，增加个别化而减少统一性，并引进更多的社区教育资源作为学习材料；在提供学习机会方面，应增加非正规学习机会、个别化学习机会、校外学习机会，以减少未来终身学习机会障碍；在学习方法上，向学习个别化方向发展，增强自我导向的学习能力；在学生评价方面，应着重考查学生是否有继续研究的动机，对于变化及新生事物能否保持一种积极的态度，能否针对复杂的问题运用各种学习工具；等等。

素质教育的终身性并非指各级各类教育的简单叠加，它冲破了传统的教育观念，包含了教育时间的终身性、教育空间的社会性、教育过程的发展性等丰富内涵。它把人们关于素质教育的观念、视野从狭隘的学校教育拓展开来，使其外延大大拓宽，学前教育、学校教育、继续教育、老年教育将获得贯通，正规教育、非正规教育、非正式教育之间的森严壁垒将被打破，学历教育与非学历教育将受到同样的重视。为此，学校应主动承担起协调所在社区内各种教育资源以发挥教育整体效益方面的责任，打破自身的封闭性，为社区内业已离开学校的人们提供继续学习的机会，促进所在社区居民素质的全面发展。而且，教育不再仅仅是教育部门的事，几乎所有政府部门乃至社区组织、社会团体都负有促进公民学习、提高公民素质的责任。素质教育的实施尤其应当是各级党委和政府的重要职责。各级政府应当整合社会所有形式的教育因素，科学地调配教育资源，使各级各类教育按照各自的作用和承担的任务有机结合，相互沟通和渗透，相互补充，相互结合，整合统筹，形成协调发展的大教育体系，以使所有年龄层次的人有充分的自由去选择合适的教育方法和手段，获得最佳发展。

二、素质教育的理论基础

素质教育的理论基础主要来自教育学、心理学和哲学等领域的理论。这些理论基础共同构成了素质教育的理论框架，它们强调教育的目的是发展个体的综合素质，而不仅仅是传授知识，强调教育的过程应以学生为主体，尊重学生的个性和差异，强调教育应公平和公正地对待每一位学生。这些理论基础为素质教育的实施提供了理论支撑和指导。素质教育的理论基础如图9-1所示。

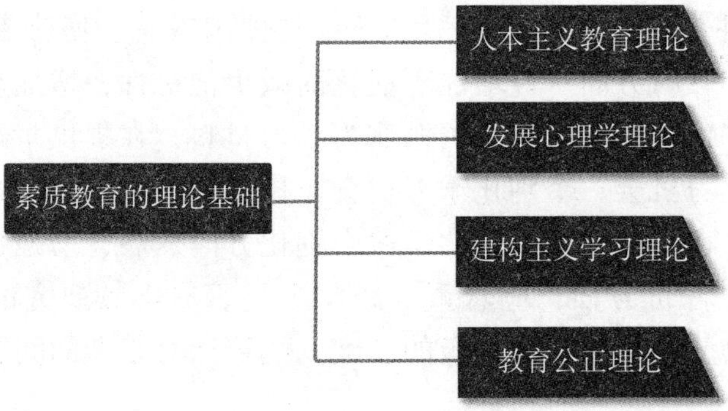

图 9-1 素质教育的理论基础

（一）人本主义教育理论

人本主义教育理论以人为核心，赋予每个个体无限的价值和尊严，这一理念激发了教育变革的火花，开启了一种新的教育视角。在这个视角中，教育不再仅仅是知识的传递，而是对个体内在潜能的挖掘和发展，旨在培养学生的综合素质。

这一理论强调，每个学生都是独特的个体，他们有自己的兴趣、需求和潜能。教育不应该忽视这些差异，而应该尊重和培养学生的个性。这就需要教师以开放和包容的态度对待每一个学生，允许他们以自己的方式去探索和理解世界。人本主义教育理论主张教育应以学生为中心。这意味着教育过程应该由学生的需要和兴趣引导，而不是由教师的教学计划决定。在这种教学模式下，学生的学习变得更加主动，他们有更多的机会参与学习活动，通过探索和实践来获取知识，而不仅仅是被动地接受教师传授的知识。

人本主义教育理论还强调教育的目标是发展学生的独立思考和创新能力。这一理念打破了传统教育以应试为目标的模式，强调学生的批判性思维和解决问题能力的培养。在这一理念下，教师不再是知识的唯一来源，而是引导学生自我学习和思考的协助者。

人本主义教育理论还注意到人的情感发展对学习的影响。教育不仅需要关注学生知识技能的掌握，还需要关注他们的情感体验。学生的情感体验会影响他们的学习兴趣、学习态度和学习成效，因此教育需要关注学生的心理健康，尊重和理解他们的情感需求，为他们创造一个积极、友善、支持性的学习环境。

总的来说，人本主义教育理论提供了一个新的教育视角，它关注学生的个体差异，尊重学生的主体地位，强调学生的全面发展，从而为教育改革提供了理论指导。它使教育变得更加人性化，更加关注学生的需求和潜能，更加注重学生的主动参与和独立思考，以此来培养学生的综合素质。在教育实践中，需要将这一理念转化为实际的教学策略和方法，以创造更好的教育环境，以此来实现教育的最终目标——发展每一个学生的综合素质。

（二）发展心理学理论

发展心理学理论是素质教育理论的重要基石，它以科学的方法研究人类从出生到成年的心理发展过程，为理解和指导教育提供了宝贵的理论资源。这一理论着眼于描述和解释人类在认知、情感和社会行为方面的发展，旨在揭示人类心理发展的规律，为教育实践提供理论指导。

发展心理学理论揭示了人类心理发展的阶段性特征。根据这一理论，人的心理发展经历了一系列的阶段，每个阶段都有其特定的心理特征和发展任务。教育应顺应这一发展规律，尊重学生的发展阶段，适应他们的心理特性，引导他们完成相应的发展任务。发展心理学理论也强调了人的个体差异。每个人都有自己独特的发展节奏和路径，不应强求与他人一致。教育应尊重学生的个体差异，因材施教，以引导每一个学生按照自己的方式发展。发展心理学理论认为，人的心理发展是一个动态的过程，是在不断地与环境互动中实现的。因此，教育应为学生创造丰富、多样的学习环境，以满足他们的各种心理需要，促进他们的全面发展。

发展心理学理论也揭示了心理发展的连续性。人的心理发展是一个从简单到复杂，从低级到高级的连续过程。每个阶段的发展都是在前一个阶段的基础上进行的，而且每个阶段的发展都会影响到后一个阶段的发展。因此，教育应强调基础教育的重要性，培养学生的基础知识和技能，为他们后续的发展打好基础。

总的来说，发展心理学理论为理解和指导教育提供了科学的理论依据。它提醒人们，教育应关注学生的心理发展，顺应其发展规律，尊重其个体差异，提供丰富的学习环境，关注基础教育，平衡心理和生理发展。在这个视角下，教育不再是单纯的知识传递，而是对学生全面发展的引导和促进，是一种人性化、发展性的教育。

（三）建构主义学习理论

建构主义学习理论是素质教育理论的重要支撑，它反转了传统教育的教授模式，提出知识并不是被动接受的，而是由学习者通过主动建构的过程生成。建构主义鼓励学习者积极参与学习过程，探索和解决问题，从而建立和扩展他们的知识结构。

建构主义学习理论深深植根于人们理解和处理信息的基础过程，强调知识是由个体在其文化和社会背景中建构出来的。每个学生都带有自己的知识、经验和理解，教育的目标是帮助学生通过他们自己的探索和发现，建立新的理解和知识，与原有的知识结构连接。

在建构主义理论指导下，学习被视为一种主动的、创造性的过程。学习者不再是被动的知识接受者，而是主动的信息处理者和知识创造者。他们需要在实践中不断尝试、反思，逐渐建立起对世界的深入理解。教师的角色也由知识的传授者转变为引导者和协助者，他们需要设计各种情境和活动，以创设学生主动探索、发现、解决问题的机会。

建构主义强调了学习的情境性和社会性。它认为，学习发生在具体的情境之中，而且学习是一个社会化的过程，学习者需要在与他人的互动中共同构建知识。因此，教育应尽可能地为学生提供真实、有意义的学习环境，鼓励他们在实际的社会情境中学习、在合作与交流中建立和扩展知识。

建构主义理论也强调了反思在学习中的重要性。学习者通过反思自己的思考和行动，检查和调整自己的知识观念，不断深化和完善自己的理解。这对于培养学生的自主学习能力、批判性思维能力、创新能力具有重要价值。

总的来说，建构主义学习理论提供了一种新的教育和学习的视角。它强调教育应注重学生的主动性和创造性，尊重学生的个体差异和发展阶段，创建情境化和社会化的学习环境，鼓励学生的反思和自我调整。这为实施素质教育，培养学生的综合素质，提供了强有力的理论指导。

（四）教育公正理论

教育公正理论是素质教育的重要理论基础，它主张教育应为每个学生提供公平的学习机会，无论他们的背景、能力或个人特点如何。这要求教育制度和教学方法应满足所有学生的需要，以实现教育的公正。

教育公正理论主张，教育不应被视为特权，而应被视为所有人的基本权利。每个人都有接受良好教育的权利，无论他们来自何种社会阶层、文化背景或家庭环境。教育应该提供一种机会，使每个人都能够发展自己的能力，提升自己的社会地位。这意味着教育系统应消除各种学生学习的障碍，包括贫困、性别歧视、种族歧视等。教育公正理论也强调教育的包容性。这意味着，教育系统应该对学生的个体差异给予尊重和理解，包括他们的学习能力、兴趣、习惯、信仰和身体健康状况等。每个学生都是独一无二的，他们有自己独特的需要和优点。因此，教育应当提供个性化的教学方法和支持，以满足每个学生的需要。

教育公正理论还指出，教育的公正不仅体现在教育的机会上，还体现在教育的结果上。这意味着，教育系统应当关注学生的学习成果，以确保他们都能获得必要的知识和技能，实现他们的学业和职业目标。教育评估和考试应当公正、公平，不应偏袒任何一类学生。

在实施素质教育时，教育公正理论提供了重要的指导。它要求人们尊重每个学生的权利，关注他们的需要，确保他们都能在教育中受益。它提醒人们，教育不仅仅是一种培养人才的工具，更是一种促进社会公正和平等的工具。因此，应当努力实现教育的公正，为每个学生提供公平、包容、有效的教育。

三、素质教育的现实意义

素质教育是在全面发展观念的指导下，培养学生积极探索、主动学习的教育方式，强调培养学生的能力和个性。它对现实社会有着深远的意义。

素质教育强调尊重和培养学生的个性。每个学生都是独特的，他们的潜能和才能也是各不相同的。素质教育可以让学生根据自己的兴趣和潜力，选择合适的学习途径和方法，实现自我价值的最大化。这样的教育方式有助于培养一批有独立思考能力、有创新精神和实践能力的人才，对于社会的发展和进步具有积极作用。

素质教育可以培养出全面发展的人才。传统的应试教育往往忽视了非智力因素的培养，而这些因素在现代社会中的重要性日益凸显。素质教育倡导的是全面发展，包括德、智、体、美、劳等各方面。这样的人才在面对复杂多变的现实社会时，有更强的适应能力和应对能力。

素质教育有助于改变社会的教育观念。素质教育的提倡和实施，可以使人们重新认识教育的本质，理解教育不仅仅是传授知识，更是培养人。

素质教育是实现社会公平的重要途径。素质教育强调每一个人都有自己的优势和特长，应该有公平的发展机会。这样的教育方式有利于缩小社会差距，促进社会公平。

总的来说，素质教育的实施对于提升人的素质、促进社会进步、实现教育公平等方面具有重要意义。它是适应现代社会的一种教育改革，是推动社会发展，提高人民素质的必然选择。未来应该坚持推进素质教育，让每一个人都有机会实现自我价值，为社会的进步贡献力量。

第二节　高校体育与素质教育的融合实践步骤

高校体育与素质教育的融合，实质上就是通过体育教育来促进学生体育素质的全面发展，是体育强国理念下进行体教融合的重要方面与途径。以下步骤只是一种可能的实践路径，具体的实施可能会因学校的具体情况和需求而有所不同。

一、确定目标

在确定高校体育与素质教育的融合目标时，需要明确理解融合的重要性和追求的方向。

高校体育与素质教育的融合，旨在全面提升学生的身心素质，为他们的个人发展和职业生涯打下坚实的基础。具体来说，这样的教育目标可以从以下几个方面来考虑。

（一）提高学生的体质健康

在快节奏的现代生活中，良好的体质健康对于应对各种挑战至关重要。学生通过参与各种体育活动，可以提高身体素质，增强体质，提高抵抗力，从而应对日常生活中的各种压力。这不仅可以帮助学生维持健康的身体，还可以提高他们的生活质量，对生活充满活力和热情。

（二）发展学生的团队协作和领导能力

体育活动是培养团队协作精神的平台，可以帮助学生学会与他人合作，实现共同目标。参与体育活动也可以培养学生的领导能力，帮助他们了解如何有效地领导和管理团队，解决团队中出现的问题。这些技能在学生的学习、生活和未来的职业生涯中都将起到重要作用。

（三）培养学生的运动习惯和热爱运动的情感

体育活动不仅可以提高学生的身体素质，还可以帮助他们形成积极的生活习惯，如定期运动、保持良好的饮食习惯等。学生通过体育活动，可以体验到运动带来的乐趣，从而更加热爱运动，主动参与各种体育活动。

这些目标的达成需要教师的引导和学校的支持。教师需要用有趣、富有创造性的方法来进行教学，激发学生对体育的兴趣，引导他们参与各种体育活动。学校也需要提供足够的设施和资源，如体育场地、器材等，以满足学生参与体育活动的需求。还需要将体育教育与其他学科教育相结合，将体育活动融入学生的日常学习和生活中，形成一个全面的教育体系。只有这样，才能真正实现体育与素质教育的融合，达到预期的教育目标。

二、制定策略

在确定了高校体育与素质教育融合的目标后，接下来就需要根据这些目标来制定具体的教学策略。这些策略应该针对学生的特点和需求，设计一系列丰富多样的体育课程和活动，以此来满足学生不同的兴趣和需求，也能够实现体育与素质教育的有机融合。

（一）设计一系列的体育课程

这些课程应考虑学生的兴趣和能力，涵盖各种类型的体育活动，以满足他们的不同需求和期望。团队运动课程如篮球、足球、排球和棒球等，旨在培养学生的团队精神和协作能力。在这些课程中，学生需要与队友共同协作，以赢得比赛。学生通过参与团队运动，可以学习如何有效地沟通，如何协调与他人的行动，以及如何领导团队。这些技能不仅对他们的体育发展有利，还对他们的个人成长和未来的职业生涯大有裨益。个人运动课程如游泳、跑步、跳远和高尔夫等，旨在培养学生的个人技能和独立思考能力。在这些课程中，学生需要靠自己的努力和坚持以达成目标。学生通过参与个人运动，可以学习如何挑战自我，如何独立思考和解决问题，以及如何管理和调整自己的情绪。这些体验可以帮助他们建立自信，培养韧性，并提高他们的自我认知和自我效能感。健身训练课程如瑜伽、普拉提、健身操和力量训练等，旨在帮助学生提高身体素质。这些课程通常包含一系列的体态、伸展和呼吸练习，可以提升学生的身体柔韧性、力量和耐力，也可以帮助他们缓解压力，提升心理健康。这些课程让学生了解身体运动与健康之间的联系，培养他们维护身体健康的习惯和态度。

（二）设计一系列的体育活动

设计一系列的体育活动是提高学生积极参与度，增强校园文化，促进身心健康的重要方式。这些活动不仅可以帮助学生提升体质，培养运动技能，还能激发他们的热情，帮助他们建立健康的生活方式，拓宽视野，强化社交能力，提升他们的领导力和团队合作精神。一种常见的体育活动是校内的体育比赛。例如，可以组织校运会、篮球赛、排球赛、乒乓球赛等，这些比赛可以帮助学生提高他们的竞技水平，也能提升他们的团队合作能力和竞争意识。比赛既可以是严肃的，也可以是富有趣味性的，如趣味接力赛，水上比赛等，这样可以吸引更多的学生参与，增强他们的归属感和荣誉感。另外，组织一些户外冒险活动，如徒步、登山、皮划艇、野外定向等，可以帮助学生提高身体素质，增强他们适应环境的能力，培养他们的勇气和冒险精神。这些活动通常需要学生在自然环境中进行，不仅让学生亲近自然、了解自然，还能帮助他们了解自我，提升自我认知。这些活动还可以让学生体验团队合作的力量，培养他们的团队协作和领导能力。

三、整合资源

整合资源是实现高校体育与素质教育融合的关键一步。为了实现这一目标，要充分调动和利用校内外的各种资源，以便为学生提供丰富、多样化的体育教育体验。

（一）充分利用校内的体育设施和设备

高校的体育设施和设备是支持体育教育实施的重要基础。这些设施通常包括体育馆、田径场、游泳池、篮球场、健身房等，为各种体育课程和活动提供了必要的物质条件。在这些设施的支持下，学生可以进行足球、篮球、乒乓球、羽毛球、瑜伽等多样化的体育活动，提高自身的身体素质，享受运动的乐趣。对于一些特定的体育项目，如瑜伽和普拉提，它们需要一些特殊的设备，如瑜伽垫、瑜伽球、哑铃等。这些设备对于学生来说，既是进行相关体育活动的必需品，也是保护他们在运动中避免受伤的重要工具。在教学过程中，教师应指导学生正确使用这些设备，确保学生的运动安全。

然而，这些设施和设备的维护管理也是需要重视的问题。一方面，要清洁和维护这些设施和设备，避免因为设备的破损而影响学生的运动。这就需要建立一套完善的设备管理制度，对设备的使用、清洁和维护进行规范，确保设备的长期有效使用。另一方面，要考虑设备的更新换代问题。随着科技的进步和运动理念的更新，一些新的体育设备可能会被引入体育教育中。高校应时刻关注这些新的设备和技术，适时引入，以丰富体育教育的内容和形式。

（二）聘请专业的体育教师和教练

专业的体育教师和教练是提升学生体育素质，传承运动精神和健康观念的关键角色。他们的专业知识和技能，以及丰富的教学经验和独特的教学风格，对于学生的身体健康和个人发展起着至关重要的作用。

专业的体育教师和教练拥有深厚的体育理论知识和实践技能。他们熟悉各种体育项目的规则和技巧，能够准确地指导学生进行各种体育活动。他们还懂得运动生理和运动心理，能够教导学生如何正确地运动，如何避免运动伤害，如何调整运动心态，等等。

专业的体育教师和教练有丰富的教学经验和独特的教学风格。他们知道如何因材施教，如何激发学生的运动兴趣，如何提高学生的运动技能。他们的教学风格也多种多样，有的注重技术的教授，有的注重运动精神的培养，有的注重团队合作的培养，等等。

高校在聘请体育教师和教练时，还要考虑他们的职业发展。一方面，高校可以为他们提供各种培训和发展机会，如教育培训、学术研讨、学术交流等，帮助他们提升教学技能，更新教学理念，提高教学水平。另一方面，高校还应为他们提供公正公平的工作环境，尊重他们的专业知识和技能，认可他们的工作成绩，以激励他们更好地工作。

（三）与社区的体育俱乐部和组织合作

与社区的体育俱乐部和组织合作是实现高校体育与素质教育融合的有效策略之一。这些俱乐部和组织具有丰富的体育资源和活动经验，能为高校学生提供更广阔的学习和实践平台。

首先，这些体育俱乐部和组织往往拥有专业的教练和先进的体育设施。他们的教练通常具有高级的专业技能和丰富的教学经验，他们的设施往往更新更全，更能满足各类体育活动的需求。邀请他们的教练来校进行指导，或者安排学生去他们的场地进行实践，能让学生获得更高质量的体育教学，从而提升学生的体育技能和健康素质。

其次，这种合作也能帮助学生扩大社交圈子，增加社会实践经验。学生可以在这些活动中结识新朋友，参与更多的社区活动，增强自己的社会参与感。这些经验不仅可以丰富学生的校园生活，还有助于提升他们的社会素质，如沟通能力、团队协作能力、解决问题的能力等。

然而，在整合资源的过程中，高校也需要注意合理的资源配置。密切关注学生的需求和反馈，以确保资源的有效利用。例如，可以定期收集和分析学生的反馈，了解他们对现有资源的满意度和需求，然后根据这些信息来调整资源配置，以更好地满足学生的需求。例如，与不同的俱乐部和组织合作，提供不同类型的体育活动，安排不同形式的教学活动，等等。

总的来说，高校通过与社区的体育俱乐部和组织合作，可以更好地利用外部资源，提升体育教育的质量和效果，促进高校体育与素质教育的深度融合。

四、实施教学

实施教学是高校体育与素质教育融合的一个重要环节。在这一阶段，教师需要采取一种活动导向和学生中心的教学方式，鼓励学生积极参与，享受运动的乐趣。

教师通过这种方式，不仅可以培养学生的体育技能和提升他们的身体素质，还可以发展他们的团队合作精神和竞争精神。

（一）活动导向的教学

活动导向的教学是一个重要的教学方法，它使得学生不仅要学习理论知识，更要参与实际的活动，获得深刻的体验。体育活动作为一个有趣且充满挑战的领域，尤其适合实行活动导向的教学。它通过吸引学生参与，帮助学生理解和掌握相关的知识和技能，提升他们的身心素质和社交能力。

以足球课为例，教师可能会在课程开始时简单介绍足球的基本规则和技巧，然后安排一场简单的比赛，让学生在比赛中理解和掌握这些规则和技巧。在比赛中，学生不仅可以体验足球比赛的快乐，还可以在实践中学习如何控制球、如何传球、如何防守、如何射门等技巧。他们还可以在与队友的合作中，学习如何沟通、如何配合、如何承担责任、如何面对胜败等重要的社交和心理素质。再以健身课为例，教师可以在课程开始时介绍健身的基本理念和方法，然后引导学生进行一系列的健身动作，让学生在动作中感受和理解健身的意义和方法。在这个过程中，学生不仅可以提升他们的体质，还可以学习如何控制呼吸、如何调整姿势、如何保持平衡、如何提高耐力等技巧。他们还可以在持续的练习中，学习如何坚持、如何克服困难、如何挑战自我、如何保持健康的生活习惯等重要的生活素质。

（二）学生中心的教学

学生中心的教学理念强调将学生的个性、兴趣和需求置于教学的核心位置。这种理念认为，每一个学生都是独特的个体，他们拥有各自的兴趣、才能和需求，教学应当尊重这些差异，引导学生根据自身的情况进行主动学习和探索。在体育教学中，学生中心的教学理念表现为充分考虑学生的兴趣和需求，让他们有更多的选择权和决定权。例如，教师可以提供各种不同类型的体育活动，让学生根据自己的兴趣选择参与。这不仅能够激发学生学习的积极性和动力，还能够帮助他们发掘自己的潜能和兴趣。教师还可以引导学生设计和规划自己的健身计划，让他们根据自己的体质、时间和目标进行定制。这不仅能够提高学生的自主学习能力，还能够帮助他们养成健康的生活习惯。在此基础上，学生中心的教学理念还强调学生的主动性和创新性。教师不仅仅是知识的传授者，更是学生学习的引导者和支持者。教师需要鼓励学生在活动中发表自己的观点和想法，提出自己的问题和挑战，积极参与和解决问题。教师还需要为学生提供安全、开放和鼓励性的环境，让他们可以自由地探索和创新。

总之，在实施教学的过程中，教师还需要培养学生的体育技能和提升他们的身体素质。这需要教师具有专业的知识和技能，能够准确地指导学生进行体育活动，防止学生受伤。教师还需要关注学生的身体健康，定期评估和记录学生的身体状况，以便及时调整教学计划和方法。

五、评估效果

在高校体育与素质教育的融合过程中，评估效果是一个至关重要的环节。为了确保教学活动的效果，定期的评估是必不可少的。体质健康测试就是一种常见且实用的评估手段，它可以从各个方面反映学生的健康状况和体质情况。

（一）体质健康测试

体质健康测试是通过对学生进行一系列科学的身体检查，从而对学生的身体健康状况进行全面的评估。这包括常规的体质健康指标测试，如身高、体重、视力、心肺功能等，这些是评估学生基本健康状况的重要指标。这些指标不仅可以反映学生的基本健康状况，还可以为之后的体育教育提供重要的参考依据。

体质健康测试还包括一些专门的体能测试，如耐力、速度、力量、灵活性等，这些测试可以更为精确地评估学生的体质状况，体现学生的身体素质。教师通过这些测试，不仅可以看出学生的体质是否得到了提升，还可以发现学生在体育活动中可能存在的问题和风险。

教师通过体质健康测试，可以清晰地了解学生的身体状况和体质状况，这为教师制订教学计划提供了实证依据。教师通过对学生的体质健康状况进行定期的追踪和评估，还可以及时发现学生的体质问题，从而及时调整教学策略和活动，使之更好地适应学生的体质状况和需要，从而达到提升学生体质，提高学生健康水平的目标。

总的来说，体质健康测试是体教融合过程中的重要评估手段，它为教师提供了全面、科学的学生健康和体质信息，为教师的教学决策提供了重要的依据，也为提升学生的体质和健康水平提供了有力的支撑。教师通过体质健康测试，可以更好地实现体教融合的目标，推动高校体育与素质教育的深度融合，为建设健康、活力四射的校园贡献力量。

（二）体育技能评估

体育技能评估的目的是对学生在特定体育项目中的技能水平进行评估，判断他们的技能掌握程度，检验教学活动的效果，并为学生提供具体、个性化的指导。

体育技能评估的形式取决于所涉及的体育项目。例如，在篮球课程中，教师可以通过观察和记录学生的投篮、运球、传球等技能，判断他们对篮球基本技术的掌握程度。在此基础上，教师还可以进一步分析学生在实际比赛中运用这些技能的情况，评估他们的篮球战术理解和应用能力。在游泳课程中，教师可以通过观察学生的呼吸、划手、踢腿等技能，评估他们的游泳水平。教师通过对学生的游泳姿态、节奏、协调性等进行观察和分析，可以更全面地了解学生的游泳技能。

除了对特定体育技能的评估，体育技能评估还包括对学生的体育素养的评估。这包括学生的体育知识、体育道德、体育心理等方面的评估，它们是学生体育技能得以有效发展的重要基础。

体育技能评估的结果不仅可以反映学生的技能水平，还可以为教师提供对学生进一步指导的依据。教师通过对学生的体育技能进行评估，可以根据学生的实际情况，设计出适合他们的教学活动，有效提升他们的体育技能。

（三）参与度和满意度调查

参与度和满意度调查是评估高校体育与素质教育融合效果的重要工具。这种调查方式能够帮助教育工作者了解学生对体育课程和活动的接受度，为教学过程提供重要的反馈信息。

参与度调查的目标是评估学生在体育活动中的参与情况。具体而言，教师可以通过观察、问卷调查、访谈等方式，了解学生参与体育活动的频率、时间、强度等情况。教师还可以探寻学生参与体育活动的动机和兴趣，如他们是因为喜欢某项运动，还是因为想要提高身体素质，或者是想要与朋友一起活动等。这些信息能够帮助教师了解学生对体育活动的态度和需求，从而能够更好地设计和调整教学活动。

满意度调查的目标是评估学生对体育教育的满意程度。教师可以通过问卷调查、访谈等方式，了解学生对教学内容、教学方法、教师表现等方面的感受和评价。比如，学生是否觉得教学内容有趣，教学方法是否有效，教师的教学态度和技能是否让他们满意，等等。教师还可以了解学生对体育设施、课程安排、教学资源等方面的意见和建议。这些信息能够帮助教师了解学生对体育教育的满意度，了解哪些策略和活动更受学生欢迎，哪些地方需要改进，从而提高教学效果和学生满意度。

参与度和满意度调查是评估高校体育与素质教育融合效果的重要环节。它能够帮助教师了解学生对体育教育的需求和反馈，为教学过程提供有力的支持。只有充分了解学生的需求和反馈，才能设计出更适合学生的体育教育活动，真正实现体教融合，全面提升学生的体育素质，为建设体育强国做出贡献。

第三节　高校体育与素质教育的融合实践创新

一、改变对体育教育的传统认知

随着素质教育理念的普及和实施，人们开始重新审视和认识体育的价值，将其提升为一种更为重要的教育方式，其作用远远超越了单纯的身体锻炼。

首先，要承认和重视体育在素质教育中的地位和作用。体育是全面发展教育的重要组成部分，它不仅可以培养学生的身体素质，还可以培养他们的心理素质、社交技能、领导能力等各方面的素质。体育是培养学生身心健康、生活能力、社会责任感等综合素质的有效途径，是实现素质教育目标的重要手段。其次，需要改变体育教师的角色和职责。体育教师不再只是教练，他们还需要成为教育者、引导者、伙伴和朋友。他们需要用教育的眼光来看待体育活动，用教育的方式来进行体育教学。他们需要关注学生的全面发展，关心他们的身心健康，尊重他们的兴趣和选择，理解他们的需求和感受，关爱他们的成长和未来。他们需要有广泛的教育知识和技能，能够运用各种教育理念和方法，引导学生参与体育活动，激发他们的运动兴趣，发掘他们的运动潜能，培养他们的运动习惯，形成他们的运动精神。最后，还需要建立一种新的体育教育观念。体育教育不仅仅是教育学生如何运动，更是教育学生如何通过运动去认识自我、挑战自我、超越自我、实现自我。还要认识到，体育教育不仅仅是教育学生如何赢得比赛，更是教育学生如何在比赛中学会合作，体验成功，接受失败，增强自信，提升自尊，成为更好的自己。

总的来说，将体育视为一种教育方式，就意味着要从根本上改变对体育的认识，提升体育的价值，挖掘体育的潜能，实现体育的全面、深入和持久的发展。要关注体育的内涵，而非仅仅关注其形式；要关注体育的过程，而非仅仅关注其结果；要关注体育的教育功能，而非仅仅关注其娱乐功能。要用教育的态度来对待体育，用教育的方法来进行体育，用教育的标准来评价体育，使体育真正成为教育的一部分，为实现综合素质教育的目标做出贡献。

二、营造开放和包容的体育文化氛围

为了实现高校体育与素质教育的真正融合，需要营造一种开放、包容和合作的体育文化氛围。这种文化氛围能够鼓励各方参与和交流，促进资源和经验的共享，推动理念和实践的创新，为高校体育与素质教育的融合提供良好的社会环境和公众支持。

首先，倡导开放和包容的体育理念。尊重和欣赏各种体育项目和活动，无论它们是集体的还是个人的，竞技的还是娱乐的，传统的还是现代的，国内的还是国外的。鼓励和支持学生参与各种体育活动，根据他们的兴趣、能力、条件和目标，选择和创造适合自己的体育方式。欣赏和尊重各种体育成就，无论它们是世界纪录还是个人最好，无论它们是竞赛获胜还是健身效果。要认识到，每一个人都可以通过体育活动，提高身体素质，培养心理素质，发展社交技能，提升生活质量，实现自我价值。

其次，建立多元和协作的体育机制。鼓励和支持各种体育组织和活动，包括校内的和校外的，正规的和非正规的，大型的和小型的，竞技的和娱乐的。通过各种方式，如研讨会、培训、比赛、表演、旅行、交流、合作等，促进各方的参与和交流，共享资源和经验，共同推动体育和素质教育的融合。例如，鼓励和支持学生、教师、家长、社区等各方的合作，通过各种形式，如志愿服务、社区服务、公益活动、慈善活动等，用体育活动服务社会，提升社区治理水平，实现公共价值。

最后，利用各种媒介，传播和推广体育和素质教育的理念和实践。通过书籍、报纸、杂志、电视、电影、互联网等媒介，向公众展示体育的魅力和价值，介绍体育的知识和技能，报道体育的事件和人物，解读体育的规则和理念，引导公众理解和支持体育和素质教育的融合。还要通过各种形式，如访谈、报告、评论、短片、故事、游戏等，激发公众的体育兴趣，满足他们的体育需求，提升他们的体育认知，培养他们的体育习惯，引导他们的体育行为。

三、促进体育教育与素质教育的深度融合

体育教育与素质教育的深度融合，不仅有助于提高学生的体育技能，还能全面提升学生的心理素质、团队协作能力、领导力、创新力等多方面的综合素质。这需要在教学策略、课程内容设计、师资队伍建设、校园文化氛围营造等多个方面进行积极的探索和实践。

（一）创新教学策略

将体育教育与课堂教学紧密结合，让体育成为素质教育的重要组成部分。例如，教师通过游戏教学，让学生在快乐中学习体育技能，培养体育兴

趣；通过情景模拟，让学生在实践中理解体育规则，提高解决问题的能力；通过小组合作，让学生在交流中培养团队协作精神，提升社交技能。

（二）精心设计课程内容

教师应满足学生的多元化需求，提供多元化的体育课程，包括传统的运动项目，如篮球、足球、跑步等，也包括新兴的运动项目，如瑜伽、舞蹈、户外探险等。每一种体育课程都应以学生的需求为出发点，以学生的全面发展为目标，注重培养学生的体育技能，也注重培养学生的综合素质。

（三）加强师资队伍建设

学校应提高教师的教学水平，聘请具有专业知识和教学经验的体育教师，让他们成为学生学习的指导者和伙伴。学校应为教师提供丰富的专业培训和发展机会，帮助他们更新知识、提升技能、改进教学，从而更好地服务于学生，更好地推动体育教育与素质教育的融合。

（四）营造校园文化氛围

教师应鼓励学生积极参与体育活动，通过举办各种体育活动，如运动会、比赛、演出等，激发学生的体育热情，提升学生的参与感。通过校园媒体，如广播、墙报、网站等，宣传体育知识，报道体育新闻，展示体育成果，营造积极的体育氛围。

第十章　总结与展望

第一节　总　结

一、体教融合是我国体育教育改革的重中之重

“体教融合”这个概念越来越受到人们的重视。它是指体育与教育的深度融合，让体育运动中的积极要素与教育相结合，促进学生全面发展。体教融合被视为我国体育教育改革的重要组成部分，充满了创新性和前瞻性。

体教融合的核心是把体育运动的健康、团队精神、公平竞赛等价值观融入教育中，让学生在运动中获得身心健康的同时，能在比赛中培养出团队合作和竞争的意识，更重要的是，他们会在这个过程中，理解和接受公平公正的价值观。这一理念的提出，不仅是对体育教育的颠覆性创新，还是对现代教育模式的全面提升。

我国在推动体教融合的过程中，采取了一系列富有创新的策略和方法。例如，推广课外体育活动，让学生在课余时间参与各种体育运动，不仅能锻炼身体，还能锻炼精神，体验团队协作的快乐和竞争的刺激。提高体育课在教育系统中的地位，使其成为学生学习的必修课程，让学生在参与体育活动的过程中，体验运动的快乐，感受团队协作的重要性。加强体育教师队伍的建设，培养一支高素质的专业教师队伍，以引领和推动体教融合的实施。又如，有关部门鼓励各类学校开展多样化的体育活动，使得每个学生都有机会参与体育运动，无论是团体运动项目，还是个人运动项目，学生都可以找到

适合自己的体育项目。

体教融合的推进，有着深远的意义。通过各种体育活动提高全民的体质，为建设健康中国奠定坚实的基础；通过体育活动，可以传递积极向上的价值观，使学生在成长过程中培养出良好的品格和习惯；体教融合还有助于提高学生的团队协作能力和竞争意识，这对他们的人生发展有着积极的影响；体教融合还有利于培养学生公平公正的价值观，这是构建和谐社会的必要条件。所以，体教融合是我国体育教育改革的重中之重，是需要全社会关注和参与的重要课题。

体教融合代表了一种全新的教育模式，是体育和教育相融合的产物。体教融合以体育为载体，将健康、团队精神、公平竞赛的价值观融入教育的全过程中，使学生在体验运动乐趣的同时，收获更多的精神财富。期待在这个过程中，每一位学生都能找到自己的位置，发挥自己的潜力，成为健康成长的新一代。

二、我国体教融合已经取得了一系列重大成就

我国体教融合的推进，经过全社会的共同努力，已经取得了一系列重大成就。这是中国体育教育改革不断深化、教育理念不断更新的有力证明，也为我国体育教育的未来发展奠定了坚实的基础。

自体教融合提出以来，我国各地在党的领导与号召下大力发展体教融合事业。我国学生的体质健康状况明显好转，体能素质、协调性、灵敏度等方面的能力有了显著的提升。这不仅仅是体教融合所带来的直接效果，更是对全民健身的积极推动。

通过体教融合的推进，提升了学生的团队协作能力和竞争意识。在体育运动中，学生需要与队友协作，共同面对挑战和竞争，这种经验对他们的人生观和价值观产生了深远影响。而在这个过程中，他们也学会了尊重他人，接受失败，并从中汲取经验，成长为更加成熟的个体。越来越多的学校通过体教融合的推进，开始选拔优秀的体育人才，在对他们进行体育训练的同时，加强文化内容的教育。我国体教融合的发展可以说是一道亮丽的风景线，贯穿着现代中国教育与体育的双重进程，也显示出我国在全面人才培养方面的雄心与担当。自从这一理念被提出以来，经过多年的不懈努力，我国已经在体教融合方面取得了一系列重大成就。在实施方面，各级政府和

教育、体育部门都采取了一系列有效的措施。在成果方面，体教融合的实施也取得了显著的成效。在一系列国内外比赛中，我国的学生运动员表现出色，不仅在体育项目上取得了优异的成绩，还在文化课程中展示了相当高的水平。这样的双重成就不仅提升了我国体育和教育的整体水平，还为我国在国际舞台上赢得了更多的声誉和尊重。体教融合也在推动教育公平和社会公正方面发挥了积极作用。在过去，由于资源分配不均和体教分离，一些贫困或偏远地区的学生往往难以享受到高质量的体育教育。然而随着体教融合理念的推进，这一问题得到了改善。不仅更多的优质体育资源被引入各类学校中，还有更多的体育人才得以在教育体系内得到合理的培养和使用，这无疑为促进社会公平和公正提供了有力的支持。

总的来说，我国的体教融合已经取得了一系列的重大成就，既体现了我国体育教育改革的成果，也显示了我国全面发展的势头。随着体教融合理念的进一步深入人心，人们相信，中国的体育教育将会迎来更加美好的未来，为中国的全面发展贡献更大的力量。

第二节 展 望

一、未来本科院校体教融合将获得更加广阔的发展空间

在这个时代，随着科技的飞速发展和全球化进程的加快，教育也在不断变革和进步中。其中，本科院校的体育教育与其他学科的融合已经逐渐成为一种趋势，并预示着它在未来将获得更加广阔的发展空间。

在过去，人们常常将体育教育看作独立的领域，它与其他学科之间存在明显的界限。但是，随着跨学科教育的推广，这种观念正在发生改变。现在各界学者开始认识到体育不仅仅是一种锻炼身体的方式，还可以培养学生的团队精神，锻炼他们的领导才能，增强他们的自信心，以及塑造他们的人格特质等。体育也能够让学生更好地理解和学习其他学科。比如，在数学中，学生可以通过运动来理解力学的概念；在生物学中，他们可以通过体育来了解人体的生理和运动机能；等等。随着科技的进步，体育教育也在不断融入科技元素。比如，学生通过虚拟现实和增强现实技术，可以在更为真实和生动的环境中进行体育学习，从而提高他们的学习效果。教师通过人工智能和

大数据技术，可以更为精准地了解学生的体质状况，为他们提供更为个性化的体育训练方案。这种科技与体育教育的融合，不仅有助于提升学生的学习体验，还有助于培养他们的科技素养和创新能力。

在未来，人们看到的本科院校体教融合将是综合性、跨学科的教育模式。它不仅能够让学生在身心健康方面得到发展，还能够帮助他们在理论知识和实践技能方面取得进步。它还能够让学生在学习中体验到科技的魅力，激发他们的创新精神和探索欲望。

总的来说，未来的本科院校体教融合将带来教育方式的改变、教育思想的转变。它将更加注重培养学生的全面能力，而不仅仅是知识技能的掌握。它将更加注重培养学生的创新精神和批判性思维，而不仅仅是应试能力的提高。

二、未来本科院校体教融合将取得更加优异的成绩

在面临全球化、科技化和跨学科化的教育挑战的当下，本科院校体教融合的模式正在快速发展并显示出较大的潜力。未来的本科院校体教融合预计将取得更加优异的成绩，并可能为教育领域带来一场革命性的变革。

体教融合模式的实施有助于打破传统教育的樊篱，实现各类学科知识的交叉与整合，为学生的全面发展提供更丰富的资源和更多元化的学习途径。一方面，这种模式可以提升学生的体育能力和健康意识，促进他们的身心健康，提升他们的生活质量。另一方面，这种模式也能提高学生的学习成绩，帮助他们在学习中获得更深层次的理解和更广阔的视野，从而提升他们的学习效果和创新能力。体教融合模式的实施还有助于提升学生的科技素养和未来素养。学生通过将科技融入体育教育，可以在体验和学习科技的同时，提升他们的科技应用能力，激发他们的科技兴趣，培养他们的科技创新精神。这对于他们应对未来社会的科技挑战和抓住科技机遇具有重要的作用。

通过以上分析，可以看出，未来的本科院校体教融合将会在各个方面取得更加优异的成绩。它不仅会提升学生的身心健康，还会提升他们的学术成绩；不仅会提升他们的社交能力，还会提升他们的科技素养。这样的教育教学成果，将为学生的全面发展打下坚实的基础。

总的来说，未来的本科院校体教融合有望在教育改革的道路上取得重要的突破，推动教育的全面发展，为培养全面发展的人才，建设健康和谐的社

会，实现教育的终极目标——培养有能力、有责任、有创新精神的公民，做出重大贡献。人们有理由相信，未来的本科院校体教融合将取得更加优异的成绩，实现教育的美好愿景。

参考文献

[1] 刘兵，王江宇 . 足球发展与体育强国建设 [M]. 上海：上海大学出版社，2021.

[2] 张佃波 . “体育强国”战略下我国体育文化的重塑与发展研究 [M]. 长春：吉林出版集团股份有限公司，2022.

[3] 陶郁，魏嵩，范启国 . 基于体育强国背景的现代运动训练方法研究 [M]. 北京：北京工业大学出版社，2020.

[4] 崔高原 . 体育强国建设背景下我国体育竞赛表演业的发展策略研究 [M]. 北京：九州出版社，2020.

[5] 刘满 . 体育强国视域下青少年体质健康的综合干预研究 [M]. 长春：吉林大学出版社，2019.

[6] 杨照亮 . 基于体育强国背景下现代篮球运动的教学与训练研究 [M]. 长春：东北师范大学出版社，2018.

[7] 夏明鑫，颜世文 . 体教融合背景下青少年体育精神的培养路径研究 [J]. 天天爱科学（教学研究），2023（7）：197.

[8] 王江，马彩珍，赵云霞 . 中国式现代化背景下学校体育高质量发展研究 [J]. 体育学刊，2023，30（4）：75-80.

[9] 姚磊，洪邦辉，付朝龙 . 体教融合背景下体育课程改革路径探究 [J]. 辽宁体育科技，2023，45（4）：131-135.

[10] 张可铸 . 体教融合视域下中小学武术教学改革探究 [J]. 中华武术，2023（7）：95–97.

[11] 王峥 ."体教融合"背景下体育传统项目学校的"一体化"发展 [J]. 田径，2023（7）：13–15.

[12] 郭建伟 . 面向体教融合的 100 m 项目校园运动训练智能化技术研究 [D]. 北京：首都体育学院，2023.

[13] 唐莺 . 体教融合视域下高校校园体育文化的建设 [J]. 湖北开放职业学院学报，2023，36（12）：45–47.

[14] 陈志远，张弛，施烜 . 体教融合背景下学校体育高质量发展路径研究 [J]. 甘肃教育研究，2023（6）：158–160.

[15] 朱亚萍 . 阳光体育铸特色 体教融合育新苗 [J]. 湖北教育（政务宣传），2023（6）：63.

[16] 喻颖洁，王丹 . 体教融合背景下高校校园体育文化发展路径探讨 [J]. 湖北第二师范学院学报，2023，40（6）：100–104.

[17] 王晓影，黄芳，关胺友，等 ."三全五维"体教融合育人模式实践研究 [J]. 黑龙江教育（教育与教学），2023（6）：21–25.

[18] 王振东 . 体教融合背景下小学 800 米耐力训练的运动负荷监控研究 [J]. 体育风尚，2023（6）：144–146.

[19] 杨刚，唐卿领，周杰 . 体教融合背景下校园网球发展多元供给的现实境遇与行动路向 [J]. 当代体育科技，2023，13（17）：145–149.

[20] 张超 ."体教融合"背景下高校体育的育人价值、内容与实施路径 [J]. 宁波工程学院学报，2023，35（2）：116–119.

[21] 晋腾，张淏，康红梅，等 . 体教融合背景下社会体育组织参与学校体育的价值、困境和路径 [J]. 体育教育学刊，2023，39（3）：31–36.

[22] 鲁萌 . 体教融合背景下高校体育课内外一体化教学策略研究 [J]. 吉林农业科技学院学报，2023，32（3）：116–120.

[23] 蒋亚斌，任怡霖，张恩利，等 . 新时代体教融合研究综述与未来展望 [J]. 湖北体育科技，2023，42（6）：543−548.

[24] 王小双 . 深化体教融合背景下青少年体育发展的现实困境与应对策略 [J]. 汉江师范学院学报，2023，43（3）：140−144.

[25] 肖林鹏，武旗红，任新新，等 . 中国青少年体育活动促进：推进重点、面临问题与建设路径 [J]. 中国体育科技，2023，59（6）：3−9.

[26] 田轶，张道弘 . 体教融合视域下青少年体育学科核心素养研究 [J]. 当代体育科技，2023，13（16）：195−198.

[27] 李皓，葛志刚 . 体教融合视域下高校公共体育教学路径探析 [J]. 当代体育科技，2023，13（16）：48−51.

[28] 李成梁，朱旺，牟柳 . 新时期深化我国体校体教融合改革与发展的研究 [J]. 沈阳体育学院学报，2023，42（3）：1−8.

[29] 郭宇航 . 体教融合视域下西安市跆拳道俱乐部发展的 SWOT 分析与策略研究 [D]. 西安：西安体育学院，2023.

[30] 陈嘉豪 . 体教融合背景下陕西省高校高水平篮球队建设研究 [D]. 西安：西安体育学院，2023.

[31] 冯爽 . 体教融合背景下成都高新区中学武术教学优化策略研究 [D]. 西安：西安体育学院，2023.

[32] 吕方 ."体教融合" 背景下西安市小学乒乓球社团活动开展研究 [D]. 西安：西安体育学院，2023.

[33] 潘冠辰 . 体教融合背景下西安市初级中学篮球专项化教学现状研究 [D]. 西安：西安体育学院，2023.

[34] 王文裕 . 体教融合背景下青少年业余足球俱乐部与校园足球路径衔接的研究 [J]. 拳击与格斗，2023（6）：117−119.

[35] 金岳凤，孙凯歌，刘宗谦，等 .《关于深化体教融合促进青少年健康发展的意见》的协同执行机制与推进落实策略研究 [J]. 南京体育学院学报，2023，22（5）：63−70.

[36] 秦雪，钱云梅 . 基于职业体能发展背景下卫生健康类院校体教融合的实践研究 [J]. 武术研究，2023，8（5）：131–133.

[37] 解杨，李谦 . 体教融合背景下对乌鲁木齐市中小学体育的发展研究 [J]. 内江科技，2023，44（5）：107–108，73.

[38] 金贤哲，李柏，金铉尚 . 体教融合背景下我国校园足球赛事体系优化改革研究 [J]. 辽宁体育科技，2023，45（3）：132–136.

[39] 李勇 . 体教融合视阈下江苏高校高水平运动队“三大球”新型人才培养路径研究 [J]. 武术研究，2023，8（5）：122–126.

[40] 阳方利 . 体教融合背景下退役高水平运动员从事中小学体育教练的机遇与挑战 [J]. 武术研究，2023，8（5）：146–149.

[41] 任祖泉，张静，周祖恩 . 农村中小学体教融合的机遇与挑战 [J]. 武术研究，2023，8（5）：153–156.

[42] 孔祥云 . 体教融合背景下高校体育教学策略研究 [J]. 冰雪体育创新研究，2023（10）：115–118.

[43] 柳婧 . 体教融合背景下山西省体育运动学校办学模式与发展新路径研究 [J]. 体育科技文献通报，2023，31（5）：111–113.

[44] 王鑫浩，柴源 . 体教融合背景下羽毛球后备人才培养研究 [J]. 体育科技文献通报，2023，31（5）：157–161，183.

[45] 王宇，孙明善 . 体教融合背景下高校篮球公共课程思政理论与实践研究 [J]. 体育科技文献通报，2023，31（5）：119–121，245.

[46] 王蓓，杨金田，刘建，等 . 体教融合视域下普通高等院校学校体育改革方向及路径探析 [J]. 体育视野，2023（10）：47–49.

[47] 柳鸣毅，敬艳，孔年欣，等 . 地方青少年体育合作治理何以可能：基于上海市、浙江省深化体教融合实践的探索式案例分析 [J]. 上海体育学院学报，2023，47（5）：79–94.

[48] 黄菁，张雨函 . 我国体教融合政策工具的模型、特征与优化路径 [J]. 西南大学

学报（社会科学版），2023，49（3）：211-220.

[49] 刘梓文.体教融合背景下大学生篮球战术意识的培养与研究分析[J].体育风尚，2023（5）：53-55.

[50] 王铭花，隋红."双减"背景下体教融合发展路径研究[J].体育风尚，2023（5）：107-109.

[51] 王鑫.体教融合背景下大学体育课程改革策略探讨[J].当代体育科技，2023，13（14）：59-62.

[52] 彭月亮，黄欣.体教融合背景下中小学校园体育文化建设的发展策略[J].湖北体育科技，2023，42（5）：451-455.

[53] 洪庆.教学视野下现代排球多样性的价值体现与现实困境[J].湖北体育科技，2023，42（5）：456-460.

[54] 赵淑明.体教融合，赋能成长新样态[J].华人时刊（校长），2023（5）：29-30.

[55] 武玲玲，叶晨，戴治东.体教融合背景下体育舞蹈在大学生素质培养中的实践研究[J].兰州文理学院学报（自然科学版），2023，37（3）：125-128.

[56] 梁懿.体教融合视野下高校体育教学创新路径研究[J].冰雪体育创新研究，2023（9）：149-152.

[57] 加贝.让体教融合为健康阳光的人生蓄力储能[J].宁夏教育，2023（5）：1.

[58] 高勇.深化改革 主动作为 全力推进体教融合发展再上新台阶[J].宁夏教育，2023（5）：8-10.

[59] 刘文正.深化体教融合 培养全面发展的时代新人：银川市金凤区体教融合在新时代下的创新探索[J].宁夏教育，2023（5）：11-13.

[60] 王毅.以深化体教融合促进青少年健康成长：平罗县推进体教融合发展纪实[J].宁夏教育，2023（5）：82.

[61] 陈刚，史振英.深化体教融合 促进青少年健康发展：宁夏灵武市第二中学体教融合案例[J].宁夏教育，2023（5）：13-15.

[62] 耿媛媛，魏玲玲 . 体教融合背景下“双高计划”院校体育教学现状分析 [J]. 体育视野，2023（9）：51-54.

[63] 沈瑞雪 . 体教融合背景下上海市奉贤区体校竞技体育后备人才培养现状研究 [D]. 上海：上海师范大学，2023.

[64] 万凡森 . 体教融合背景下聊城市青少年女子排球运动员培养模式研究 [D]. 秦皇岛：河北科技师范学院，2023.

[65] 刘加宏 . 以“双增”促“双减”：从“双减”谈中学生体育社团的发展现状与创新 [J]. 新体育，2023（8）：103-106.

[66] 展茂浩，马超，田玉戈，等 . 基于 SFIC 模型的我国体教融合协同治理的语境生成、样态困囿与推进路径 [J]. 山东体育学院学报，2023，39（2）：102-110.

[67] 徐冉，王威暘，郭健 . 高校学生党建工作促进体教融合育人模式的探索与思考：以清华大学体育代表队为例 [J]. 北京教育（德育），2023（4）：22-26.

[68] 盛夏，韩潇，陈琦明 .“体教融合”背景下民办高校足球教材建设研究 [J]. 内江科技，2023，44（4）：133-134.

[69] 牛铁柱 . 体教融合背景下传统武术对大学生心理健康的影响探究 [J]. 中国学校卫生，2023，44（4）：649.

[70] 王光阁 . 体教融合背景下大学生体质健康管理困境与提升策略 [J]. 武术研究，2023，8（4）：119-122.

[71] 王佳，杨红芳 . 体教融合背景下学校体育和社会体育俱乐部融合发展分析 [J]. 武术研究，2023，8（4）：154-156.

[72] 阎治，张振龙 . 体教融合视阈下学校武术课程思政建设与优化路径 [J]. 武术研究，2023，8（4）：76-78.

[73] 颜旭，蒋俊逸 . 政策工具视角下我国省级体教融合政策研究 [J]. 体育科技文献通报，2023，31（4）：173-177.

[74] 刘飞峡 . 体教融合与青少年健康发展政策研究 [J]. 体育科技文献通报，2023，31（4）：178-181.

[75] 武雯慧，赵忠伟 . 体教融合背景下体育非遗项目进校园的传承路径研究 [J]. 体育视野，2023（8）：19-21.

[76] 行云燕 . 体教融合背景下竞技体育后备人才培养的时代内涵及壁垒 [J]. 当代体育科技，2023，13（11）：116-119.

[77] 武杰 . 新时代体教融合理论与实践研究 [J]. 体育风尚，2023（4）：65-67.

[78] 刘宇翔，苏珍珍 . 体教融合背景下陕西省校园啦啦操俱乐部发展现状及策略探究 [J]. 体育风尚，2023（4）：98-100.

[79] 程洪涛 . 体教融合视角下高中体育业余训练现状及对策探究 [J]. 教师教育论坛，2023，36（4）：73-75.

[80] 刘洋波 . 体教融合之学校体育改革研究 [J]. 体育科技，2023，44（2）：129-130，134.

[81] 李明菊，周侃，石新乐 . 体教融合背景下校园体操的一体化推进 [J]. 教育家，2023（15）：64-65.

[82] 张学军 . 诉求、困局与纾解：新时代体教融合背景下乡村学校体育治理研究 [J]. 体育研究与教育，2023，38（2）：61-69.

[83] 王胜男，尹宽，蒋湘之 . 体教融合背景下山东省蹦床项目后备人才培养的优化策略 [J]. 当代体育科技，2023，13（10）：174-178，184.

[84] 吕松 . 体教融合背景下上海市青少年篮球赛事开展的现状与对策研究 [D]. 上海：上海师范大学，2023.

结 语

本书深入探讨了体育强国理念在本科院校体育教育中的实施，以及体教融合的理论与实践。从多个角度，包括政策法规、教育机制和体制、资源配置、师资建设、课程创新，以及社会和企业的联动，分析了体教融合在我国高等教育中的地位和作用。并且提出了一套完整的评价与保障体系，以实现体教融合的高质量发展。还对高校体育与素质教育的融合实践进行了深入探讨。

通过本书可以了解到，体育强国理念的实现需要对我国的体育教育进行改革和创新。通过实现体教融合，可以促进学生全面发展，提升学生的身心素质，形成健康的生活方式，培养团队合作精神，提高竞争力，进一步强化体育在全民教育中的地位和作用。体教融合不仅需要理论上的支持，还需要宏观层面的调控和支持。通过制定和实施合适的政策法规，改革和创新体育教育机制与体制，合理配置管理资源，为体教融合创造更有利的条件。

展望未来，体育强国理念的深入，体教融合的深化，将会对我国的高等教育产生深远影响。人们期待看到，随着体育强国理念的广泛传播，我国的体育教育将会有更大的发展，高校体育将更深入人心，为我国高等教育的发展注入新的活力和动力。人们也期待看到，高校体育与素质教育的融合实践与创新将会带来新的教育理念和模式，使我国的教育更加注重学生的全面发展，提升学生的素质和能力，培养出更多的高素质人才。人们相信通过全社会的共同努力，体育强国的目标一定能够实现，我国的教育一定能够走向更高的水平。